Tierra Firme

LA GUERRILLA LITERARIA
Y OTRAS ESCARAMUZAS

LA GUERRILLA LITERARIA
Y OTRAS ESCARAMUZAS

FARIDE ZERÁN

La guerrilla literaria y otras escaramuzas

Pablo de Rokha
Vicente Huidobro
Pablo Neruda

FONDO DE CULTURA ECONÓMICA

MÉXICO - ARGENTINA - BRASIL - COLOMBIA - CHILE - ECUADOR - ESPAÑA
ESTADOS UNIDOS DE AMÉRICA - GUATEMALA - PERÚ - VENEZUELA

Primera edición, FCE Chile, 2005
Segunda edición, FCE Chile, 2018

Zerán Chelech, Faride
    La guerrilla literaria y otras escaramuzas. Pablo de Rokha. Vicente Huidobro.
Pablo Neruda / Faride Zerán Chelech. – 2ª ed. – Santiago de Chile: FCE, 2018
    302 p.; 21 x 13 cm – (Colec. Tierra Firme)
    ISBN: 978-956-289-178-3

    1. Narrativa – América Latina 2. Literatura Latinoamericana – Crítica e
interpretación I. Rokha, Pablo de - Crítica e interpretación II. Huidobro, Vicente –
Crítica e interpretación III. Neruda, Pablo – Crítica e interpretación IV. Ser. V. t.

LC PQ8097   Dewey Ch863 Z356g

Distribución mundial

© 2018, Faride Zerán

Ediciones BAT, Chile, 1992
Editorial Sudamericana, Chile, 1997
Random House Mondadori, Chile, 2011

Este libro integra la Biblioteca Claves de Chile porque responde al objetivo de develar y dar a
conocer nuevas señas de nuestro patrimonio e identidad, las que desde la literatura, particularmente la poesía, aportan valiosos elementos sobre la memoria cultural del país; en este
caso, a través de la disputa que cruzó la vida y obra de tres grandes poetas nacionales.

D.R. © 2018, Fondo de Cultura Económica Chile S.A.
Av. Paseo Bulnes 152, Santiago, Chile
www.fondodeculturaeconomica.cl
Comentarios: editorial@fcechile.cl
Teléfono: (562) 2594 4132

Fondo de Cultura Económica
Carretera Picacho-Ajusco, 227; 14738 Ciudad de México
www.fondodeculturaeconomica.com

Registro de Propiedad Intelectual N° 291.437

Coordinación editorial: Fondo de Cultura Económica Chile S.A.
Cuidado de la edición: Carlos Decap
Diseño de portada: Macarena Rojas Líbano
Ilustración de portada: Daniella Toledo
Fotografía solapa: Marco Jiménez M.
Diagramación: Gloria Barrios A.

ISBN 978-956-289-178-3

Índice

*A la memoria de un
rokhiano, huidobriano y
nerudiano:*

mi padre

Prólogo a la primera edición

LA DENOMINADA "guerrilla literaria" es un episodio de la historia cultural de Chile que tuvo como protagonistas a tres exponentes vitales de la poesía de nuestro siglo: Vicente Huidobro, nacido en Santiago el 10 de enero de 1893 y muerto el 2 de enero de 1948, en Cartagena. Pablo de Rokha, quien nace en Licantén el 10 de octubre de 1894 y se suicida en Santiago, el 10 de septiembre de 1968. Y Pablo Neruda, nacido en Parral el 12 de julio de 1904 y fallecido en Santiago el 23 de septiembre de 1973.

Los orígenes de la disputa, los antecedentes estéticos, políticos y de personalidad que la motivaron, las cartas, versos y textos que cruzaron la polémica a lo largo de medio siglo están expuestos en este libro a partir de diversas instancias de investigación: la bibliográfica, que recoge los ensayos, antologías, memorias y poemas de los autores mencionados; la de diarios y revistas de la época que dan cuenta de los hechos; y la testimonial, ubicada en el presente. Esta última se centra en más de una quincena de entrevistados y aporta, además de su anecdotario, una dimensión muchas veces desconocida en la comprensión de la guerrilla que dividió las aguas de la poesía chilena y configuró tres ejércitos irregulares que desde las sombras y los claros aún no deponen sus armas.

La dinámica que alcanzó la rivalidad entre Huidobro, De Rokha y Neruda trasciende su tiempo histórico, se acomoda en el inventario de los escritores del país y del mundo, y circula, como el espíritu de sus creadores, en el inconsciente colectivo de los chilenos. Lo que sucede es que quienes poseen buen olfato, además de memoria, perciben hasta hoy que nuestra poesía huele a pólvora.

De los cañonazos lanzados desde las distintas trincheras tratan estas crónicas. Quien quiera sentir el aroma de los lirios, sin oler la pólvora, está ante el libro equivocado.

Agradezco a quienes me entregaron sus leños para animar la hoguera. Sin ellos no habría podido recrear el genio incendiario de sus protagonistas.

Guardo un especial reconocimiento a mis entrevistados: Humberto Díaz Casanueva, Lukó de Rokha, Armando Uribe, Mario Ferrero, Vladimir Huidobro, José de Rokha, Vicente García-Huidobro, Volodia Teitelboim, Luis Sánchez Latorre, Enrique Lafourcade, Alfonso Calderón, José Miguel Varas, Enrique Gómez Correa, Naín Nómez, Fernando Alegría, Gonzalo Rojas y María Elena González Marchant ("Bisagra"). A Justo Alarcón, de Referencias Críticas de la Biblioteca Nacional. Y a Nicanor Parra, que me permitió pensar que también existe una dialéctica de los silencios.

Santiago de Chile, agosto de 1992

Prólogo a la segunda edición

Hoy, CINCO años más tarde de la primera edición de este libro, no es mucho lo que se puede agregar como antecedente vital de una polémica que de la mano de sus protagonistas se dispone a cruzar a otro siglo.

Pero sin duda habría que señalar con tristeza que parte de quienes fueron mis testigos, de cargo y de descargo, ya no están. Es el caso de los poetas Humberto Díaz Casanueva, Enrique Gómez Correa y Mario Ferrero; y del pintor José de Rokha, hijo de Pablo. Todas figuras destacadas de la creación y de nuestra memoria cultural.

Sin embargo, también resulta un deber profesional incorporar a esta edición el discurso-poema de Nicanor Parra, "¿Qué sería de este país sin Vicente Huidobro?", leído en el poblado de Lo Abarca cerca de Cartagena, donde yace Huidobro, con motivo del Encuentro Iberoamericano de Poesía, realizado en Chile en homenaje al centenario del nacimiento de Vicente Huidobro, el 3 de septiembre de 1993 (ver apéndice).

El texto de Nicanor Parra, reproducido según la grabación registrada en el lugar, publicado en el diario *La Época*, el 12 de septiembre del mismo año, alude a la guerrilla literaria y marca posición, enunciada ya en sus "silencios dialécticos" recogidos hace cinco años en este libro.

Junto a este material, es imprescindible narrar que el talante irreductible de Huidobro, De Rokha y Neruda me jugó una mala pasada en esto de intentar juntarlos, aun muchas décadas después, y a través de sus descendientes directos e indirectos.

El lanzamiento de *La guerrilla literaria* estaba programado en la Plaza del Mulato Gil, en el barrio Villavicencio, el martes 13 de octubre de 1992, y debían presentar la obra el hijo de Vicente Huidobro, Vladimir; el nieto de Pablo de Rokha, Pablo Massis; y Volodia Teitelboim, fiel amigo y representante de Pablo Neruda.

Era la primera vez que se intentaba reunir en un mismo escenario a los exponentes de estos tres ejércitos irregulares, lo que constituía un dato que causaba curiosidad entre los entendidos.

Poco antes de que el acto comenzara, y cuando el recinto estaba casi repleto, llegaron Pablo y Vladimir. Luego hizo su entrada Volodia, al que se le presentó a Pablo, nieto de De Rokha.

—¡Eres igual a tu abuelo! —exclamó Volodia cuando lo saludó afectuosamente, pero a los pocos minutos, mientras conversaba, cayó sorpresivamente sobre unas sillas, perdiendo el conocimiento.

Ese martes 13 estaba nublado, la atmósfera tensa de lluvia contenida cargaba aún más el ambiente, convulsionado y dramático. La ambulancia de la Unidad Coronaria llevando en su interior a Volodia Teitelboim resultaba un triste epílogo para una noche que se pensaba festiva. Más tarde, se anunció que el escritor, en ese instante presidente del Partido Comunista, estaba fuera de peligro, pero permanecería internado en la clínica. De allí que el editor del libro, José Cayuela, decidiera que el acto continuara. Ya en el escenario, al momento de empezar las intervenciones de Vladimir Huidobro y del nieto de De Rokha, los micrófonos enmudecieron, y el acto transcurrió a viva voz, cuando los goterones anunciaban la tormenta.

De parte de esto dio cuenta el propio Volodia cuando desde la cama del hospital escribió su artículo "Aquel martes 13", publicado en el diario *La Nación*, donde comentaba en alguno de sus párrafos:

Comparecí el martes 13 de octubre a la Plaza del Mulato Gil. Era una reunión muy singular. Por primera vez, y después de más de medio siglo, se juntaban públicamente familiares de dos poetas participantes del mayor choque literario. ¿Cómo verían esa colisión a la distancia?

Conversaba yo con el hijo de Huidobro, Vladimir; con su nieto Vicente, y con Pablo Massis, nieto de De Rokha. José Cayuela envidiaba en voz alta mi buena salud. Todo parecía bien. Minutos antes de que empezara el acto de lanzamiento, un hecho imprevisto me hizo perder el conocimiento y el encuentro. Una ambulancia me condujo a la clínica. Tres días después me pusieron un marcapasos.

Lamenté el accidente por razones obvias, amén de varios otros motivos. No quería perderme ese acto tan particular. Deseaba oír a los descendientes de los antiguos beligerantes. También me quedé con las ganas de decir allí algunas cosillas en mi triple calidad de sobreviviente (palabra que en esa ocasión adquiriría una connotación doble), de actor secundario y testigo presencial. Podría dar fe y declarar que este libro es la pura verdad. No digo la pura y santa verdad porque aquella fue una polémica *non sancta*, de tonos subidos y a ratos escandalosa. Poseídos por el frenesí literario, los tres actores centrales dieron rienda suelta más a sus demonios que a sus ángeles…

[…] Cuando volví del desmayo, en medio de la Plaza del Mulato Gil, alcancé a divisar la expresión atónita de Vladimir Huidobro. Poco antes él me había contado que su padre vaticinaba: "Me matará la presión alta". Pablo Massis —tal vez recalcando que todo sucedió en martes 13— dicen que murmuró, entre sonriente e irónico, un comentario digno de Moctezuma, Tutankamón o Tamerlán, quienes habrían lanzado su maleficio contra todo aquel que osara profanar sus tumbas o turbar su eterno reposo. El nieto habría dicho: "Fue la maldición de Pablo de Rokha". *Se non e vero e ben trovato.*

Con estos antecedentes, además de los que contiene este libro, es innecesario explicar por qué tanto la Editorial Sudamericana como la autora han preferido no insistir en el encuentro de los descendientes y amigos de Huidobro, De Rokha y Neruda, a propósito de la reedición de *La guerrilla literaria*. Y es que en algunas materias, al menos en la cultura, definitivamente no hay tregua ni olvido...

Santiago de Chile, septiembre de 1997

Prólogo a la tercera edición

Se non e vero e ben trovato...

EL PRÓLOGO de esta tercera edición de *La guerrilla literaria* pensaba pedírselo a mi amigo, el intelectual chileno Volodia Teitelboim, premio nacional de Literatura y protagonista de este libro en tanto su *Antología de la poesía chilena nueva*, editada en 1935, y compilada con Eduardo Anguita, desató las iras de Neruda, De Rokha y Huidobro, dando inicio a uno de los episodios más sabrosos y a la vez dramático del ambiente cultural de Chile, y que por largas décadas, incluso hasta hoy, divide en bandos el espectro poético de este país.

Resulta impensable que la maldición —¿rokhiana?— persiga a sus protagonistas en pleno siglo XXI, y si en la centuria anterior este libro nunca pudo ser presentado en un acto en el que sus protagonistas y descendientes estuviesen bajo el mismo techo (ver prólogo anterior), al menos podía aspirar a que esta edición del Fondo de Cultura Económica tuviera como preámbulo las palabras de quien casi adolescente atizó los fuegos de una hoguera donde la estética se entremezcló con la política y esta con el amor, amén de los celos y envidias que cruzaron la vida y obra de tres grandes de la literatura chilena y, en algunos casos, mundial.

Pero no solo de la memoria cultural que recrea la atmósfera literaria e intelectual del Chile de los años treinta hasta los setenta está hecho este texto. También de la personal, de esa que recuerda que al momento de subir al estrado para presentar la primera edición de *La guerrilla literaria*, uno de sus expositores, Volodia Teitelboim, sufrió un desmayo y tuvo que ser hospitalizado. Y que si bien desde su lecho en la clínica escribió sobre esta obra e hizo alusión a la supuesta maldición rokhiana, el punto es que hubo un tácito acuerdo entre los editores y la autora de no hacer más presentaciones, aun cuando el libro estuviera precedido por el Premio de Ensayo del Consejo del Libro, y su contenido fuera recomendado como lectura en colegios y universidades.

Esos recuerdos impidieron que en esta ocasión le enviara un *mail* o telefoneara a Volodia para pedirle el prólogo a la tercera edición. Porque el testigo privilegiado del siglo xx, y uno de nuestros intelectuales más sólidos, acababa de salir del hospital y aún guarda reposo con un diagnóstico que, más allá de su edad, nos mantiene preocupados.

Entonces, invitamos al lector a sumergirse directamente en las páginas de este libro donde vuelan plumas, se disparan a mansalva y en el que la poesía huele a pólvora. Es un tiempo donde el eufemismo y los consensos no existen. Es la época del debate abierto, de la confrontación de ideas sin miedo.

A diferencia de estos albores del siglo xxi, en las primeras décadas del siglo xx todos los gatos no son pardos. No hay travestismo ideológico, estético o político, y nadie osa sentarse en las cómodas posturas de la neutralidad.

Aquí hay poesía, sin duda, pero la diatriba también ocupa su espacio. Pablo de Rokha, Vicente Huidobro y Pablo Neruda escribieron los versos más tristes..., más bellos ¡y más groseros! de nuestra historia literaria, arrastrando tras ellos a buena parte de los escritores de su tiempo y obligándolos a definirse en cualquiera de las trincheras.

Rafael Alberti, Nicanor Parra, Gonzalo Rojas y otros tantos poetas desfilan en estos capítulos parapetándose de las balas. El combate a veces es desigual, el Premio Nobel de Literatura otorgado a Neruda, en 1971, pudo ser el punto final de la guerrilla. Ya Huidobro y De Rokha yacían bajo tierra. Pero la pasión es más fuerte y en su discurso de Estocolmo, Neruda arremete contra Huidobro, enrostrándole que "el poeta no es un pequeño Dios".

Era una vieja disputa que ni el tiempo, ni el galardón máximo o la muerte de uno de ellos podía cancelar.

Por ello, cuando el nieto de Pablo de Rokha señaló en medio del desmayo de Volodia Teitelboim —el biógrafo y amigo del Nobel— que estábamos ante "la maldición de Pablo de Rokha", Volodia, desde su lecho de enfermo, en 1992, replicó: *Se non e vero e ben trovato…*

Trece años después la sentencia acuñada por Giordano Bruno me reitera que para esta tercera edición de *La guerrilla literaria*, lo prudente es no innovar en el tema.

Faride Zerán
Santiago, abril de 2005

Prólogo a la quinta edición

LA PREGUNTA en torno a esta quinta edición estaba centrada en investigar la situación en materia de guerrillas literarias que tuvieran tanto el nivel como la extensión en el tiempo, además de la densidad y talento que alcanzaron De Rokha, Huidobro y Neruda en una rivalidad que cruzó las fronteras geográficas, el siglo xx, y también los géneros literarios, hasta el punto de elevar la diatriba a la categoría de un arte.

Sin duda, el material de las disputas en el mundo literario chileno desde fines del siglo pasado hasta hoy podría ser parte de varios libros. Basta consignar las bataholas armadas en cada una de las entregas del Premio Nacional de Literatura para escribir un par de tomos, o bien revisar las polémicas generadas ante alguna crítica cuando esta no coincide con las expectativas del autor, para salpicar de pimienta las páginas que registran estas historias, a veces jocosas, pero en general más bien patéticas.

Ese era el desafío. Confrontar la histórica "guerrilla literaria" con los tiempos actuales y dar cuenta de ellas en uno o más capítulos.

Sin embargo, luego de varias búsquedas la conclusión por ahora sigue siendo que, en materia de peleas literarias, la protagonizada por los dos Pablos y Huidobro no tiene aún competidores. Y si hubo alguien que quizá pudo disputar el cetro, su temprana muerte lo impidió. Porque Roberto

* La cuarta edición lleva un prólogo que resume de modo sucinto los anteriores [N. del E.].

Bolaño, autor de una decena de libros como *Los detectives salvajes*, *Nocturno en Chile*, *Monsieur Pain*, entre otros, nacido en Santiago el 28 de abril de 1953, y fallecido en Barcelona el 15 de julio del 2003, sin duda demostró que tenía atributos para aquello.

Así, *La guerrilla literaria* vuelve al Fondo de Cultura Económica en una edición corregida y ampliada a través de un quinto capítulo que da cuenta no de otras guerrillas, sino de varias escaramuzas centradas en uno de sus protagonistas, Pablo Neruda, y en personajes de la talla de Nicanor Parra, así como en la figura del narrador y poeta Roberto Bolaño.

En el caso de Neruda, el material llegó de la propia fundación que lleva su nombre y de Editorial Planeta, en una edición corregida y aumentada de las memorias de Pablo Neruda, *Confieso que he vivido*, a cargo del escritor y miembro de dicha fundación Darío Oses.

Con Nicanor Parra, cuya muerte a los 103 años conmociona al país que lo levanta como el ícono de lo popular e irreverente, y que fue un entusiasta seguidor de los episodios narrados en este libro como lo consigna en uno de sus poemas-discursos ante la tumba de Huidobro donde invita a leer estas páginas, las escaramuzas tienen su epicentro en el robo de algunos de sus manuscritos y artefactos denunciados meses antes de su muerte.

Pero no es Parra, sino su nieto Cristóbal Ugarte —Tololo—, una suerte de brazo armado de Nicanor Parra, el que antes, durante y después de los funerales de su abuelo, saltó al ruedo e hizo de la antipoesía también un campo de batalla.

De allí que *La guerrilla literaria* siga teniendo como epicentro a sus tres protagonistas originales. La persistencia del odio, la profusión de textos escritos en verso, prosa, proclamas y panfletos, firmados o anónimos, inéditos o impresos, así como las connotaciones políticas, personales y estéticas que la motivaron, hacen de la disputa de Pablo de Rokha, Vicente Huidobro y Pablo Neruda todo un clásico en la materia.

Y eso lo sabía muy bien Nicanor Parra, cuando en los años noventa mientras preparaba la primera edición de este libro y lo visitaba en su casa de La Reina en busca de más artillería, se ponía de pie, extendía la mano, abría los ojos y exclamaba:

—¡Ni locoooo, en esa pelea no-me-me-toooo! ¡Si están los tres vi-voooos!

Agradezco a Julio Sau, amigo y cabeza del Fondo de Cultura Económica en Chile, por traer nuevamente *La guerrilla…* a esta casa editorial. Él y yo sabemos que este libro debe circular sin presentaciones, lanzamientos u otros encuentros, porque como dice Nicanor Parra sus protagonistas están "¡vi-voooos!".

Si usted lector tiene alguna duda, ¡lo invitamos a que siga leyendo!

Santiago, abril 2018

Capítulo I
De vida o muerte

1

Es 1992, y sentado en el largo sofá del living de su casa santiaguina, el pintor José de Rokha fuma incansablemente mientras da rienda suelta a sus recuerdos. Está en el exilio, camina por las calles de Ginebra junto a su amigo Carlos Larraín, funcionario internacional del derrocado gobierno de Salvador Allende. De pronto, se les cruza un hombre, Larraín lo saluda con afecto y hace las presentaciones.

—Julio, ¿conoces a mi amigo Pepe de Rokha?

El personaje observa en silencio. De Rokha, afable, pregunta:

—¿No nos conocemos?

—No —le responde rotundo.

—¿Por qué tan categórico? —inquiere el pintor.

—Porque yo pertenezco al campo de los enemigos.

—¡Ah!, entonces es de Pinochet.

—No. Soy nerudiano.

Han transcurrido casi setenta años desde que en Chile se diera la extraña constelación en la que simultáneamente aparecieron en el espectro poético tres grandes figuras contemporáneas. Estas, con el vigor y talento propios de la genialidad, remecieron el panorama literario y social de la época traspasando las barreras nacionales.

Vicente Huidobro, Pablo de Rokha y Pablo Neruda, en sucesión estrictamente cronológica, no solo conmovieron con su obra, sino además con su verbo. Verbo encendido e incendiario que hecho prosa o verso arrasó con las normas de la estética, la lingüística, la métrica y el *buen gusto*, y que solo gracias a la estatura de sus cultivadores aún se guardan, con discreción, en los anales de la historia de la literatura chilena.

No es Quevedo polemizando con sus detractores, dicen algunos cuando se trata de analizar las cualidades literarias de la disputa en cuestión. Ni es Neruda en su *Canto general* arremetiendo con talento en contra de sus enemigos, señalan otros. Pero eran Huidobro, De Rokha y Neruda trenzados en una batalla entre sí que en su época ocupó largas páginas de diarios y revistas, y que aún hoy, a más de medio siglo, sigue penando entre sus amigos, familiares y seguidores.

Acerca del origen de la disputa, del inicio del encono, de las raíces de tanto odio, hay varias tesis.

La personal. Solo un problema de egocentrismo entre tres grandes (en realidad cuatro, si consideramos a Gabriela Mistral, quien no participó públicamente en la guerrilla). No podían convivir tres dioses en el Olimpo. Un país muy pequeño para tantos talentos simultáneos.

La política. Los tres pertenecieron al Partido Comunista en su momento, y la cercanía o alejamiento a este provocó las iras, rencores y celos entre ellos.

La estética. Eran exponentes de corrientes distintas que chocaron como toros en estampida. O eran muy similares entre sí y esto resultaba inaguantable.

Y la minimalista, que no le da importancia y obvia la polémica, porque al fin y al cabo la obra es lo primero.

Las tesis se cruzan en una tierra de nadie donde todo es posible. Lo personal, político, estético e imaginario. Pero están las pruebas de una disputa que, junto a sus obras, resulta inmortal.

En Chile, existe una Fundación Neruda. No hay descendientes del poeta que la impulsen, pero están los amigos, indicados con precisión en el testamento.

La Chascona, La Sebastiana y la casa de Isla Negra dan forma a este legado, que sin duda alguna tiene como centro la recuperación de un patrimonio cultural sin fronteras. Como parte de las actividades se imparten talleres literarios y los jóvenes se pelean por pertenecer a ellos.

Es Neruda, el vate, el mito, nuestro premio Nobel. Son las nuevas generaciones que en un país de poetas —¡qué duda cabe!— buscan su espacio bajo el alero del símbolo. Los admiradores incesantes dejan su huella en cada tabla del cerco que rodea su casa de la costa.

Son las plegarias populares de Isla Negra, imprevisibles y eternas.

En el centro de Santiago, la histórica y colonial Casa Colorada refugia a la incipiente Fundación Huidobro. No hay testamento de por medio. Pero el perseverante nieto del poeta, haciendo gala de su nombre, la formó, reuniendo el legado disperso de un irreverente talentoso que pena, cual alma inquieta, entre sus deudos y tiene la desfachatez, cual alma en vida, de oficiar de santo entre sus fieles del balneario de Cartagena que le encienden velas por milagroso.

El poeta Enrique Gómez Correa, último sobreviviente del grupo Mandrágora, se indigna en su lecho de enfermo: "¡Una fundación para el padre del creacionismo, es inconcebible! Como si pudiera haber una de Rimbaud, Baudelaire o Mallarmé".

Pero los tiempos cambian y todos los huidobrianos confluyen en la fundación. Incluyendo a Vladimir, el último hijo del amor tormentoso del poeta con la joven y hermosa Ximena Amunátegui, a la que raptó.

Lukó de Rokha, pintora como su hermano menor, viuda del poeta Mahfud Massis, se apasiona a la hora de hablar del legado de su padre. Naín Nómez, el crítico y antólogo de

Pablo de Rokha, sale al paso ante el comentario de Gómez Correa, traspasado al fragor de la investigación. ¿Por qué no?, se alzan las voces, si finalmente las fundaciones ayudan a mantener el espíritu y a difundir la obra de los escritores.

Así las cosas, la Fundación De Rokha puede ser pronto una realidad y entonces cabría preguntarse si además de las obras de sus poetas, no se filtrarán las rivalidades de quienes llevaron la pasión del encono hasta la tumba.

Es en la década del treinta cuando la batalla se hace pública, se dividen las aguas de las letras nacionales, encabezadas por los beligerantes y sus amigos, la mayoría de los cuales echó leña a la hoguera, y contribuyó a avivarla. Hoy quedan las brasas. Y en torno a ellas los jóvenes poetas, y quienes aspiran al título de tales, se aglutinan en los talleres literarios fundados tras las figuras matrices.

Y si bien no son las diatribas, sino la estética de cada cual lo que persiste, algo queda en el aire.

3

Vicente García-Huidobro, nieto del poeta, tiene 15 años y es vecino de José de Rokha, una década mayor que él. Son amigos. Vicente quiere ser escritor, pero se siente joven, sin experiencias que contar, por lo que se dedica, mientras, a la pintura.

Es 1958. Ambos pintan en el taller de De Rokha. Vicente lo ayuda con los fondos de los grandes óleos. Conversan. Es la primera aproximación que tiene de la polémica entre su abuelo y el padre de su vecino. Pepe de Rokha se ríe, le entrega detalles. En la placidez del momento, entre telas que se preparan y cuadros que finalizan, el pintor echa a volar su imaginación. Vicente piensa en los *westerns*, no entiende tanta violencia, cree que mucho es fantasía.

Transcurridos los años, ya a la cabeza de la Fundación Huidobro, confiesa que hoy ve la guerrilla como fuente a investigar, y tras ella no solo la necesidad de abrirse paso a codazos o gritos, sino que hay algo más. Recuerda la polémica de Huidobro con André Breton, las peleas con Luis Buñuel, Marinetti y otros.

Pero Huidobro era inalcanzable en el debate, y aun cuando se podía pensar que venía de vuelta y algo "chamuscado" de estas rencillas, la pugna con Neruda y De Rokha demuestra lo contrario.

Vicente nieto confiesa una cierta distancia frente a los acontecimientos del pasado. Huidobro y Neruda le son más cercanos. Por conocimiento de sus obras, por gustos.

De su antecesor solo recuerda que en una oportunidad su padre, también llamado Vicente, hijo del matrimonio de Huidobro con Manuela Portales, le indica en el centro de Santiago, frente al Café Haití de calle Ahumada, que ese señor de gris es su abuelo. En ese instante pasaron unos buses que le taparon la visión. Entonces lo levantaron en vilo y pudo observar entre los espacios vertiginosos que dejaban los vehículos en marcha a decenas de señores de gris que conversaban en el café Haití.

Para Vicente García-Huidobro, la visión de su abuelo se amplía a la de muchos señores vestidos de gris, en una pluralidad que no tiene límites.

4

—Mi padre le decía "Bacalao" a Neruda —cuenta Vladimir Huidobro Amunátegui, con los ojos llenos de risa.

—Eran como Los de Abajo con La Garra Blanca.

Está sentado detrás de un escritorio donde destacan sus títulos de abogado y de ministro del Tribunal Arbitral de Propiedad Industrial. No siguió los pasos del poeta porque expresamente le pidió, antes de morir, que no se metiera en el ambiente intelectual. Difícil, lleno de envidias, celos y rencores.

Sin duda, Huidobro resentía los embates. Pero Vladimir, quien de niño heredó los cuentos y las anécdotas de esta virulencia, y que hasta sus 13 años, cuando su progenitor muere, permaneció siempre junto a él, sabe del tema.

—Hoy no se concebiría semejante escándalo a causa de la literatura —acota. Y recuerda que entre Vicente Huidobro y Pablo de Rokha la sangre nunca llegó al río, porque ambos se tenían simpatía. No así con Neruda, de quien habitualmente se hablaba en las reuniones de amigos, riéndose del "Bacalao".

—Mi padre decía que su alma era la mezcla de un cañonazo con un lirio, y gracias a esto tenía muchos amigos, y también grandes enemigos. Pero con De Rokha se parecían. Algo tenían en común y tal vez por eso nunca dejaron de ser amigos. Esto, sin duda recíproco, no impidió que el enfrentamiento público más fuerte se diera entre ambos a través de las páginas del diario *La Opinión*. Ni que Pablo de Rokha dijera, en más de una oportunidad: "En Chile habemos tres grandes poetas. Huidobro, Neruda y yo. Neruda ataca por el fondo, Huidobro por la forma y yo, por el fondo y por la forma".

La frase la repite con humor, Vladimir.

A De Rokha le tiene cariño. Recuerda un almuerzo en la casa del poeta. Era muy pequeño y Vicente Huidobro lo lleva con él. De Rokha, en la cabecera de su larga mesa rodeada de amigos, habla en voz alta, enérgica, y va sacando de entre sus pies las botellas de vino que consumen al fragor del diálogo. Es como un mago. Cada botella nueva puesta sobre la mesa era un estrépito para el niño.

No es De Rokha el contendor a muerte en la polémica. Es la división entre huidobrianos y nerudianos la que le recuerda la disputa que en la historia de Chile produjo el alineamiento entre los partidarios de O'Higgins y Carrera. Este último, injustamente postergado por la historia oficial, pero tal vez es más grande y más interesante que el primero.

—Claro, Neruda tuvo el Premio Nobel, pero todos se olvidan que en 1925, Huidobro ya era candidato a él.

A diferencia de José de Rokha, quien dice que de su padre heredó una chaqueta vieja, un sillón de mimbre, una gorra y unos tres millones de enemigos, Vladimir no declara costos de la contienda. Introvertido, más bien quitado de bulla, quizá como compensación a toda la que armaron sus progenitores, Vladimir convive en paz con los recuerdos y no siente animosidades.

5

A Pablo de Rokha le repugnaba la personalidad de Neruda. La afirmación tajante la hace Pepe, su hijo, y la corona con un "a mí también". No lo lee, no puede, salvo *Residencia en la tierra*, que aunque le pesa aceptarlo, le gustó. El resentimiento de la polémica está vivo. Y enfila los dardos contra el Partido Comunista. Veinte veces el pintor pidió su ingreso, pero nunca fue aceptado.

En una oportunidad, recuerda, sus dos hermanas mayores entraron a las filas del PC, pero las aislaron. El clan De Rokha se sentía plenamente identificado con ese partido, y en este punto José se detiene: afirma que la pelea es política y luego estética, y acusa. Sergio Politoff, abogado y militante comunista, fue el último en presentar su ingreso al PC. Una vez lo visita y le dice:

—No lo pida nunca más. Neruda ha dicho que el día en que ingrese un De Rokha al PC, se va él, y usted comprenderá, don José, que no le hace el peso al camarada Neruda.

Para el hijo de Pablo de Rokha esta división los hundió. Hace poco revisando papeles encontró uno donde él le decía a su padre:

—Don Pablo, usted no sabía pelear. Se lanzaba como un toro, y los banderilleros y capeadores lo cansaban para que después Neruda llegara a clavar el estoque.

6

—Mira lo que me ha contestado este huevón —vocifera indignado Pablo de Rokha mientras sostiene entre sus manos el periódico del día—. Le voy a sacar el alma, voy a contestarle enseguida.

Eran los gritos que profería mientras golpeaba la mesa. Lukó, su hija, escucha las diatribas en contra de Huidobro y, horas más tarde, las carcajadas con que celebra, pasada la ira inicial, la respuesta de su contrincante desde el diario *La Opinión*. A ella todo esto le producía un profundo desagrado y dolor. Más, cuando se decían palabras de grueso calibre que nada tenían que ver con el lenguaje de los poetas.

Recuerda sus 14 años en la Escuela de Artes Aplicadas y las preguntas que se alternaban los profesores para saber detalles de cómo seguiría la disputa. Con el diario *La Opinión* bajo el brazo, las risas y comentarios de sus maestros le llegaban al alma. Nada de esto le gustaba. Sin embargo, hoy reivindica este ambiente donde la cultura estaba en primer lugar y lo artístico e intelectual era capaz de remecer e interesar a toda la sociedad. Aunque para ellos tuvo costos. Su marido, el poeta Mahfud Massis, coeditor de la revista *Multitud*, y más tarde de otras publicaciones rokhianas, cosechó las tempestades, enemigos incluidos, que se originaron de este enfrentamiento.

Para ella la enemistad entre los tres grandes pertenece al pasado y solo la recuerdan los viejos.

Hoy las nuevas generaciones se le acercan, la llaman por teléfono, inquieren más detalles sobre la vida y la obra del poeta, porque lo están rescatando. Pero como todos los De Rokha, Lukó tiene mucho que agregar sobre el PC de aquella época y su rol en la contienda.

Estudia en el Liceo N° 3, y se acuerda —como si fuera hoy— de Fernando Lamberg, quien visitaba su casa porque hacía su memoria sobre la vida y obra de Pablo de Rokha. La familia le abrió las puertas y él escribió un estudio que dejó satisfechos a todos. Luego Lamberg entra al PC y al tiempo publica ese trabajo. Era otro, señala Lukó. Le había sacado todo aquello que podía ser positivo para De Rokha.

—El Partido Comunista fue lo más funesto que le pudo pasar a mi padre.

En qué momento de la disputa entre Huidobro y De Rokha, cuando se insultaban sin eufemismos, ocurrió lo que sigue, no lo puede precisar Lukó, pero sí otros detalles que hablan de los protagonistas. El PC organiza un gran acto público en un teatro de Valparaíso. Uno de los oradores invitados es el militante y miembro de su dirección, Pablo de Rokha. El local está repleto, la gente enardecida. Elías Lafferte presidía la concentración, junto a Carlos Contreras Labarca. Sube al escenario De Rokha y cuál no sería su sorpresa al ver que junto a su silla está Vicente Huidobro. Se incomoda, ambos se ignoran. Uno de los dirigentes toma el micrófono y con gran solemnidad dice:

—Frente al pueblo de Chile que lucha por sus reivindicaciones están juntos los dos grandes poetas Vicente Huidobro y Pablo de Rokha. Ellos tendrán que decidir si olvidan esas rencillas que no tienen importancia y en nombre de la unidad y la grandeza del pueblo se dan un abrazo.

Después de esta arenga, ambos se ponen de pie y se abrazan.

El teatro se viene abajo con los aplausos de tan ferviente público. La prensa de Valparaíso registró el acontecimiento. La noticia de la reconciliación llegó a Santiago, y a quienes seguían de cerca las diatribas que ambos se disparaban por los diarios. Entonces, desde el puerto, De Rokha envió el siguiente telegrama a Winétt, su mujer:

—El abrazo fue grotesco.

7

No puede olvidar José de Rokha que antes de cada 25 de octubre, fecha en que sus padres celebraban el aniversario de su matrimonio, Winétt hacía la lista de invitados y preguntaba:

—¿Y Vicente? —la respuesta de su padre era siempre la misma, y a gritos—. ¡A ese carajo, pije y señorito, no!

Era un rito, similar a la llegada de la camioneta de la Viña Santa Rita, que se estacionaba cada 25 de octubre frente a la casa de los De Rokha, donde un chofer todo compuesto golpeaba la puerta, para entregar los vinos que enviaba de regalo Vicente Huidobro.

—Don Pablo, don Vicente le mandó unos vinitos.

—¡Lléveselos! Para qué sirve ese vinagrillo.

—Don Pablo, si usted sabe que don Vicente le elige buen vino.

—Bueno. Bájenlo y échenlo en las cubas del vinagre.

Por supuesto, a la hora de la cena, el vino y Huidobro, quien siempre era sentado al lado del dueño de casa, eran celebrados por los comensales.

8

Poco antes de que Vicente Huidobro cumpliera 55 años tuvo el presentimiento de que se moriría pronto. A Raquel Señoret, su última mujer, le empezó a decir "la viudita". Fueron los meses de 1947 en que pasó un cometa y todo el mundo hablaba de él. Incluido Huidobro, que levantaba la vista hacia el cielo y decía:

—Ese cometa me va a llevar en su cola.

A fines de ese año envió al balneario de Cartagena a Raquel, a Manuela —hija de su primer matrimonio con Manuela Portales— y a Vladimir, de 13 años, el único hijo de su relación con Ximena Amunátegui. Él se quedó en Santiago finalizando los detalles de su testamento.

—Los poetas tenemos un sexto sentido —decía a sus amigos—. Nos damos cuenta cuando nos vamos a morir.

La noche en que llegó Huidobro a Cartagena, Vladimir se despertó. Eran como las cinco de la mañana y lo vio frotándose los brazos. La parálisis, producto de un derrame cerebral, se estaba apoderando del cuerpo del poeta. Vladimir, regalón de su padre, dormía en la habitación matrimonial en una cama especialmente dispuesta para él. Esa noche tuvo la certeza de que Huidobro tenía razón. Era una muerte anunciada que se produciría 15 días después.

Es el 2 de enero de 1948 y Vicente Huidobro agoniza. El oxígeno adornando el lecho es un mudo testigo del desenlace. Cerca de la cama está Vladimir. Junto a él, su media hermana Manuela, ya adulta, y Raquel Señoret. A los pies, la amiga del poeta Henriette Petit llora desconsolada. Huidobro ha rechazado la presencia de un sacerdote. Él es ateo y no quiere nada con la Iglesia. Henriette sigue gimiendo, y en medio de su pena murmura en un perfecto francés:

—Vincent Huidobró, Vincent Huidobró.

El rostro de la mujer está desfigurado por el llanto. Huidobro la mira, la observa y luego dispara las que serían sus últimas palabras:

—¡Cara de poto!

Irreverente hasta la muerte, sentencia orgulloso Vladimir mientras evoca esos instantes. Son los finales. Vicente Huidobro entonces va posando su mirada en cada uno de quienes lo acompañan. Al final del recorrido se le cae una lágrima. Era de despedida.

9

Fue en una fiesta de disfraces realizada en un salón de la sociedad santiaguina, y no en la Viña Santa Rita, donde Vicente Huidobro conoce a Ximena Amunátegui. Ella es una muchacha de menos de 14 años y ostenta una belleza deslumbrante. Él tiene 31. Está casado desde hace once con Manuela Portales y es padre de dos hijos. Es 1926.

El escándalo estremeció al Santiago de los años veinte. Más cuando ambos enamorados urdieron un plan que culminaría, dos años después, en el rapto de la doncella.

Vicente Huidobro viaja a Nueva York. La prensa de la época habla de él recibiendo honores por el estreno del film basado en su novela *Cagliostro*. Las fotografías del poeta rodeado de las glamorosas de Hollywood tranquilizan a la familia Amunátegui que supone que el peligro ha pasado. Luego el poeta se marcha a París. Desde allí las cartas a Ximena son enviadas a una antigua empleada de la casa de los Amunátegui, quien oficia de celestina.

Cuando todos creen al poeta en París, este regresa clandestino a Santiago. Ese día Ximena, de 16 años, avisa que después del colegio irá al dentista. Pero a la salida de clases la están esperando.

Dentro de un auto, escondido tras un gran sombrero embutido que le oculta el rostro, y luciendo una barba tan postiza como sus bigotes, Vicente Huidobro la hace subir, y enfilan presurosos hacia la salida de Santiago rumbo a Argentina. Pero a poco andar se dan cuenta de que otro vehículo los sigue. Es la familia Amunátegui que alertada por alguien intenta dar caza al raptor.

La escena debe haber sido como de película policial, ya que en un momento determinado Vicente Huidobro saca un revólver y empieza a disparar. Su objetivo son los neumáticos del vehículo que los sigue. La suerte está de su lado, logran pasar la frontera y desde Buenos Aires parten a Europa.

Estamos ante un guerrillero de la poesía y de la vida. Del verbo y de la acción, que no se detiene ante nada. Por algo declara: "El amor es una avalancha, es una fuerza superior. No reconocerlo es no conocerlo, no respetarlo es no ser digno de respeto".[1]

10

En 1932, Santiago es una ciudad de 600.000 habitantes. Wall Street ha acabado con la tranquilidad de la economía mundial. Aún se siente el *crack*. Un año después regresa a Chile el

[1] Vicente Huidobro, *Obras completas*. Santiago: Ed. Andrés Bello, 1976.

Embajador Plenipotenciario de la Revolución Estética. Así, con mayúsculas. Huidobro, en París, prepara su retorno con Ximena Amunátegui. Tiene 40 años y ha publicado *Altazor*, *Mío Cid Campeador*, *Manifestes*, *Horizon Carré*, entre otras obras.

En Chile, se vive una situación inestable en el terreno político. Se ha proclamado la autonomía universitaria. Ha caído, un año antes, la dictadura de Ibáñez, en medio de una gran agitación estudiantil y laboral. Pero el 4 de junio de 1932 cae también el gobierno encabezado por Juan Esteban Montero, y sube al poder una junta presidida por Marmaduque Grove, integrada por Carlos Dávila, Eugenio Matte y Arturo Puga, que declara en Chile la República Socialista.

La agitación y la crisis recorren el país. El padre del creacionismo rápidamente encontrará discípulos.

Por algo se siente maestro de una escuela literaria. El joven poeta Volodia Teitelboim, de 16 años, quien se plantea como un revolucionario integral, revolución estética y social incluidas, y el poeta Eduardo Anguita, de 18, serán los primeros en unirse a Huidobro. La vanguardia empieza a formarse.

El de 1932 es también el año en que regresa Pablo Neruda de su consulado en Singapur, después de hacer un viaje de dos meses en barco. En julio, se publica la segunda edición de *Veinte poemas de amor y una canción desesperada*. Tiene 28 años y se ha casado hace dos con María Antonieta Haagenar, de origen holandés. Entre sus obras editadas, aparte de *Crepusculario*, están *Tentativa del hombre infinito*, *Anillos* y *El habitante y su esperanza*.

La junta que había proclamado la República Socialista ya ha sido derrocada. Es el tiempo en que los días son meses y los meses años. Todo transcurre vertiginosamente. Carlos Dávila tiene ahora el poder y comienzan sus 100 días como presidente interino. Pero el 13 de septiembre hay un levantamiento militar y se inicia la presidencia provisional del general Bartolomé Blanche. A poco andar, le entrega el mando al presidente de la Corte Suprema. El 2 de octubre se inicia el gobierno de Abraham Oyanedel.

Pablo de Rokha tiene 38 años. Ha publicado su primer libro en 1918, *Sátira*. Después han sido editados o autoeditados *Los gemidos, U, Satanás, Suramérica, Heroísmo sin alegría*. Ni ese año, ni ninguno de los que vive, le es ajeno. Presenta su candidatura a diputado con un programa anticapitalista. Es miembro del Partido Comunista de Chile. Está casado con Luisa Anabalón Sanderson, nombre verdadero de la poeta Winétt de Rokha, y en ese momento son padres de cinco hijos: Carlos, Lukó, José, Juana Inés y Pablo.

A fines del intenso 1932 hay elecciones presidenciales. Triunfa Arturo Alessandri. Es su segundo gobierno y durará hasta 1938.

La Opinión publica un artículo firmado por Pablo de Rokha y que lleva por título "Pablo Neruda, poeta a la moda". Los primeros vestigios de la polémica aparecen, y de por medio no hay Huidobro, ni discípulos ni antologías nuevas, salvo la fugaz presencia de Neruda en Chile, y su incipiente fama.

El hombre mediocre le aplaude, le entiende, le define, y él mismo, el hombre mediocre, se entiende, se aplaude, se define en la obra del artista doméstico. Y un perfume de laureles democráticos ciñe su himno; es el aplauso de la señorita enamorada que recita los *Veinte poemas de amor y una canción desesperada*, es el aplauso del adolescente enamorado que recita aquello de: "Amo el amor de los marineros que besan y se van", en actitud de apache medio Narciso y medio borracho, de *podesida*, es el aplauso del amigo Joaquín Edwards Bello, extasiándose frente a frente de la ramplonería nerudiana.

[...] Pablo Neruda desembarcó un día de 1922 frente a mi mesa de trabajo. Venía de Temuco, traía un librito, en originales: *Crepusculario*; yo había publicado, por esos momentos, *Los gemidos* y había recibido el escarnio y el dicterio de todos los tontos de la República. Pablo Neruda formuló la apología de *Los gemidos* en la revista *Claridad*. Yo le presenté a Pedro Prado, y allá en la Torre de los Diez, en Barrancas, Pablo Neruda obtuvo del ingenuo autor de *Alsino* los párrafos a que alude Edwards Bello en su salutación ditirámbica. Con el aplauso de Alone, apareció *Crepusculario*. Más tarde publicó Neruda aquellos *Veinte poemas de amor y una canción desesperada*, es decir, la biblia típica de la mediocridad versificada. Silva Castro y Meza Fuentes timbraron, marcaron con sus elogios, al naciente poeta a la moda. Más tarde, *Tentativa del hombre infinito*, la única obra de algún valor permanente que haya trazado Neruda; más tarde, *El habitante y su esperanza*, y *Anillos*, con su fiel discípulo Tomás Lago. He aquí toda la obra del primer poeta de América...

Ni la raza chilena, en formación, ni la identidad indolatina se expresan en este flagrante y fiel servidor de la burguesía...

Pablo Neruda entona la palinodia del versito surrealista, viste bien, come bien, duerme bien, y todos los primeros se va a incautar sus buenos pesos, emanados de la Tesorería General de la República.[2]

11

Cuando ya ha estallado la guerra entre poetas, y aún siguen las escaramuzas de quienes hacen gala de gestos y palabras que harían palidecer a cualquier desprevenido de este fin de siglo, otro escándalo con ribetes políticos y sentimentales estalla en el mundo intelectual. Esta vez el rapto ocurre en 1937.

Los personajes son Pablo de Rokha y Magda Cazone. Ella es hermana del escritor e intelectual ecuatoriano Pedro Jorge Vera, y mujer del flamante agente de la Internacional Comunista recién llegado a Chile en misión especial, y quien es recibido junto a su hermosa dama, una quiteña de 20 años que hace suspirar a todo el ambiente cultural y político de la izquierda de la época. El hombre es un alemán joven, atractivo, que viene de su país tras haber estado detenido por el gobierno de Hitler.

[2] Pablo de Rokha, "Pablo Neruda, poeta a la moda", en *La Opinión*, 11 de noviembre de 1932.

Había estado en las cárceles del nazismo y su rostro y su cuerpo mostraban los estigmas del sufrimiento moral y físico.

[...] La dama en cuestión era su compañera. No estaban casados. Fue cortejada por muchos miembros del partido, según me contó más tarde el doctor David Albala Franco, gran amigo nuestro. Pero cayó finalmente en los brazos de mi padre, que mantuvo con ella un *affaire* amoroso que duró hasta el momento mismo en que mi madre se enteró del asunto.[3]

—Ese es un episodio maravilloso, de gran teatro del equívoco —exclama Volodia Teitelboim, protagonista indiscutido del ambiente literario de aquellos años y testigo de cargo y de descargo obligado de las crónicas de la época.

La pareja deslumbra por su inteligencia. Ella está en todos los actos de los domingos por la mañana en aquellos días en que los teatros se repletaban para escuchar a los dirigentes comunistas. De Rokha se enamora y la rapta. Cuando su pareja desaparece, Cazone, haciendo gala de su discreción europea, guarda silencio.

—Magda Cazone tocaba guitarra y cantaba con una voz muy semejante a la gran cantante de ese tiempo Zarah Leander. Pero el Partido Comunista en esos años era una organización religiosa a la manera de las sectas norteamericanas en lo moral —explica José de Rokha, para quien el rapto no dura más de veinte días.

—Winétt, dulce, fina, discreta e inteligente, y con un amor inmenso a su marido, acude a mí —señala Volodia—. Yo era amigo del matrimonio De Rokha y especialmente de ella.

En esos días la casa de los De Rokha estaba trastocada. Winétt, siempre alegre, se encerró en su pieza. Algo anormal ocurría. Había un ambiente de tristeza. Ella había tenido nueve hijos, era una mujer sedentaria y su cuerpo ya no era

---

[3] Lukó de Rokha, "Retrato de mi padre", en Pablo de Rokha, *El Amigo Piedra*. Santiago: Pehuén Editores, 1989.

el de una muchacha. José de Rokha recuerda el dolor que le produjo ver a su madre haciendo gimnasia.

Una tarde alguien golpea la mampara de vidrio del hogar de los De Rokha. Era Cazone. Winétt salió de su habitación y lo recibió desencajada.

—Luisita —le dijo—, Pablo se robó a la Magda.

—Huevón —le respondió Winétt de Rokha, y con un gesto le indicó la puerta de calle.

Winétt camina lentamente por las avenidas de Santiago. A su lado va Volodia. Ella está deshecha. Le pide que el Partido Comunista intervenga. Teitelboim, un muchacho de 21 años, entiende que algo puede hacer para ayudar a su amiga, y logra que vayan a hablar con De Rokha. Y aquí viene el episodio fantástico, de gran teatro del equívoco a que hace alusión Volodia Teitelboim cuando evoca, 55 años después, esta historia.

En esos años la opinión pública internacional es conmovida por el denominado Proceso de Leipzig, que inicia el régimen de Hitler en contra del dirigente comunista búlgaro Jorge Dimitrov, más tarde secretario general de la Internacional Comunista. Es un proceso público donde Goebbels y Goering lo acusan de tener vinculaciones con el incendio del edificio donde funciona el Parlamento alemán, el Reichstag, ocurrido años antes, y provocado por el nazismo para culpar a los comunistas de actos de terrorismo. Dimitrov hace una defensa apasionada de sus ideas y demuestra que todo ha sido fraguado por el régimen hitleriano.

Este proceso provocaba la máxima admiración. Y la respuesta de De Rokha a los emisarios del PC, cuenta Volodia, es que se le haga un Proceso de Leipzig para defender los derechos del amor.

—Fue algo admirable que demostraba también que él estaba en el mundo de la fantasía más hermosa y en el sentido literario de las cosas —ríe Volodia Teitelboim—. Porque cómo el PC iba a asistir a un proceso en que por un lado el acusado defendiera el amor, y por otro, el Partido Comunista condenara al amor.

Pero el episodio, si bien no rompió con los sólidos lazos que unían al matrimonio De Rokha, sí cortó aquellos del poeta con el Partido Comunista.

12

—Vicente, hazte comunista y serás el poeta más famoso de la tierra.

Estas palabras las recuerda Vladimir y habrían sido pronunciadas por Volodia Teitelboim, en aquellos años un huidobriano incondicional. Pero a diferencia de lo que sostienen algunos de sus biógrafos, para el hijo de Huidobro su padre nunca militó en el Partido Comunista. No era hombre, el poeta, para someterse a consignas o disciplinas. Su espíritu rebelde, individualista y de rupturas estaba reñido con adhesiones estructuradas.

Sin embargo, en los años que anteceden a la publicación de la *Antología de la poesía chilena nueva*, en la década del treinta, Vicente Huidobro era un comunista, se sentía como tal y actuaba en consecuencia. Y aquí viene otra revelación que contradice a aquellos que hablan de la relación del PC con los tres poetas en discordia.

Porque Volodia Teitelboim sostiene que Vicente Huidobro y Pablo de Rokha nunca fueron militantes ni pertenecieron a estructuras partidarias, y menos integraron la dirección del PC.

En el sentido del militante, Vicente Huidobro no lo fue jamás, pero en el de sentirse comunista, de decirlo y actuar, sí lo fue. Y son dos concepciones distintas, para Volodia, quien no recuerda haber dicho la frase que menciona Vladimir.

—Yo estaba ante un maestro de escuela literaria, era mucho más joven que el poeta, y mal podría haberle dado un consejo —aclara.

Vicente Huidobro se sentía un comunista a nivel planetario. Tocaba los temas de la Revolución de Octubre, de Lenin, de la guerra de España, en un tiempo en que todos los grandes de la revolución estética, a partir de 1919, y 1929, y hasta 1936, eran comunistas.

—No sé si Picasso, comunista de toda la vida, fue militante o perteneció a una célula —dice Volodia—. Pero el PC de aquellos años se sentía profundamente honrado de que algunas figuras literarias, hombres famosos, artistas de nivel internacional se dijeran comunistas.

Y entonces revela que tampoco Pablo de Rokha fue militante ni menos miembro de dirección alguna del PC. Que si en su casa se hacían reuniones del Comité Central, era porque en los momentos de semilegalidad se buscaban casas de amigos o de gente cercana.

Era algo grandioso, a veces grandilocuente el que estos dos hombres, Huidobro y De Rokha, siendo muy distintos tuvieran una concepción tan semejante. Porque para ellos ser comunistas no era ser militantes en lo estatutario o ir a la base, o firmar una ficha. Nada tenía que ver esto con ellos —prosigue Volodia—. Tenían la concepción del superhombre, y no consultaban sobre sus discursos o intervenciones públicas efectuadas como comunistas.

Así, por ejemplo, Huidobro interrumpía en 1934, una conferencia del rector de la Universidad de Concepción, Enrique Molina, que hablaba en contra de la Unión de Repúblicas Socialistas Soviéticas (URSS). E interviene de tal forma y con tanta pasión, que la multitudinaria audiencia estudiantil ovaciona al poeta. Llega la policía, la noticia aparece en los diarios. Juvenal Hernández, rector de la Universidad de Chile, no se atreve a actuar. El nombre del poeta es grande y la juventud está con él.

O Pablo de Rokha, conferencista permanente en el teatro Recoleta, encendía el auditorio que acudía a verlo recitar sus *Cantos rojos*, su poema a Gorki, o a oír sus pronunciamientos políticos, incendiarios y grandilocuentes como su personalidad.

Entonces Volodia Teitelboim declara que el único que en 1933, 1934 o 1935 nada tenía que ver con el PC era Pablo Neruda. Y que el alejamiento de De Rokha con el PC no está vinculado al episodio de Magda Cazone, sino a la aparición de Neruda después de su regreso de España, y a la creciente preferencia del PC hacia Pablo Neruda, por sobre las figuras de Huidobro y De Rokha.

Sin embargo, el anecdotario de esa época recoge otra historia, en lo que se refiere a Pablo de Rokha.

El poeta ha regresado a su hogar luego del *affaire* con Magda Cazone. Un día llega a su casa el secretario general del Partido Comunista, Carlos Contreras Labarca, y le informa que la pareja Cazone son espías y que hay que aniquilarlos.

> Carlos Contreras Labarca le pidió a mi padre que hiciera declaraciones públicas contra la pareja, diciendo que el problema creado por mi padre dentro del partido quedaría en nada. Las exigencias de Contreras Labarca fueron escuchadas por todos nosotros en la habitación contigua al escritorio de mi padre, donde ambos conversaban.[4]

Hablaban fuerte, recuerda José de Rokha. "Sobre todo mi padre, y escuché que él les decía:

—Bueno, compañeros, comprendo que no he sido capaz de responder a la moral revolucionaria. Renuncio al partido".

La respuesta de su interlocutor también la oyó claramente José de Rokha:

—Al partido no se renuncia. Se sale expulsado.

—Expúlsenme o mátenme —concluyó Pablo de Rokha.

Lukó de Rokha deja constancia en su "Retrato de mi padre" de la frase con que el poeta se negó a declarar en contra de los Cazone:

> —Yo no puedo atacar públicamente a una mujer con la que me he acostado, más aún si las acusaciones son oscuras y no me constan.

[4] Ibíd.

Contreras Labarca dijo entonces:

—Comprendo, Pablo, pero entonces tendrás que presentarte ante la Comisión de Disciplina.

Volodia Teitelboim señala que en ese entonces él no llevaba velas en el entierro. Militaba en la juventud del partido, y al igual que muchos de su generación, criticaba la falta de sensibilidad del PC frente a los problemas universitarios, e incluso intelectuales. Y que lo que a su juicio viene a cambiar la actitud del comunismo criollo respecto al problema cultural es Neruda. Pero insiste en que De Rokha no era miembro del PC, y lo que desborda el vaso y produce su alejamiento, o "marginación", es la presencia de Neruda, que aun cuando no era militante, ya estaba cerca del partido.

—Aquí estoy camaradas para ser juzgado por haberme acostado con una mujer con la cual ustedes hubieran querido acostarse y no pudieron hacerlo —fue la frase que lanzó Pablo de Rokha cuando se presentó ante la Comisión de Disciplina. El resultado de ese encuentro fue que el poeta se "marginó".

—Lo admirable de De Rokha —concluye Volodia Teitelboim—, es que él nunca dejó de sentirse un revolucionario. Era un revolucionario por cuenta propia, era un comunista personalísimo, a su manera. Y era hombre que nunca se reconcilió con el capitalismo. Y fue su víctima. Y lo sufrió toda su vida. Hasta el final.

La pregunta que antecedió a esta declaración fue si Pablo de Rokha no había sido una víctima del Partido Comunista que, en el debate, cuando arreciaba la guerrilla, se ubicó en la trinchera de Pablo Neruda y a través de sus medios de prensa lo atacó sin clemencia.

El no de Volodia fue rotundo.

13

Los domingos de Pablo de Rokha eran terribles. Sentado en un sillón de mimbre en el porche de su casa ubicada en la calle Valladolid, de la comuna de La Reina, y con un alto de periódicos del día, esperaba la llegada de amigos con quienes conversar y compartir su mesa. El recuerdo lo hace el crítico Luis Sánchez Latorre, *Filebo*, quien a veces con su familia iba hasta la casa del poeta esos domingos de espera.

Filebo admiraba a este hombrón grande, de vozarrón fuerte y con rostro de conquistador español.

—Yo desciendo de Ignacio de Loyola, por mi apellido, y de Rodrigo Díaz de Vivar —le comentaba—. Pero soy un caballero proletario.

Son los años sesenta, Winétt había muerto de cáncer en 1951. Su hijo Carlos, poeta surrealista vinculado lateralmente al grupo Mandrágora, se había suicidado en 1962. La tragedia rondaba a Pablo de Rokha. Filebo evoca el dormitorio del poeta. Parecía el claustro de un monje. Era una habitación en la que sobresalía su catre de fierro.

Hombre de polaridades, combinaba costumbres dionisíacas con el ascetismo de un convento. Filebo se conmueve al recordarlo.

En 1965, De Rokha obtiene el Premio Nacional de Literatura, y Licantén lo nombra Hijo Ilustre. Tiene 71 años. Quizá es demasiado tarde para los reconocimientos públicos. Pero sigue escribiendo y publicando.

En los últimos años vive con su hijo Pablo, quien se ha separado de su mujer y pasa por una gran depresión. La noche del 21 de mayo de 1968, Pablo se tiende en la cama y se dispara un tiro en la boca. Tenía 36 años. Ese día, su padre estaba internado en un hospital para ser intervenido en una operación a la próstata.

Llegó septiembre y con él algunos rayos de sol que entibiaban las caminatas de Lukó con su padre. El poeta le comenta lo hermoso de las primaveras de Chile y lo respetable que le parece que un hombre decida qué hacer con su vida.

En la mañana del 10 de septiembre el teléfono sonó en casa de Lukó. Su padre le recordaba que debía acompañarlo a un control médico.

—Estoy lista —le replicó ella, mientras terminaba su café.

Minutos más tarde el poeta entró en su escritorio. Se sentó frente a la mesa de trabajo, tomó un revólver y se disparó.

Era un revólver Smith and Wesson calibre 44, el mismo con que tres meses antes se había suicidado su hijo.

En la casa del poeta, el escritor Carlos Droguett, su gran amigo, pidió estar un rato a solas con él. Más tarde llevaron sus restos hasta la Universidad de Chile, donde fue velado.

Todo lo que estaba presenciando se me antojaba inaudito, irreal: mi padre muerto, tendido en su ataúd, los muchachos que hicieron guardia de honor con sus boinas Che Guevara… Salvador Allende cargó el ataúd con mis tíos, Julio Tagle, mi cuñado y mi marido.

—Valor, Lukó —me dijo Allende—. Tu padre es demasiado grande para morir. Lo que más lamento es que pudiéramos haber hecho muchas cosas juntos.

—Sí —dije yo. Pero era no, él estaba muerto, él también podía morirse.[5]

14

Hay un antecedente que manejan los rokhianos y que al momento de analizar los orígenes de la disputa entre Neruda y De Rokha, salta como sacado del sombrero de un mago.

Más allá de la egolatría de los personajes, de las veleidades del PC, de las diferencias estéticas entre los contrincantes, nuevamente destaca una historia de amor. Frustrada, pero historia y amor al fin, que para más de alguno explica

[5] Ibíd.

el inicio del alejamiento de los dos Pablos, que allá por la década de 1920 se conocieron y fueron amigos.

Pablo Neruda, alto, delgado, de rostro aceitunado, llega a Santiago en 1920. Tiene 16 años. Poco tiempo después conoce a Pablo de Rokha, mayor que él y se hacen amigos. Amistad especial, con ribetes de picaresca en algún momento, pero lo suficientemente fuerte como para que De Rokha lo invite al fundo que administra don Ignacio, su padre, en Talca.

Allí conoce a la bella Helena Díaz Loyola, hermana menor de Pablo de Rokha, el mayor de ese clan de 19 hermanos.

Se enamoran. Son los años en que Neruda es solo un joven bohemio y poeta, sin un cinco y sin futuro. Helena está enamorada, Neruda también. Quiere casarse con ella.

Pablo de Rokha observa y le agrada esta relación. Entonces interviene don Ignacio, un hombre orgulloso, enérgico, que le ha cortado las alas a más de un pretendiente de sus hijas por no considerarlo adecuado. Lukó lo cuenta así:

Para entonces yo no había nacido. Neruda no fue del gusto de mi abuelo, quien manifestó que su hija, toda una señorita, no podía casarse con el hijo de un ferroviario. Mi tía Helena era muy bella y sufrió mucho, pero acató la voluntad paterna. Según mi madre, Neruda también la amó realmente, y aunque mi padre nunca estuvo de acuerdo con la decisión de mi abuelo, que le pareció absurda, ahí se originó la chispa que dio lugar más tarde a la legendaria enemistad De Rokha-Neruda.[6]

Jamás fue mencionado este episodio ni por Neruda ni por De Rokha. Pero existió.

Arturo Aldunate Phillips dice en un capítulo dedicado a De Rokha:

[6] Ibíd.

Los hermosísimos *Veinte poemas* con su canción desesperada, habrían tenido dedicatoria. Elena Díaz Loyola, hermana de padre y madre del bardo de *Gran temperatura*, fue el esplendoroso amor del poeta de *Crepusculario* y, resulta extraño saberlo, ella no quiso casarse con Neruda, de ahí su doloroso reclamo:

Puedo escribir los versos más tristes esta noche.
Yo la quise, y a veces ella también me quiso…[7]

El autor continúa, pero tal vez se equivoque en el libro y en el poema que cita. Si por esta Helena ardió Troya, le falta la H, y no está en los *Veinte poemas*, sino en *Crepusculario*.

Lukó pone de testigos de esta amistad estrecha entre Neruda y De Rokha a la familia de su padre, y a Winétt, su madre, fuente directa de la historia de amor entre su tía y Neruda. Según ella, "El nuevo soneto a Helena", de *Crepusculario*, está dedicado a Helena Díaz Loyola:

Cuando estés vieja, niña (Ronsard ya te lo dijo),
te acordarás de aquellos versos que yo decía.
Tendrás los senos tristes de amamantar tus hijos,
los últimos retoños de tu vida vacía…

Yo estaré tan lejano que tus manos de cera ararán
el recuerdo de mis ruinas desnudas,
comprenderás que puede nevar en Primavera
y que en la Primavera las nieves son más crudas.

Yo estaré tan lejano que el amor y la pena
que antes vacié en tu vida como un ánfora plena
estarán condenados a morir en mis manos.

Y será tarde porque se fue mi adolescencia,
tarde porque las flores una vez dan esencia
y porque aunque me llames yo estaré tan lejano.

[7] Arturo Aldunate Phillips, *Algo del hablar literario de Chile*. Santiago: Ed. Nascimento, 1984.

Un día Lukó, de 14 años, va con su madre a la estación y se encuentra con Neruda, que está despidiendo a un amigo.

Mamá y él se saludaron cortésmente. Neruda me besó y dijo:

—Eres linda. Te pareces a tu tía Helena. Has de saber que te he tenido en mis brazos.

Fue la única vez que vi en mi vida a Neruda. A mí él no me gustó, seguramente porque dijo que yo me parecía a mi tía Helena y yo solo quería parecerme a mi madre. Mamá no le contó a mi padre que había intercambiado algunas palabras con Neruda. En ese tiempo yo no sabía por qué. Más tarde se lo conté a mi tía Helena y ella me dijo:

—Son cosas que pasaron hace mucho tiempo, que no pudieron ser. Olvídalo y no lo repitas nunca.[8]

—Es posible esa historia de amor —dice Volodia Teitelboim. Neruda le habló en algún momento del tema, pero omitió quizá los detalles, ya que la frase que recuerda es:

—Pablo de Rokha tenía mucho interés en que yo me casara con su hermana.

15

Selva lírica es una antología de referencia obligada para ubicar los orígenes de la poesía nacional de comienzos de siglo.

En 1917, Julio Molina Núñez y Juan Agustín Araya (O. Segura Castro) editan este estudio sobre los poetas chilenos con sendos prólogos de cada uno de los elegidos. Ahí aparecen Pablo de Rokha y Vicente Huidobro. Dos promesas de la generación del veinte. El primero, un joven de 23 años y de quien los antólogos ya hacen referencia a sus incursiones nietzscheanas.

El encabezamiento a su obra señala:

[8] Lukó de Rokha, op. cit.

Escribió en la efímera revista *Azul*, de la cual él y Juan Guzmán Cruchaga fueron redactores. En la "Página literaria" de *La Mañana* se veía con frecuencia la firma de este simpático vate, al pie de poemas valientemente modernistas. Esa página y singularmente esos poemas atrevidos, con tendencias a un corte libérrimo, escandalizaron a los "tesoreros de la lengua", a los tradicionalistas momificados ya [...]. Es de nuestros "novísimos". Va con la farándula, muy cosmopolita y algo bohemia, de Hübner, Huidobro, Julio Munizaga, Pedro Sienna, Cruchaga Santa María.[9]

Entre los poemas seleccionados, hay uno, "Apunte", que dice en sus primeros versos:

Yo soy como el fracaso total del mundo, ¡oh Pueblos!
[...] El canto ahí de bruces frente a Satanás
habla con la ciencia dolida de los muertos;
y mi dolor chorrea de sangre la ciudad.[10]

Un año más tarde de la aparición de este estudio, en 1918, publicará su primer libro de poemas, *Sátira*, con el auspicio de *Selva lírica*.

El comentario respecto a De Rokha culmina con interrogantes:

Y en esos prolegómenos, de factura inaudita y de una audacia verbal sin restricciones, se alternan bizarrías metafísicas y estéticas que flotan en una onda de intenso amor emocional a la vez que ideológico, sensual y positivo a la vez que platónico y romancesco.

Es de esperar que el espíritu bullente y errátil de Pablo habrá de serenarse a través de la llama del amor y la caricia del epitalamio. Mas, Pablo, ¿qué será de ti?

[9] Julio Molina Núñez y Juan Agustín Araya, *Selva lírica*. Santiago: Impr. y Lit. Universo, 1917.
[10] Ibíd.

¿Florecerás poemas? ¿O serás, como alguna vez tú dijiste,
sólo carne, carne, carne...?[11]

El proceso de *Selva lírica* fue lento. La impresión demo-
raba. Una oficina, ubicada en calle Morandé, había sido
abierta especialmente por los autores de la iniciativa para
recibir a los poetas que figurarían en ella. Gabriela Mistral y
otros escritores de la época pasaron por allí. De esas reuniones surgió la idea de editar una revista con el mismo nombre.[12]

"Este muchacho artista es un carácter". Este es el inicio
de los párrafos que los antologistas dedican a Vicente Huidobro, de 24 años, y que a esas alturas ya ha editado *Canciones
en la noche*, *Las pagodas ocultas*, *Adán*, entre otras obras.

> Cuando otros, a su edad, con su posición social y sus millones,
> se entregan a la esterilidad de una vida estragada de ocios
> blandos u obscuros libertinajes, él, demasiado poeta y con algo
> de un Quijote moderno en el alma y las pupilas, alza la pluma
> como una bandera de luminosos ideales, depone sus prejuicios
> de estirpe, y escribe sus libros que son como una rebelión para
> su cuna, puesto que canta a los desheredados del mundo, blas-
> femando contra las cadenas sociales.[13]

Selva lírica se detiene en las sentencias de este joven poeta
que sin recato ni falsas modestias dispara:

> Tengo completa fe en mí mismo. Tengo tal seguridad de las
> cosas que si el mismísimo D'Annunzio me atacara literaria-
> mente, lo sentiría mucho por él. [...] Siempre he tenido la segu-
> ridad de que yo haré mi obra y llegaré al triunfo; por eso no
> temo gritar alabanzas con todos mis pulmones a los que creo

[11] Ibíd.

[12] José Santos González Vera, *Cuando era muchacho*. Santiago: Ed.
Nascimento, 1951.

[13] J. Molina N. y J.A. Araya, op. cit.

las merecen. Si ellos hacen su obra, yo también haré la mía. Si ellos llegan al triunfo, yo también estoy seguro de llegar.[14]

El párrafo culmina con la observación de los autores de la antología: "Nosotros creemos lo mismo. Llegará". Y encabezan su obra con el poema "Cuando yo me haya muerto":

Habrá presentimiento en las cosas
y en la muda quietud de los objetos;
me vendrán obsesiones intensas, dolorosas,
y sentiré unas ansias de contar mis secretos.[15]

Pablo Neruda está en Temuco, es un adolescente y 1917 también resulta un año importante para él. En el diario *La Mañana*, de su ciudad, aparece un artículo titulado "Entusiasmo y perseverancia". Esta es su primera publicación y la firma como Neftalí Reyes.

16

Son los inicios de los años veinte. Neruda ya está en Santiago. Tiene 16 años y se ha incorporado a las huestes de rebeldes y bohemios estudiantes que al fragor de la Revolución rusa y los enciclopedistas mezclan explosivamente la política con la literatura.

Claridad, el órgano oficial de la Federación de Estudiantes de Chile (FECh), es fundada en octubre de 1920. Se define como "Periódico semanal de sociología, arte y actualidades". Allí publicarán sus versos Neruda y De Rokha.

Claridad no solo representa a la FECh, sino a toda una generación joven de cuyo espíritu crítico surge, según el historiador Mario Góngora, la que más adelante se denominará "el arquetipo chileno del intelectual de izquierda [...]: de una

[14] Ibíd.
[15] Ibíd.

izquierda no oficial, sino permanentemente en crítica del orden social existente, crítica y mordaz de la vieja aristocracia; de la nueva plutocracia; del clero; de los partidos titulados avanzados, con todas sus inconsecuencias y traiciones".[16]

Uno de los líderes de mayor carisma de esta generación era Juan Gandulfo, miembro de la FECh y hombre que impresiona al joven Neruda. A él está dedicado su primer libro, *Crepusculario*.

Pablo Neruda vive en una modesta pensión de la calle Maruri, sitio obligado de pobres y de estudiantes sin plata. Ha llegado recién a Santiago y un poema suyo, "La canción de la fiesta", ha sido premiado en el Concurso de la Federación de Estudiantes de Chile.

Es el inicio de su carrera literaria; la otra, la universitaria de futuro profesor de francés, la abandona a poco andar. La poesía es más fuerte.

Neruda no conoce a Pablo de Rokha. Pero sabe de él. Le ha escrito desde Temuco para que le publique un poema en la revista *Numen*. Ya en Santiago, el encuentro es inevitable. De Rokha es un poeta conocido. Lo va a ver.

La autobiografía de Pablo de Rokha fue escrita por el poeta en diferentes momentos de su vida. Cuando habla de su rival, ya está contaminada por las rencillas y las polémicas posteriores. Porque sin duda, hubo amistad entre ambos. Así relata Pablo de Rokha el encuentro con Neruda:

> Y éste que viene aquí, resbaladizo, como rumiando, acomodando, mezclando con saliva las palabras, es el Neftalí Reyes de entonces. Yo lo invito a la Unión Comercial a tomar vino con durazno, pero él bebe sólo leche, leche con leche, con lentitud, en actitud de cuáquero, como el oficial evangelista de un evangelista, que hubiese muerto en la Primera Guerra Europea de susto, o como aquellas pobres señoras sin sexo, sin pechos, sin pelo, del Ejército de Salvación, y sin embargo no es difícil

---

[16] Mario Góngora, *Ensayo histórico sobre la noción de Estado en Chile en los siglos XIX y XX*. Santiago: Ed. Universitaria, 1990.

comprender que dentro de este aborigen feble, que escribe cartas a máquina a la literatura de América, existe un oportunista
tan astuto, tan agudo, tan difuso en la conducta psicológica,
que se escurre como un molusco, que deviene batracio de sangre helada y subacuática.[17]

En los dos, el rencor sobrevive al contexto amistoso y no
respeta cronologías. Porque mientras uno bebe ponche de
vino con durazno y el otro "leche con leche", se ven.

Es 1922. Pablo de Rokha publica *Los gemidos*. Autoedi-
tado, no se venden sino una docena de ejemplares. Es una
obra rupturista en lo estético, y provoca indiferencia o críticas lapidarias.

En *Claridad*, una voz joven se levanta y defiende la obra.
Es Pablo Neruda que comenta:

> Un impulso hacia la raíz trascendente del hecho, una mirada
> que escarba y agujerea en el esqueleto de la vida y un lenguaje
> humano, de hijo de mujer, un lenguaje exacerbado, casi siem-
> pre sabio, de hombre que grita, que gime, que aúlla, esa es la
> superficie de *Los gemidos*. Más adentro, libre ya de las palabras,
> de los alaridos y de las blasfemias, sentimos un amador de la
> vida y de las vidas, azotado por la furia del tiempo, por los
> límites de las cosas, corroído hasta la médula por la voluntad
> de querer y por la horrible tristeza de conocer.[18]

17

Pablo de Rokha, provinciano, bohemio y poeta en Santiago,
recibe una tarjeta impresa repleta de cargos y apellidos. Se
lee: "Director-Propietario-Redactor y Gerente de *Musa Joven*,
Vicente García Huidobro Fernández".

[17] Pablo de Rokha, *El Amigo Piedra*. Santiago: Pehuén Editores, 1989.
[18] Pablo Neruda, *Los gemidos*, revista *Claridad*, 16 de diciembre de 1922.

Es 1913, De Rokha tiene 20 años, lee a Loti y se fascina con él. Sin dudarlo se encamina a la casa de Huidobro ubicada en San Martín con la Alameda de las Delicias.

Me reciben dos lacayos galoneados, y uno, un gallego muy amable, me dice: "Don Vicentito, el señorito, no está en casa, está fuera de casa, puede usted pasar a su bufete y aguardarlo un momentito, le serviré café a usted y al señor Hübner que le aguarda también arriba; ¿prefiere habanos o cigarrillos?". Deslumbrado, trastabillando, atorado, me doy un tropezón al entrar con un personaje que me parece espantable por la indumentaria de ultratumba, estrafalaria y difícil y el pelo caído de ebrio, pues el terno muy raído, negro, usado, deshilachado, entierrado y los zapatos sucios no están de acuerdo con un chaleco de frac, blanco, casi albo, impecabilísimo, con botones nítidos, lo cual le da la prestancia equivocada entre *maître d'hotel*, tenor de ópera venido a menos, pero sumamente venido a menos, o cochero de empresa de pompas fúnebres y él es quien me atiende así:

—Soy Jorge Hübner, ¿usted es Job Díaz? Siéntese y conversaremos, está helando.[19]

Es el encuentro con Huidobro y la bohemia de su tiempo: Hübner, Mariano Latorre, Ángel Cruchaga Santa María, Daniel de la Vega, Pedro Sienna, Juan Guzmán Cruchaga y otros.

El día antes de casarse, Carlos Ignacio Díaz Loyola —Pablo de Rokha— con la joven poeta Luisa Anabalón Sanderson —Winétt de Rokha— se encuentra con Huidobro. Es el 24 de octubre de 1916.

—Mañana me caso con Juana Inés [primer seudónimo de Luisa Anabalón, más tarde Winétt de Rokha] —le digo a Vicente.

—Y yo parto mañana a Europa —me dice.

[19] Pablo de Rokha, op. cit.

—Entonces los dos partimos —le agrego—, únicamente que yo voy hacia mucho más lejos...

En realidad, Huidobro es el señorito millonario, heredero de la Viña Santa Rita, que escribe *Adán* jugando a la literatura por lujo ocioso de rico, extrayéndolo de su biblioteca: Verlaine, Baudelaire, Corbière, Jules Romains, Apollinaire, Rimbaud, Lautréamont, con la misma actitud exacta y equivalente con que extrae esos billetes nuevos y rosados como él y como sus poemas, gorditos, bonitos, limpitos, de la preciosa Caja de Fondos que papá y mamá repletan. "Vicente no es un imbécil como es imbécil Pantoja", dice O. Segura Castro, el perro Segura, pero Hübner le cree imbécil, aunque Pedro Prado le plagiara *Las pagodas ocultas* y es que Prado, cantor de las vacas y de las señoras de la sociedad, es la Burra de Balam, filosofando.[20]

Era la primera vez que Vicente Huidobro iba a París. Dos años más tarde llega a Madrid. Es el otoño de 1918. Lleva el estandarte del creacionismo, pero en España nadie conoce a Reverdy o a Apollinaire. Sin embargo, su presencia provoca el surgimiento del movimiento ultraísta, encabezado por Guillermo de Torre.

El influjo de Huidobro en España es comparado al de Darío en el momento modernista. Hace un breve viaje a Chile en 1919. Es en 1925 cuando retorna triunfante, aunque no es un regreso definitivo. Diez libros publicados en menos de una década en Europa. Huidobro tiene 32 años.

18

De Rokha y Neruda están en un bando. En el otro, Manuel Rojas y José Santos González Vera. Los poetas en contra de los novelistas.

El lugar del reto es en la calle Bezanilla a la altura del 1400, la casa de Juan Agustín Araya, uno de los autores de

[20] Ibíd.

Selva lírica. Una gran casa-quinta que en su tiempo recibió a todo el mundo cultural de la época. Allí se encuadernaba la revista *Claridad*.

El trofeo para el dúo ganador era una "guagua" de chicha, de cinco litros. El desafío consistía en vencer en un campeonato de rayuela.

Los novelistas van perdiendo. Les toca el turno a los poetas. Toma el tejo el joven Neruda. Se balancea. Están a punto de ganar el campeonato. Apunta. Lanza. El tejo va a dar directamente al centro del tiesto con chicha. El trofeo revienta y con él, la ira de De Rokha.

—Todo te lo puedo perdonar. Hasta que seas un mal poeta. ¡Pero que hayas quebrado la guagua de chicha, jamás!

La historia la cuenta el poeta y crítico Mario Ferrero. Se la confidenció la anfitriona de ese torneo, Otilia, la viuda de Juan Agustín Araya.

Esta anécdota no está en la autobiografía de De Rokha. Tampoco en las memorias de Neruda. Ambos son concisos en sus iras. No hay detalles. El primero agrega sobre el otro:

> Me insiste en que le presente a Pedro Prado, lo hago, y lo recuerdo cuando tras las visitas al poeta de la Sociedad Nacional de Agricultura, el poeta del Mapocho lo elogia a él, me ataca a mí, y su íntimo Hernán Díaz Arrieta (Alone) le presta dinero para que publique *Crepusculario*, después de haber hecho la apología de *Los gemidos* en *Claridad*, en la cual yo apostrofo, desenmascaro, arrincono a Alone.[21]

Un año después, aparece la edición original de *Crepusculario* publicada por *Claridad*. En 1924, la edición de Nascimento de *Veinte poemas de amor y una canción desesperada* pone a Pablo Neruda entre los poetas de mayor resonancia de su generación. Su popularidad crece rápidamente. En torno a su figura se agrupan los jóvenes de la época. Son ambientes estrechos. Si el sol se tapa con un dedo, alguien puede ver un

[21] Ibíd.

eclipse solar. Tal vez no. Pero los poemas y artículos de Neruda aparecen profusamente en las revistas de aquellos años. El hijo del ferroviario de Temuco comienza a tener éxito. Su carrera es ascendente. Y la selva lírica de los años veinte es lírica, pero también es selva.

19

Mario Ferrero, poeta, crítico y experto en la obra de De Rokha, su amigo entrañable, le dijo una vez a De Rokha que su obra era grandilocuente.

—No, compañero —le respondió cariñosamente—. Mi poesía es de gran elocuencia, no grandilocuente. Eso es completamente distinto.

Autor de antologías y del ensayo *Pablo de Rokha, guerrillero de la poesía*, título sugerido por el propio protagonista, quien con su puño y letra corrigió y agregó notas al manuscrito, ya en imprenta —astucia de Ferrero acorde con la puntillosidad del poeta—, el crítico señala la influencia de Alberto Rojas Jiménez en la primera etapa rokhiana.

Inmortalizado por Neruda en su poema "Alberto Rojas Jiménez viene volando", su nombre y breve vida evoca la bohemia literaria de los años veinte.

González Vera cuenta:

Entre los poetas y jóvenes fue Rojas Jiménez el introductor del sombrero alón y de la capa. Los demás sólo usaban sombrero y rara vez capa, quizás por ser costosa esta prenda. Luego apareció Neruda con su capita de ferroviario, obsequio de su padre.[22]

Pero al poco tiempo todo el grupo de jóvenes poetas que rodeaba a Neruda, entre los que estaban, además de Rojas Jiménez, Tomás Lago, Gerardo Seguel, Norberto Pinilla, Joaquín Cifuentes Sepúlveda, Diego Muñoz, entre otros, lucían

[22] José Santos González Vera, op. cit.

la capa y el sombrero alón. Esta uniformidad les valió el título de La Banda de Neruda.

¿Cuántos de ellos integraron en su primera época noctámbula de sablistas y graduados en "perros muertos" las huestes que comandó De Rokha?

Cuenta la historia que en las noches hambreadas y eternas de los poetas santiaguinos de los años veinte, cuando entraban al Hércules, al Jote, al Venecia, al cabaret de la Ñata Inés o al Zepelín, sin un peso en el bolsillo y con toda el hambre y la sed del mundo, en algún momento el jefe que los dirigió fue Pablo de Rokha, a lo menos una década mayor que sus colegas.

Volodia Teitelboim, en su libro *Neruda*, narra el episodio de la rebelión de los poetas jóvenes en contra del vate mayor. Un elemento más, según muchos, que se agrega a los motivos que marcaron el distanciamiento entre los Pablos.

Esa vida huele a huevos podridos. Quieren romper dicha asociación. Pero para ello tenían que rebelarse contra la dictadura del capo. Sentían miedo. Estaban abatidos. Temblaban ante su vozarrón y sus amenazas. Para romper las cadenas planearon una sublevación. El lugar fijado de encuentro era el restaurante Hércules. El hombrón llega a la hora acostumbrada. Y ellos vuelven con las manos vacías. Se disculparon pobremente. Serán increpados. Los conjurados están resueltos a enfrentarlo, a romper de una vez por todas la coyunda infamante. Cuando les pide cuentas de las gestiones programadas, contestan que no han juntado ni un centavo. Los insulta. El diluvio de improperios los abruma. No han sido capaces de sacar la voz. Amargados, furiosos consigo mismos, reaccionan luego y lo siguen a la sección de urinarios. Allí, en medio de los perfumes propios del lugar, levantan la bandera de la independencia a gritos. El que primero la hace ondear es Tomás Lago. Lo sigue Diego. Pretenden agredir al patrón desconcertado. El demonio grita, pero no echa fuego. Allí no se respira olor a azufre, sino a meados. La insurrección general se extiende a toda la partida. Neruda dice algo. Fue una escena que siempre recordó.[23]

Pablo Neruda también consigna en sus memorias este episodio. El rencor está presente. No es Pablo de Rokha, sino Perico de Palothes, muerto algunos años antes de *Confieso que he vivido*. Pero el tiempo no ha sido suficiente para borrar las huellas del odio.

En nuestras pobres latitudes, nosotros, poetas casi harapientos, merodeábamos en las madrugadas inmisericordes, entre el vómito de los borrachos. En esos ambientes miserables la literatura producía insólitamente figuras matoniles, espectros de la sobrevivencia picaresca. Un gran nihilismo, un falso cinismo nietzscheano, inclinaba a muchos de los nuestros a encubrirse con máscaras delincuenciales. No pocos torcieron por ese atajo su vida, hacia el delito o hacia la propia destrucción.

Mi legendario antagonista surgió de ese escenario. Primero trató de seducirme, de embarcarme en las reglas de su juego. Tal cosa era inadmisible para mi provincianismo pequeño burgués. No me atrevía y no me gustaba vivir del expediente. Nuestro protagonista, en cambio, era un técnico en sacarle el jugo a las coyunturas. Vivía en un mundo de continua farsa, dentro del cual se estafaba a sí mismo inventándose una personalidad amenazante que le servía de profesión y de protección. Ya es hora de que nombremos al personaje. Se llamaba Perico de Palothes.[24]

[23] Volodia Teitelboim, *Neruda*. Santiago: Ediciones BAT, 1991.
[24] Pablo Neruda, *Confieso que he vivido*. Santiago: Ed. Planeta, 1988.

En 1925, Vicente Huidobro retorna a Chile. Ese año se inicia con la caída de la junta militar que el 11 de septiembre de 1924 había disuelto el Congreso, provocando la renuncia del presidente Arturo Alessandri Palma.

La Guarnición de Santiago, que en sus proclamas ataca a la oligarquía antidemocrática, ilustra el ambiente que se respira en esos días. A estas, se unen las de los comités de obreros, la Federación Obrera de Chile, el Partido Comunista, la Federación de Estudiantes, que hacen fervientes llamados democráticos y exigen el retorno de Alessandri. En julio, es la masacre de La Coruña. Alrededor de mil quinientos obreros que pedían reajustes de sueldos en esa oficina salitrera fueron duramente reprimidos. Esto aumenta el descontento y la rebelión entre los trabajadores.

Una nueva junta surge, y en marzo de ese año vuelve al poder Alessandri. El de 1925 es un año de crisis para el país y Chile concita la atención de América Latina. Se aprueba la Constitución de 1925 mediante un plebiscito nacional. Pero el primero de octubre renuncia Alessandri. En las elecciones del 24 de ese mismo mes triunfa Emiliano Figueroa.

Huidobro no permanece al margen de estos días agitados y la política lo envuelve.

Acción es un periódico financiado mediante suscripciones entre oficiales jóvenes estimulados por Marmaduque Grove. Lo dirige Vicente Huidobro, quien lo denomina un "diario de purificación nacional", y en algunos números colabora a veces otro poeta, Ángel Cruchaga Santa María. Solo salen 14 ediciones, y allí Huidobro publica un artículo que refleja los momentos que se viven.

Con el título de "Balance patriótico", aparecido el 8 de agosto de 1925, Huidobro señala en algunos de sus párrafos:

Un país que apenas a los cien años de vida está carcomido, lleno de tumores y supuraciones de cáncer como un pueblo que hubiera vivido dos mil años y se hubiera desangrado en heroísmos y conquistas.

Todos los inconvenientes de un pasado glorioso pero sin gloria. No hay derecho para llegar a la decadencia sin haber tenido apogeo. [...] Frente a la antigua oligarquía chilena, que cometió muchos errores, pero que no se vendía, se levanta hoy una nueva aristocracia de la banca, sin patriotismo, que todo lo cotiza en pesos y para la cual la política vale tanto cuanto sonante pueda sacarse de ella. Ni la una ni la otra de estas dos aristocracias ha producido grandes hombres, pero la primera, la de los apellidos vinosos no llegó nunca a la impudicia de esta obra de los apellidos bancosos.

[...] Toda nuestra insignificancia se resuelve en una sola palabra: Falta de alma... ¡Crisis de hombres! ¡Crisis de hombres! ¡Crisis de hombres!... Una nación no es una tienda, ni un presupuesto es una Biblia... Todo lo grande que se ha hecho en América y sobre todo en Chile, lo han hecho los jóvenes. Así es que pueden reírse de la juventud. Bolívar actuó a los veintinueve años. Carrera, a los veintidós; O'Higgins, a los treinta y uno, y Portales a los treinta y seis. Que se vayan los viejos y que venga la juventud limpia y fuerte, con los ojos iluminados de entusiasmo y esperanza.[25]

Huidobro incendia con su discurso. Y su incursión en la política va más lejos. En 1925 todo es posible. Incluso que un poeta sea Presidente de la República. En las elecciones presidenciales de ese año va como candidato a la Presidencia de la República, apoyado por la Federación de Estudiantes.

A fines de ese año, Neruda, agobiado por la estrechez económica, viaja a Ancud y allí permanece junto al escritor Rubén Azócar. En el Hotel Nilsson de esa ciudad, escribe *El habitante y su esperanza*, que un año después edita Nascimento.

---

[25] Mario Góngora, op. cit.

De Rokha está en Concepción. La empresa Chile Agrícola, donde trabaja en San Felipe, ha quebrado. En la ciudad sureña funda la revista *Dínamo*, en la que aparece parte de su libro *Cosmogonía*. Más tarde, Zig-Zag edita *U*. Es 1926, el año en que Huidobro vuelve a París, pero no va solo: Ximena Amunátegui está con él.

21

Siguiendo las huellas de la polémica, aparece una carta publicada en el diario *La Nación*, el 11 de junio de 1925, dirigida a Pablo de Rokha, flamante director de la revista *Dínamo*. La firma Vicente Huidobro. En ella le agradece el ejemplar y el artículo allí publicado. Pero rebate algunas precisiones de De Rokha sobre su obra y a la vez opina sobre el autor de *Los gemidos*. El trato es cordial, pero las diferencias estéticas quedan claras. He aquí algunos párrafos:

> Fuera del título que me parece algo futurista, a la italiana, su revista es simpática y hará mucho bien. Me parece ver en su grupo una tendencia a lo grandioso, al drama horrendo, a lo tormentoso y desbocado de terrores, y ello, créame Ud., es infantil, es hinchazón hispánica y resta fuerza verdadera a toda obra. La verdadera fuerza no se ve, pues no consiste en emplear palabras formidables, sino en dominar y manejar el cosmos con la sonrisa en los labios.
>
> Yo nunca he cantado problemas melancólicos y en toda mi obra no podrían citarse una docena de poemas con ese elemento que es tal vez lo que más detesto. Por otra parte, en mi poesía no hay problemas, pues yo no creo que exista ningún problema.
>
> Créame, amigo, por la vieja amistad que nos une, que algún día que nos veamos, se lo probaré con libros en la mano: el europeo no es sutil; en cambio Uds. sí son sutiles porque la grandilocuencia es trampa verbal, es engaño de sonoridades, y es sutileza dar el aspecto de una cosa y no la cosa.

[...] Dice usted en el artículo que me envía, "duradera es la obra delgada de Huidobro" y yo creo justamente que si ella es duradera, es porque está hecha sin pretensión, sin aspiraciones trascendentales, sin creerse gigantesca, sino el libre juego de los sesos de un individuo que se aburre y quiere no aburrirse.

Lamento no poder decir lo mismo de las obras gruesas, ellas son perecederas. Al correr de los años se desinflan. Así como los globos de los niños que al día siguiente de comprados, amanecen en el suelo como pájaro muerto.

[...] Matemos una vez por todas ese énfasis hispánico, esa falsa poesía gruesa, de tumores de humo, herencia de Herrera y de Quintana, que aunque tapicemos de modernidad, no pierde, por ello, todo su peso muerto.[26]

Pero en lo que a cartas se refiere, hay más. Ya no entre Huidobro y De Rokha, por lo menos en esa época, sino ahora entre Neruda y Albertina Azócar. Son 10 años y 111 cartas de amor, enviadas por el poeta a la hermana de Rubén, su amigo del alma, escritas entre 1921 y 1931, y que culminan con la negativa de Albertina a viajar hasta Ceilán para encontrarse con él.

Fueron registradas para la historia literaria y los intrusos, y en ellas no solo se muestra un capítulo importante de la vida sentimental del poeta —Albertina es la inspiradora de muchos de los *Veinte poemas de amor*. También sus sensaciones, vivencias, pellejerías, soledades y ausencias.

A comienzos de los años veinte, Neruda le expresa en una de sus cartas, la 42: "Me agrada tu amistad con Winétt".[27]

Más adelante, en la número 50, le señala: "Me encanta que me digas que no te gusta el De Rokha. A mí también me es antipático".

En la carta 66, fechada en Temuco (el poeta está de paso en su ciudad natal), le recomienda: "Rubén te dice hace poco

[26] Vicente Huidobro, op. cit.
[27] Sergio Fernández Larraín (comp.), *Cartas de amor de Pablo Neruda*. Madrid: Ed. Rodas, 1974.

que evites ir donde Winétt. A mí me parece también. Hablaremos. Pero no quiero que estés demasiado sola. Tampoco deseo que entregues nada de ti a los que no son dignos de eso".

En la 81, le hace referencia a "la fatal gira del De Rokha y Rubén, que acaban de empeñar, como último recurso, las polainas". Es 1926. Le escribe desde Ancud su carta 98 y le anuncia que ha dejado "el hotelucho donde se albergan al 'macaco' Rubén y el De Rokha".

Entre 1924 y 1927, Neruda trabaja intensamente en su obra. En 1926, publica tres libros: *Anillos*, *El habitante y su esperanza* y *Tentativa del hombre infinito*.

La literatura chilena vive su momento de oro. Gabriela Mistral ya ha publicado *Desolación* y está fuera de Chile. Nascimento publica *Vientos contrarios*, de Huidobro. La popularidad de Neruda crece. De Rokha realiza la hazaña de autoeditar tres libros en 1927: *Satanás*, *Suramérica* y el ensayo estético *Heroísmo sin alegría*. Son momentos de inestabilidad política y efervescencia de los movimientos literarios que se traducen en revistas que aparecían y morían con igual facilidad.

Refiriéndose a aquellos días turbulentos, Neruda cuenta años más tarde en una conferencia:

> Como en un plácido balcón, las grandes figuras de la generación anterior maduraban sus obras y nos miraban con benevolencia. Aquellos años marcan la plenitud de Barrios, Prado y Latorre. Hernán Díaz Arrieta (Alone) era y continúa siéndolo el mejor crítico literario, o más bien, el mejor escritor de la crítica literaria. Joaquín Edwards Bello era y sigue siendo un fascinante memorialista de los hechos de cada día.
>
> Sin embargo, a través de la cordialidad existente, la lucha de clases iba a dividir también a las generaciones. Se necesitarían largos años para desarrollarnos, de uno y otro lado, pero en esa época están los gérmenes de las futuras posiciones.[28]

[28] Margarita Aguirre, *Las vidas de Pablo Neruda*. México: Ed. Grijalbo, 1973.

22

En mayo de 1991, vino a Chile el poeta español, y fiel exponente de la famosa generación del 27, Rafael Alberti. Pese a sus intensos 89 años, su memoria está fresca. Visita las casas de su amigo Pablo Neruda. Va a Isla Negra. Recita "el mar, la mar…" y las campanas de la isla tocan por él. Pero fiel también a su época acude a la Fundación Huidobro e improvisa unas breves palabras que dan cuenta de que la guerrilla entre poetas trascendió las fronteras y se mantiene en el recuerdo:

Quiero darle las gracias más conmovidas de verdad, que yo esté aquí en la Fundación Huidobro, sin tenerle que ocultar a Neruda que haya venido a la Fundación Huidobro, cosa que hoy no sucedería. Pero en aquella época en que yo era amigo de Huidobro, desde antes de Neruda —porque lo conocí en España en la época del ultraísmo—, yo no podía decirle a Pablo que había estado viendo a Huidobro hace un minuto, porque en ese momento la enemistad era muy grande.

Hoy me parece maravillosa la idea de esta fundación, y creo que Pablo Neruda no se enfadaría absolutamente nada por escuchar estas palabras, ya que a Huidobro le tenía una gran admiración.

En España le tenían una admiración muy grande, porque él llegó en la época del ultraísmo y dejó una gran huella. Conocíamos a Huidobro mucho antes que a Pablo Neruda y le estimábamos, a pesar de la presencia de Pablo Neruda. La gente que procedía de la vanguardia primera española conocía perfectamente la obra de Huidobro, y era un poeta profundamente admirado. Así que era una cosa puramente personal y ocasional que hoy no existiría, con toda seguridad, esa enemistad entre Pablo Neruda y Huidobro.

Estoy completamente de acuerdo con esta fundación, encantado de estar aquí, y creo que está sentado en una silla Pablo Neruda.[29]

[29] Palabras de Alberti pronunciadas el 5 de mayo de 1991 en la Fundación Huidobro. Grabación facilitada por dicha fundación.

No hay constancia del momento exacto en que Huidobro y Neruda se conocen. Pero en 1924, Pablo Neruda publica un artículo, "Defensa de Vicente Huidobro". Sin embargo, refiriéndose a esos años, Neruda cuenta en una conferencia dictada en la Biblioteca Nacional en la década del cincuenta:

Admiraba profundamente a Vicente Huidobro, y decir profundamente es decir poco… Pero el Huidobro que yo conocía y tanto admiraba era con el que menos contacto podía tener. Basta leer mi poema *Tentativa del hombre infinito*, o los anteriores, para establecer que, a pesar de la infinita destreza, del divino arte de juglar de la inteligencia y de la luz y del juego intelectual que yo admiraba en Vicente Huidobro, me era totalmente imposible seguirlo en ese terreno, debido a que toda mi condición, todo mi ser más profundo, mi tendencia y mi propia expresión, eran la antípoda de esa destreza intelectual de Vicente Huidobro.[30]

Años después en *Confieso que he vivido*, el poeta profundiza:

Me es difícil hablar mal de Huidobro, que me honró durante toda su vida con una espectacular guerra de tinta. Él se confirió a sí mismo el título de "Dios de la Poesía", y no encontraba justo que yo, mucho más joven que él, formara parte de su Olimpo. Nunca supe bien de qué se trataba en ese Olimpo. La gente de Huidobro creacionaba, surrealizaba, devoraba el último papel de París. Yo era infinitamente inferior, irreductiblemente provinciano, territorial, semisilvestre.[31]

Las diferencias personales y las estéticas ya están planteadas en la década del veinte. Las primeras no son tan profundas, pero se adivinan tiempos de guerra. Tres personalidades

[30] Margarita Aguirre, op. cit.
[31] Pablo Neruda, op. cit.

fuertes inundan el ambiente literario y tras ellos se van alineando sus seguidores.

Por amistad, empatía o afinidad literaria, se configuran tres ejércitos que en su momento serán irreconciliables. Algunas figuras del ambiente podrán permanecer neutrales. Son las menos. Otras se cambiarán de bando por unos instantes. La infidelidad quedará registrada en los anales de esta historia.

Pero al huaso de Licantén, al hijo del ferroviario de Temuco y al señorito educado en París también los separan concepciones estéticas. Pese a que los tres se plantean como ateos —Huidobro y De Rokha, de formación jesuita, rompen con la religión desde el origen de sus obras—, y a que los tres tienen un desarrollo político similar. De las ideas del anarquismo, en boga a inicios del siglo pasado, llegan a la esfera del Partido Comunista: escriben para su prensa clandestina, hablan y actúan a nombre de él, y más tarde pelearán por mantener sus favores. Detrás de todo esto subsistirán visiones diferentes del quehacer literario, de la escritura, de la poesía.

A las figuras colosales de personalidades que opacan a su entorno, se une la clara percepción de cada uno de ellos de ser únicos en su género. Los tres se sienten maestros de escuelas literarias. Se saben grandes. Luego, excluyentes.

Pablo Neruda expresa en sus memorias que él usó del idioma como vestido o como la piel en el cuerpo, con sus parches, y sus manchas de sangre y sudor revelan al escritor y marcan su estilo. Y agrega:

> Yo encontré mi época trastornada por las revoluciones de la cultura francesa. Siempre me atrajeron, pero de alguna manera no le iban a mi cuerpo como traje. Huidobro, poeta chileno, se hizo cargo de las modas francesas que él adaptó a su manera de existir y expresarse, en forma admirable. A veces me pareció que superaba a sus modelos. Algo así pasó, en escala mayor, con la irrupción de Rubén Darío en la poesía hispánica. Pero Rubén Darío fue un gran elefante sonoro que rompió todos los

cristales de una época del idioma español para que entrara en
su ámbito el aire del mundo. Y entró.[32]

23

Panda, la perra chow chow mascota de Pablo Neruda y
Matilde, está hecha un ovillo. Se niega a moverse de la cama
donde descansa el poeta. En la mañana del 19 de septiembre
de 1973, fue la primera en oír la llegada de la ambulancia,
que hacía su entrada a la casa de Pablo Neruda en Isla Negra.
Sus gemidos eran diferentes en esa ocasión. El animal pre-
sentía que era la última vez que vería a su amo. En el tra-
yecto entre Isla Negra y Santiago, una patrulla militar detiene
el vehículo de la clínica donde van el chofer, el premio Nobel
y su esposa. Piden documentos, hacen bajar a Matilde, revi-
san la ambulancia y luego se marchan.

Cuando Matilde sube nuevamente para acomodarse al
lado de Neruda, este tiene lágrimas en los ojos. Llegan a Santiago, el poeta es internado en la Clínica Santa María. Su
lucha contra el cáncer está llegando al final. Al día siguiente,
le dice a su esposa que vaya a Isla Negra por unos libros. El
teléfono suena mientras ella recoge algunos encargos. Es
Neruda; le pide que regrese urgente.

—Están matando gente —me dice—, entregan cadáveres despedazados. La morgue está llena de muertos, la gente está
afuera por cientos, reclamando cadáveres. ¿Usted no sabía lo
que le pasó a Víctor Jara? Es uno de los despedazados. Le des-
trozaron sus manos.

Horas más tarde el poeta entra en estado febril. Tiene los
ojos espantados, y de tanto en tanto dice que él no se irá del
país, que debe estar con los que sufren. Poco antes de entrar

---

[32] Ibíd.

en un estado de sopor total, se despierta sobresaltado y se desgarra el pijama gritando:

—¡Los están fusilando! ¡Los están fusilando![33]

Fueron sus últimas palabras.

El 23 de septiembre de 1973 muere Pablo Neruda. Hay solo tres personas al lado de su cama: Matilde, su mujer; Laura Reyes, hermana del poeta, y Teresa Hamel, amiga de ambos. Tenía 69 años.

24

—Mira, Humberto. Acaba de llegar de París Vicente Huidobro. Yo he pedido ir a verlo. Si tú quieres me acompañas.

Neruda y el poeta Humberto Díaz Casanueva son amigos. Ambos comparten el amor a la poesía, los estudios en el Instituto Pedagógico y la bohemia de los primeros años veinte. Díaz Casanueva es testigo de las penurias económicas de su amigo, de las pensiones de mala muerte, del hambre. Había publicado un poema en la revista *Ateneo* que despertó la admiración de Neruda. Una corriente de simpatía se estableció entre ambos.

Díaz Casanueva se integra al grupo de Neruda, indiscutiblemente cabeza de generación. No hubo otro que le disputara el puesto. Era el jefe de una especie de movimiento renovador de la poesía, y su personalidad carismática contribuía a ello, recuerda Díaz Casanueva.

Las noches son largas y las recorren en bandadas de diez o más jóvenes que deambulan por el Iris, el Jote o los cabarets de calle Bandera, donde las "niñas", por auténtico amor al arte, bailan con estos estudiantes sin un peso.

[33] Matilde Urrutia, *Mi vida junto a Pablo Neruda*. Barcelona: Seix Barral, 1987.

Cuando Neruda invita a su amigo a visitar al famoso Huidobro, Humberto Díaz Casanueva acepta. Conoce ya el libro de Guillermo de Torre, *Literatura europea de vanguardia*. A través de esta obra, sabe de Apollinaire y el surrealismo.

Se dirigen hasta la calle Almirante Barroso, donde Vicente vive con Manuela Portales, su primera mujer.

—Entramos, y entonces encontramos a un Huidobro muy joven, muy buen mozo, perfumado, que recién salía del baño y se recostaba en un sillón largo, con las manos cruzadas detrás de los hombros.

Desde tan cómoda posición, el tono de Huidobro tiene el énfasis de maestro a discípulo. En ese contexto que ya incomoda a los jóvenes visitantes, Huidobro toma la palabra.

Primero empezó a hablar mal de Gabriela Mistral. Después, siguió hablando mal de todos sus amigos de París. Neruda no había salido aún de Chile, recuerda Díaz Casanueva, pero trató de intervenir, de contarle algo, de hablar de Chile, ya que Huidobro había estado ausente muchos años.

El diálogo no transcurría muy placentero. Al padre del creacionismo le gustaba más hablar que escuchar. Pero Neruda insiste.

—Entonces Pablo defendió lo que en aquel tiempo podía denominarse la revolución tanto en las ideas como en las concepciones sociales, de la Federación de Estudiantes de Chile, que tenía cierta influencia anarquista, y que Neruda y yo compartíamos, ya que fuimos en esa época anarquistas románticos —continúa en su relato Díaz Casanueva.

La visita no fue muy extensa. Poco rato después ambos jóvenes salían de la casa de Huidobro. La sensación clara era que no se había producido una corriente de simpatía entre los dialogantes. Más bien lo contrario.

Ya en la calle, Neruda le hace el siguiente comentario a su amigo:

—Mira, Humberto, ¿te has fijado en los calcetines de Vicente Huidobro? ¿En los perfumes que usa? Además, ¿por qué ese afán de vilipendiar tan tremendamente a personajes como Gabriela Mistral? Yo no estoy de acuerdo con eso.

25

Entre 1927 y 1930, los poetas no están en Santiago. Neruda ha logrado un cargo consular en Rangún. Con ello quiere poner fin a sus penurias económicas, desea alejarse de la bohemia que ha acabado con algunos de sus más cercanos amigos y busca la tranquilidad para escribir.

De Rokha está en Concepción. En 1929, se imprime su libro *Escritura de Raimundo Contreras*, que solo se distribuirá en 1944. La editorial Orbe retuvo por espacio de 15 años la edición, porque esperaba que el autor la pagara.

Huidobro, en París y más tarde en Madrid, está en plena creación. En 1929, aparece en España su *Mío Cid Campeador*. Ya trabaja en *Altazor*, que publicará en 1931, junto a *Temblor de cielo*.

Sin embargo, la semilla del rencor entre los poetas ya está plantada. Florecerá y crecerá como mala hierba en los años treinta. Explotará en 1935, a partir de la publicación de una antología poética. Arrasará con todo el 36, 37 y 38, y los años posteriores. Y sobrevivirá a la Guerra Civil de España, a la Segunda Guerra Mundial y al entierro de sus protagonistas.

De Rokha consigna en sus memorias el odio que se va acumulando "allá por el 24", cuando fue desde Concepción a Temuco llevando a Rubén Azócar "como secretario particular disfrazado de jinete, con un pantalón en el cual nadaba como un sapo en una gran batea". Y dice:

Con los años andados, la campaña subterránea y amarga, la conspiración oscura, la tenebrosa y cautelosa manera de calumniarme, de sabotearme, de difamarme como escritor frente al editor y al público, y como hombre macho, padre de familia en gran pelea con la pobreza, de crucificarme a través de los borrachines, los intrigantes, los maricones de la literatura comercial, tuvo el sello de babas y la pegajosidad del hombroide de Temuco que no perdonó jamás dos hechos violentos: el que yo no dijese nada por *Crepusculario* en respuesta a su apología de *Los gemidos*, y la impresión arrastradora que recibió en *Tonada de iluminado* y otros poemas de 1923, la cual imitó, plagiándola en toda su obra, copiándola como se lo dijeron y se lo probaron Mahfud Massis y Antonio Undurraga en *Los tres* y en *El arte poética de Pablo de Rokha*, así como había copiado y plagiado con escándalo inmoral a Tagore en los *Veinte poemas* de la desvergüenza y la compraventa.

[...] Y mientras el pobre Vicente, con sus afeminados del surrealismo a máquina, masturbándose con aquello de Vincent Huidobro Dei Gratia Vatis, o desgracia vatis como lo tradujo un chusco, molestaba, pero no ensuciaba el ambiente, sino con chorritos de vaselina perfumada; el otro, tenebroso, sordo, aceitoso y penumbroso, es decir, "crepusculario", sembraba y está sembrando llagas sobre sombras y echando la semilla del veneno.[34]

Así las cosas, finaliza la década del veinte.

26

Nicanor Parra se pasea por la sala de su casa, encaramada en La Reina arriba. El invierno de 1992 es salvaje. Tiene puesto un gorro chilote y su característico suéter grueso para protegerse del frío. La estufa a leña encendida a todo tiraje entibia el ambiente de este poeta mayor que se toma el mentón con una mano:

—¿La guerrilla literaria? —repite en voz alta—. ¡Noooo! Es muy pronto todavía —dice—. ¿No ves que los tres están vivos? Y además están las familias. ¡Noooooo! ¡Ni loco hablo!

[34] Pablo de Rokha, *El Amigo Piedra*. Santiago: Pehuén Editores, 1989.

Capítulo II
Los ejércitos irregulares

—Es NECESARIO ser absolutamente modernos —grita Rimbaud.

El llamado lo recoge Vicente Huidobro y lo repiten los jóvenes Teitelboim y Anguita, de 16 y 18 años, respectivamente, que acuden deslumbrados hacia el maestro luego de su regreso triunfal de Europa.

Es 1933. El ambiente literario chileno luce prometedor, a diferencia del político: la agitación social invade el país. Arturo Alessandri gobierna con facultades extraordinarias. Se organizan las Milicias Republicanas. Algunos grupos paramilitares desfilan por las calles de Santiago y se extiende la propaganda anticomunista.

Es el año del incendio del edificio del Reichstag, en Alemania; Hitler tiene plenos poderes para gobernar y abre los primeros campos de concentración.

Los poetas Ángel Cruchaga Santa María y Rosamel del Valle ya han publicado sus primeras obras. Daniel de la Vega, Jorge Hübner Bezanilla, Francisco Donoso, Winétt de Rokha, Neftalí Agrella, Salvador Reyes, Tomás Lago, Chela Reyes son nombres que suenan en el campo poético nacional.

La generación más joven, encabezada por Juvencio Valle y Humberto Díaz Casanueva, también edita sus obras. El primero, *La flauta del hombre pan*, en 1929, y *Tratado del bosque*, en 1932. De Humberto Díaz Casanueva son *El aventurero de Saba*, de 1926, y *Vigilia por dentro*, de 1931.

Se lanza el Manifiesto runrunista, con el que un grupo de cuatro poetas jóvenes sigue, dentro de un margen humorístico, la tendencia creacionista de Huidobro.

Entre los poetas que se aglutinan en torno a las revistas de la Federación de Estudiantes (Alberto Rojas Jiménez, Juan Egaña, Domingo Gómez Rojas, Armando Ulloa, Joaquín Cifuentes, Romeo Murga) se encontrará el sello de una poesía nueva.

Desde Talca llegarán también nuevos aires para la poesía nacional. El grupo Mandrágora dará sentido al "Talca, París y Londres", en lo que a vanguardia literaria se refiere.

Pablo Neruda está en Buenos Aires, donde ha sido nombrado cónsul, y allí conoce a Federico García Lorca. Su breve paso por Chile lo ha decepcionado. La indiferencia con que es recibido, después de cinco años, le hace pensar que es mejor volver a partir.

Gabriela Mistral ha iniciado su carrera consular. Ella es grande, pero su país es pequeño. Es una autodesterrada que no ostentará el título de maestra de escuela literaria. En Chile, será siempre maestra rural.

El regreso de Huidobro alborota no solo a la literatura. En la plástica desencadena un movimiento de carácter surrealista y cubista que tiene entre sus seguidores a Carlos Sotomayor, Gabriela Rivadeneira, Eduardo Lira Espejo, Jaime Dvor y Waldo Parraguez.

Pablo de Rokha, que en 1931 había sido nombrado profesor de estética e historia del arte en la Escuela de Bellas Artes de la Universidad de Chile, en 1933 renuncia a su cátedra. Se presenta como candidato a decano, pero pierde por un voto. El año anterior, derrotado en su campaña a diputado, publica el primer artículo en contra de Pablo Neruda.

Pero los tiempos corren a prisa y los poetas ya no están para eufemismos. De Rokha, continuando en la línea de "Pablo Neruda, poeta a la moda", publica en 1933 un segundo artículo: "Epitafio a Neruda". Las diatribas están centradas en *Residencia en la tierra*, y aluden a un recital en el teatro Miraflores, de Santiago, donde Neruda, escondido tras una gran máscara, va musitando durante más de una hora sus poemas.

De Rokha no deja pasar la ocasión:

Sí, efectivamente, la máscara. Neruda es el amo, el dueño y la víctima de la máscara; de aquella "máscara del poeta" que inicia y define *Residencia en la tierra*, de aquella gran máscara que le iba llevando y administrando por los teatros reaccionarios, su fiel "compadrito" y peluquero de cámara.

Cuando la materia se expresa, la expresión es la ley orgánica de un estadio vital, completo y exacto, es el conflicto que se resuelve, el caos que deviene cosmos, el enigma que se define, el instinto que busca y halla orden. Ahora si el anhelo expresivo se trunca, se quiebra, entonces se produce el desorden, el pulso anormal, y, según el complejo de inferioridad de Adler, la astucia, la maña, la fórmula, la máscara. Eso es Neruda.[35]

El maestro

El grito de Rimbaud es una bandera de lucha en las manos de Huidobro. La Mistral, Neruda o De Rokha no bastan para las nuevas generaciones. Hay que cambiarlo todo. El autor de *El espejo de agua*, *Horizon carré*, *Tour Eiffel* se declara miembro de la escuela satánica —eran los inicios de los treinta, nadie cuestionó su ingreso a Chile— y se autoproclama embajador plenipotenciario de la revolución estética de París.

Con semejantes títulos, sus seguidores comienzan a aparecer. Volodia Teitelboim y Eduardo Anguita son los primeros. Un maestro de escuela literaria requiere de discípulos, y estos son aplicados.

El maestro ha roto con su familia a raíz del escándalo producido por el rapto de Ximena Amunátegui. Volodia, poeta adolescente en aquella época, está obnubilado. Las ventanas del mundo se le abren con este personaje a quien visita en su modesto departamento de la calle Alameda, cerca de Libertad.

[35] Diario *La Opinión*, 22 de mayo de 1933.

Ximena espera a Vladimir. El nombre del niño es un homenaje a Lenin, qué duda cabe. El padre colabora en la prensa clandestina de esos tiempos. De Rokha también. Es la prensa del PC. Volodia ya es militante de las Juventudes Comunistas, pero en ese entonces, ante todo, es un poeta y revolucionario integral.

Picasso, Juan Gris, Stravinski, desfilan ante la mirada atónita de los discípulos. Están al alcance de la mano. Se los entrega el mago de la utopía y de la vanguardia. El que polemizó con Reverdy, el que fue "raptado" por unos *scouts* ingleses ante el asombro de la prensa de esos años.

Junto a Huidobro y Ximena, los jóvenes aprendices juegan con el maestro. ¿El mejor poeta del mundo? Huidobro por supuesto. Como gran concesión, después, Paul Éluard, y más allá Louis Aragon. Pero muy distanciados de Huidobro. ¿El más grande amador de la tierra? ¿El mejor cocinero del planeta? ¿El campeón de los cien metros planos? Huidobro. Nadie lo duda.

VOLODIA Y ANGUITA

No se puede hablar de este episodio de la historia de la literatura nacional sin detenerse en dos protagonistas que en el reparto de este film tendrían un rol estelar.

Volodia Teitelboim, uno de los biógrafos más autorizados de Pablo Neruda, en 1992, y a la cabeza del Partido Comunista, sigue la senda que a comienzos del treinta, cuando llegó a Santiago e ingresó a las filas del PC, le marcó, si no el destino, su vocación de militante.

El poeta, que adhería a la revolución estética y a la social, juntas y simultáneas, que escribía versos trágicos y metafísicos donde se asomaban su obsesión por la muerte, el desamor juvenil, o las penurias económicas, a poco andar dejó de escribir. Y su célula, imberbe, prosaica e ignota, constituida por jóvenes como él, pero sin la magia de la literatura poética, le cortó las alas. Y con ellas la inspiración.

Pero no son los únicos responsables. A este capítulo se agregó la creciente desconfianza en su talento y la crisis personal del incipiente vate que leía en sus poemas no solo su desacuerdo con el mundo, sino la incomprensión de sus compañeros de partido, que no entendían nada de lo que él escribía.

Entonces, pese a los consejos de sus contemporáneos (Nicanor Parra lo atosigaba: "Tú tienes que escribir poesía"), la abandonó.

Hoy, sesenta años después, Volodia, el traidor a sus musas paga sus culpas. Primero, fue su libro sobre *Neruda*. Luego, *Gabriela Mistral*.[36] Para 1993 anuncia su *Huidobro*. Son las expiaciones de Volodia con la literatura. Un vocero obligado, contemporáneo y sensible de los avatares estéticos de su siglo.

Eduardo Anguita, poeta —*Venus en el pudridero, Poesía entera*—, premio Nacional de Literatura en 1988, al recordar aquellos años, dice que si bien Huidobro no ejerció en él una influencia literaria directa, sí lo hizo en lo anímico. "Fue como un arco iris en un cielo crepuscular y melancólico. Con él nos sacudimos de esta América sombría y dejamos de hablar como quien se lamenta… Huidobro no enseñaba, sino que producía un ambiente de 'Revolución del ánimo'. Él fue una especie de escándalo en un mundo donde dominaba el 'peso de la noche'".[37] Eduardo Anguita, surrealista riguroso, famoso por su mal genio, falleció en el lluvioso invierno de 1992, sorpresivamente, como mueren a veces los poetas rodeado de un halo de soledad y tragedia.

---

[36] Volodia Teitelboim, *Gabriela Mistral, pública y secreta*. Santiago: Ediciones BAT, 1991.

[37] Juan Andrés Piña, *Conversaciones con la poesía chilena*. Santiago: Pehuén Editores, 1990.

Los discípulos conversan con el maestro. Se sumergen en las lecturas de *Altazor* y *Temblor de cielo*. Su autor quiere crear una nueva estética. Les dedica ejemplares de *Automne régulier* y *Tout à coup*. Es la nueva poesía, claman los alumnos. Y no está en Neruda o la Mistral.

Hay que poner orden en las letras, hacer una limpieza y restablecer la verdad y la justicia. Huidobro habla mal de Marinetti, pero repite sus palabras: "Odio la rutina, el cliché y lo retórico. Odio las momias y los subterráneos de museo. Odio los fósiles literarios".

El discípulo menor, Volodia, acude en las tardes a la Biblioteca Nacional. Allí engulle todo lo que viene de Francia. En sus búsquedas, tropieza con Rabindranath Tagore. Escándalo. El número 16 de los *Veinte poemas de amor*, de Neruda, es un plagio de *El jardinero*, de Tagore.

Al calor de las entierradas botellas de vino de la viña Santa Rita que Ximena lleva hasta la mesa de Huidobro y sus jóvenes seguidores, el mundo se les abre a los pies. Era la utopía revolucionaria, la atmósfera de una época nueva que en la calle tomaba la forma de marchas, concentraciones, noches etílicas y derribamientos de ídolos. Se conversaba y actuaba. Nada de lo que pasaba les era ajeno. A fines de 1934, aparece en el diario *La Opinión* un artículo firmado por Justiciero: "Pablo Neruda, plagiario o gran poeta".

¿Quién es su autor?

(Volodia, cuando la Guerra Civil de España, y después que se ha celebrado el Congreso de Escritores que solidariza con la República, rompe con su ídolo Vicente Huidobro a raíz de un artículo aparecido en *El Imparcial*, firmado por Justiciero. La nota, "España en el corazón de Neruda", atacaba al poeta y a la República. Volodia y Anguita la leyeron un domingo en la mañana mientras tomaban café en el Iris. No tuvieron dudas. Su autor era Huidobro. ¿Será el mismo Justiciero el de ahora?).

En *La Opinión* de 1934, Justiciero dice:

¿Es un poeta estimable? ¿Es un imitador de los primeros creacionistas chilenos y españoles? ¿Se es justo al proclamarlo poeta de primer plano o se es justo al declararle un poeta secundario y como tantos?

Mientras en Chile el joven poeta Volodia Teitelboim descubre plagios de Neruda a Tagore, a Huidobro, a Díaz Casanueva, etc., etc., en España García Lorca lo proclama el mejor poeta de América después de Rubén Darío…

Hemos podido constatar que los jóvenes poetas de más valor, aquí y en otros países de nuestra lengua, consideran a Neruda un poeta mediocre, o un simple bluff hinchado por un grupo tan mediocre como él…

Uno de estos jóvenes nos declaraba ayer: "A mí no me interesa ser el primer poeta después de Darío, a mí me interesa ser el mejor poeta después de Huidobro".[38]

Claramente su autor no es De Rokha. El poeta ha saltado a la palestra una semana antes de la publicación de este artículo y ha aportado lo suyo en las acusaciones de plagio. De Rokha no escribe con seudónimos. No es su estilo. "Esquema del plagiario" se titula su breve ataque a Neruda. Y lo publica *La Opinión* el 6 de diciembre de 1934.

Así como así no más e impunemente, no se es verdugo, ni soplón, ni espía, ni PLAGIARIO…

Y para ser un plagiario, menester es poseer un oportunismo desenfrenado, una vanidad sucia y enormemente objetiva, como de histrión o de bufón fracasado, una gran capacidad de engaño y de mentira, una noción miserable y egolátrica y deleznable, a la vez…

Se ha demostrado y publicado que Pablo Neruda ha plagiado a Tagore, el poeta indio.[39]

[38] *La Opinión*, 15 de diciembre de 1934.
[39] *La Opinión*, 6 de diciembre de 1934.

Los tiempos son turbulentos. La literatura, en plena ebullición, sigue produciendo obras. El de 1934 es el año que en Chile se les concede a las mujeres el derecho a voto… en las elecciones municipales.

Neruda, blanco de sus enemigos, está en Barcelona ostentando el cargo de cónsul. Luego en febrero de 1935 pasa con el mismo rango a Madrid, ciudad donde conoce a Delia del Carril en junio. Pero en Chile el poeta no está solo. Están sus amigos, que siguen al detalle cada artículo y los comentarios de las tertulias de café, y de las otras, las noctámbulas, y lo mantienen informado.

En realidad, el plagio no es tal. Es una paráfrasis del poema de Tagore, que el mismo Neruda señala en la quinta edición de *Veinte poemas de amor* que en 1937 publica la editorial Zig-Zag. Allí se venga de la afrenta. Desde España envía la siguiente nota:

> Una sola palabra final. El poema dieciséis es, en parte principal, paráfrasis de uno de Rabindranath Tagore, de *El jardinero*. Eso ha sido siempre públicamente conocido. A los resentidos que intentaron aprovechar, en mi ausencia, esta circunstancia, les ha caído encima el olvido que les corresponde a la dura vitalidad de este libro adolescente.

Es en esa época cuando aparece un pequeño recuadro en la prensa donde en breves líneas Neruda dice que no polemiza con un vendedor de cuadros robados.

Preparativos de la antología

La vanguardia es la vanguardia y no se queda en chicas. Si hay que hacer limpieza en la selva lírica de los treinta, hay que ponerse manos a la obra. Huidobro inspira al equipo. Volodia y Anguita, autores de la idea, lo secundan. Es 1934 y se inician los preparativos de la *Antología de poesía chilena nueva* que más tarde desatará el vendaval.

Huidobro está en plena actividad creadora. Aparecen sus novelas *Papá o el diario de Alicia Mir, Cagliostro* —premiada en Hollywood en un concurso de guiones cinematográficos—, *La próxima* y su obra de teatro *En la luna*.

De Rokha, que milita en las filas del PC, ha editado *Canto de trinchera* y *Jesucristo*.

La selección de los "elegidos" está hecha. Son diez. La antología debía ser una bomba. Tenía que negar los valores sagrados.

Vicente Huidobro está a la cabeza y su obra ocupa casi un tercio del libro. Ángel Cruchaga, Pablo de Rokha, Rosamel del Valle, Pablo Neruda, Juvencio Valle, Humberto Díaz Casanueva, Omar Cáceres, Eduardo Anguita y Volodia Teitelboim son los nueve que siguen. Por supuesto, los dos últimos no solo escriben sendos prólogos (son los autores), sino también se incluyen con poemas.

Un día de fines de 1934 aparecen en la Editorial Zig-Zag "dos jovencitos portando unos originales muy mal copiados y muy ajados, cubiertos de intercalaciones, correcciones y parches", al decir de Enrique Bunster. Era la *Antología de poesía chilena nueva*.

Después de la lectura de rigor informé en sentido favorable: pero mi director, Carlos Echeñique, quiso conocer también la opinión de don Luis Aníbal Barrios, consejero de la empresa y presidente de la Caja Nacional de Ahorros. Todavía recuerdo los aspavientos de don Luis Aníbal al devolverme el manuscrito, y sus teatrales exclamaciones:

—¡Que me cuelguen si entiendo una línea de esta jerigonza![40]

La jerigonza correspondía al lenguaje absolutamente rebuscado de los prologuistas, quienes pensaban que escribir difícil era un signo de profundidad.

[40] Enrique Bunster, *Recuerdos y pájaros*. Santiago: Ed. del Pacífico, 1968.

Los originales fueron rechazados. Pero sus autores insistieron, esta vez con Huidobro. Luego de entrevistarse brevemente con Gustavo Helfmann, dueño de la editorial, y de entregar una obra suya como garantía si la antología no se agotaba en un plazo determinado, el poeta salió con el contrato bajo el brazo.

Neruda envió poemas inéditos desde España. De Rokha se encargó personalmente de corregir las pruebas de imprenta que le concernían:

Entró a las oficinas de la calle Bellavista con su corpachón de ciento diez kilos, de cabeza monumental, con chuletas hasta más abajo de las orejas, andando como el Hombre de las Nieves. Nunca he visto a nadie caminar así, con esos lentos trancos descomunales, los pies hacia fuera y balanceándose de babor a estribor. Dejó un oleaje de cuchicheos y una secretaria se asustó.[41]

De Rokha, en 1934, constituía junto a Neruda, la Mistral y Huidobro el grupo de poetas de mayor prestigio y resonancia de las letras nacionales. Su valor era indiscutido. Pero los jóvenes autores de la antología se movían con pasos certeros. Así narra Pablo de Rokha el episodio de su incorporación a la antología en cuestión: "Eduardo Anguita y Volodia Teitelboim, dos adolescentes más o menos pedantes, pero no tontos, vienen a verme en verdad como sirvientes e incondicionales de Huidobro, a fin de hacerle con nosotros la *Antología de la poesía nueva de Chile*".[42]

LA ANTOLOGÍA DE LA DISCORDIA

En el verano de 1935 aparece, editada por Zig-Zag, la *Antología de poesía chilena nueva*. Sus autores dicen en el prefacio:

[41] Ibíd.
[42] Pablo de Rokha, op. cit.

84

El libro presente quiere quebrar la línea tradicional de las antologías, tanto en el método composicional como en el criterio
selectivo. Como lo indica el título… trata sólo de aquellos poetas que son valores auténticos de ella, algunos de los cuales han
alcanzado trascendencia universal o nacional. No se pretende,
pues, realizar la antología de toda nuestra poesía, sino la fija-
ción de aquellos poetas que cumplen con un sentido estético
actual… El reducido número de antologados es producto de
nuestra común estrictez para estimar los valores de una poesía
verídicamente "nueva", y resultado también de una posición
arbitraria y francamente de combate.[43]

La gran ausente de esta antología era precisamente
Gabriela Mistral, excluida porque "pertenecía al pasado".
Pero no solo ella no estaba allí. Fueron borrados de un plu-
mazo todos, salvo los diez que aparecían como innovadores.

—Neruda se salva —explica hoy Volodia—, porque estimábamos que era imprescindible, y estaba en esa antología
de una manera asimétrica, porque, ¡claro!, el principal poeta
era Vicente Huidobro. No sé cómo conseguimos que nos lle-
garan los últimos poemas inéditos de Neruda, que en ese
momento era cónsul en España.

"Gabriela Mistral no fue considerada porque había
escrito nada más que el libro *Desolación*, que tenía marcados
rasgos novecentistas. Si hubiera tenido ya publicados textos
como *Tala* o *Lagar*, sin duda habría merecido sobresaliente-
mente ser incluida",[44] señala Eduardo Anguita, cinco décadas después.

Para anunciar el libro los editores colocaron grandes
fotos de Huidobro y Neruda en la vitrina de la librería Universo, ubicada en calle Ahumada. Y al centro, en un sitio de
honor, un busto espectacular de Pablo de Rokha.

[43] Eduardo Anguita y Volodia Teitelboim, *Antología de poesía chilena
nueva*. Santiago: Ed. Zig-Zag, 1935.
[44] Juan Andrés Piña, op. cit.

Pocos saben, comentará el asesor de Zig-Zag de esos tiempos, Enrique Bunster, que Huidobro recomendó incluir en el libro a la Mistral. Pero los jóvenes autores no transaron con el maestro.

Sin embargo, esta omisión no pasó a mayores, porque otra, imperdonable para el gran De Rokha, le costaría más que dolores de cabeza a sus autores.

En la polémica que estalla después, Pablo de Rokha acusa a sus autores de no haber incorporado *Cantoral*, libro de Winétt, y de haber omitido sus consejos en torno a la incorporación de nombres como Guillermo Quiñones, Pedro Plonka, Gerardo Seguel y Luis Luksic.

El poeta está furioso. Se da cuenta de estas ausencias antes de la publicación del libro, por lo que pide sus originales. El consejo editorial de la antología ha decidido marginar a Winétt por decisión de Huidobro, le informa Volodia a De Rokha. Ya la antología se está imprimiendo y no se da pie atrás.

El primer prólogo, escrito por Volodia, dice en algunas de sus partes:

Este nuevo espíritu criticista es el sentido revolucionario que informa a nuestro actual ciclo histórico —durante el cual caen desplomadas las jerarquías establecidas— que encuentra su cristalización primaria en la batalla de las muchedumbres por su justo sitial. [...] Las antinomias orgánicas de las relaciones materiales abisman a todo el sistema que cimentan en su caos final. La muerte de la raigambre trae aparejada la muerte del árbol. Y a nuevos tiempos, nuevos cantos.

[...] La poesía nueva rechaza la teoría romántica de la INSPIRACIÓN y a su turno patrocina el tipo del poeta interiorizado en su proceso creador. Y esto ya lo dijo Baudelaire: "Resolví informarme del por qué y transformar mi voluptuosidad en conocimiento: todos los grandes poetas se hacen naturalmente, fatalmente críticos. Compadezco a los poetas que guía solamente el instinto; los creo incompletos".

Francisco Contreras, Carlos Pezoa Véliz, Ernesto Guzmán, Manuel Magallanes Moure, Carlos Mondaca, Víctor Domingo Silva, Pedro Prado y Max Jara, son los principales poetas chilenos de una generación cuyo panorama está limitado por un híbrido cruzamiento simbolista-parnasiano-modernista. O. Segura Castro desempeña la función de lazo de unión entre el grupo antedicho y el nuevo que adviene, constituido por Jorge Hübner Bezanilla, Vicente Huidobro, Ángel Cruchaga Santa María, Daniel de la Vega, Tomás Chazal, el nicaragüense Gabry Rivas, Pablo de Rokha, Juan Guzmán Cruchaga y Gabriela Mistral.

Aunque este último grupo en principio también se apega íntegro a la tradición del inmediatamente anterior, envuelve una precursión válida para la poesía nueva, porque precisamente, los primeros heterodoxos que se alzan contra los cánones del novecientos son Vicente Huidobro, Ángel Cruchaga y Pablo de Rokha.

[...] El principio inmanente de libertad que preside la nueva poesía no es, justamente, el que anima la poética chilena del segundo decenio del siglo, tan cercanamente influida por los modelos ya indicados. Esta poesía cismática es gemela, o mejor, hermana mayor de aquella que sólo va a lograr una ubicación sólida entre nosotros una década después.

Verifica la referida situación del ambiente literario con efecto prototípico, la apoteosis de Gabriela Mistral, loada y consagrada por los públicos. Y adquiere relieve de hecho elocuente porque alcanza el triunfo en pago de una poesía animada de esencias retardatarias, forjada de supervivencias novecentistas.

Algo de lo último acontece en Pablo Neruda. Los tramos iniciales de su producción: *Crepusculario*, *El hondero entusiasta* y *Veinte poemas de amor y una canción desesperada* son libros que se imponen en el ambiente, originando una secuela numerosa de imitadores. No involucran una revolución poética, aunque contienen ciertas novedades formales.[45]

[45] Eduardo Anguita y Volodia Teitelboim, op. cit.

Eduardo Anguita dice, en parte de su segundo prólogo:

Las épocas y las razas tienen, de hecho, una concepción diversa del arte; esta es la conclusión de lo dicho anteriormente, y el punto, también, de partida. Por ello es preciso determinar lo específico del arte nuevo. El artista actual va a la realidad apartándose del realismo superficial, buscando lo profundo desconocido, formulando al mismo tiempo —tal es la aspiración general, creo yo— esta nueva, por desconocida, realidad, con una simplicidad de naturaleza. Naturaleza dentro de la naturaleza. De ahí al período de creación humana un paso, mediando un artista. Reconocemos, como reconocen en todo el resto geográfico, que una voz ordena con solemne potencia, el nuevo gran estado del arte... Nadie niega la enseñanza de este poeta que encauzó toda la lírica de España, y que en Francia prestó su cooperación valiosa al lado de creadores tan grandes como Guillaume Apollinaire. El poeta que hizo hincapié en el poema creado, el que inaugura el período de creación, es Vicente Huidobro. Voz de humano, extraña agudización del supernivel del poeta, del alto nivel del hombre. Y la creación vino. Y la creación entró en nosotros. Y nosotros entramos en la creación. Hágase la luz, y la poesía fue hecha.[46]

LOS "PRECIOSOS RIDÍCULOS"

La antología está en la calle. Es abril de 1935. En Santiago se promueve con grandes afiches la película *El velo pintado*, protagonizada por Greta Garbo, "reina y señora de las pantallas". A un costado del aviso que aparece en los diarios se lee "no recomendable para señoritas". El estreno es en el cine Splendid.

En el teatro Iris, Claudette Colbert y Warren William hacen suspirar a la platea con el film *Cleopatra*. El valor de la entrada es de un peso sesenta.

[46] Ibíd.

No transcurre una semana cuando Hernán Díaz Arrieta, *Alone*, el crítico literario más prestigiado de la época, escribe en su página del diario *La Nación* un artículo que lleva el título de "Antología de poesía chilena nueva". Es su crónica dominical, y nadie que se precie de intelectual puede saltársela.

En 1935, Neruda es cónsul en Madrid y allí se edita *Homenaje a Pablo Neruda de los poetas españoles*, en ediciones Plutarco, donde publicará por primera vez los "Tres cantos materiales", que luego incluirá en *Residencia en la tierra* II. En el país, el descontento popular aumenta ante las Milicias Republicanas que hacen maniobras paramilitares en todo Chile. Malraux publica *El tiempo del desprecio* y Hitler restablece el servicio militar obligatorio en Alemania. Italia ataca a Etiopía. En Santiago, Alone abre los fuegos.

Tres ilustraciones destacan en la página. La del joven Neruda, en actitud meditativa. El perfil de Ángel Cruchaga, trazado con la destreza de Coke, y el retrato que Picasso hizo de Huidobro.

"Ninguna verdadera novedad en el sentido estricto del vocablo, trae ni podría traer esta colección de poetas vanguardistas; sin embargo, nos parece útil, oportuna y bien hecha", comienza Alone:

Hace tiempo que la escuela nueva se ha abierto camino más allá de los pequeños círculos, y hay versos de Neruda —"Los marineros besan y se van"— que se declaman y andan en los labios y las memorias vulgares; pero no siempre sus admiradores los distinguen ni saben comprender: aquí como en otras partes, la fama precede a la inteligencia y conocemos aficionados a los jeroglíficos poéticos que se han visto, por esta causa, en más de un apurado trance.

[...] Ocurre con los poetas de la reciente generación como sucede con los chinos, japoneses y negros, que nos parecen todos iguales, hombres y mujeres, jóvenes y viejos, gordos y flacos. ¿Podría decir alguien en qué se diferencian Rosamel del Valle de Juvencio Valle, y Omar Cáceres de Díaz Casanueva? Sin embargo, figuran entre los diez elegidos... Eduardo

Anguita y Volodia Teitelboim han procedido con acierto al limitar su selección a ese número que parece escaso. [...] Vicente Huidobro, Pablo Neruda, Pablo de Rokha y Ángel Cruchaga. He aquí un buen cuarteto. El más joven, Neruda, diez años menor que Pablo de Rokha, acaba de trasponer la treintena; el más viejo, Huidobro, contemporáneo de Cruchaga, va poco más allá de la cuarentena. Ninguno puede considerarse demasiado verde ni excesivamente maduro. Y todos han realizado obra copiosa de acentuado relieve.

Sus evangelios, parecidos en la superficie, difieren cuando se rompe la corteza, hasta alcanzar términos de absoluta oposición. [...] Pero la poesía no es el cerebro, ni es el brazo, ni es siquiera el corazón humano herido: la poesía es Neruda... Ése es el poeta no sólo entre los cuatro, sino entre los diez y los diez mil. No necesita escuelas, ni satélites, ni golpes de incensarios ni clamores para imponerse.

Los compiladores, Eduardo Anguita y Volodia Teitelboim, dos recién nacidos, prologan suntuosamente la colección bajo la paternidad de Vicente Huidobro, su maestro. De él hacen datar el mundo nuevo... Estos niños no le dejan trabajo a Molière. El gran comediógrafo apenas habría tenido que cambiarle el título a sus *Preciosas ridículas*, y poner en la portada "Los preciosos ridículos"...[47]

Cuenta Volodia que después de leer esa crónica, durante varios días no se atrevió a salir a la calle. Tenía 18 años y la absoluta certeza de que todo el mundo lo iba a mirar y a reírse de este "precioso ridículo" que había sido puesto en evidencia ante el país.

Anguita recuerda que se dio el caso único que dos muchachos tuvieran tanta importancia ante un grupo de escritores de prestigio y reconocimiento nacional:

y que diez poetas *nuevos* les ganaran la pelea en forma innegable. Eso concuerda con la idea de Huidobro de hacer "una

[47] Diario *La Nación*, 28 de abril de 1935.

antología de poesía estrictamente moderna, que probaría que nuestra producción lírica es lo mejor del idioma de nuestro siglo". Yo creo que no se equivocó, porque hoy piensan así los más destacados críticos de otros países.[48]

Años más tarde, cuando la relación entre Neruda y Volodia era estrecha, el poeta le mostró la carta que Alone le envió a Madrid, acompañándola con el recorte de *La Nación* donde hablaba de la antología.

—La carta era de un guerrero triunfante que había vuelto de una campaña después de haber muerto a todos sus enemigos —comenta riéndose Volodia Teitelboim, más de medio siglo después.

Y agrega, refiriéndose al episodio:

—Esa página memorable que publica Alone, la convierte en una campaña. Él es el guardián del orden que tiene que restablecer el equilibrio y la verdad frente a un par de mozalbetes engreídos que se han rebelado contra los valores establecidos, partiendo del motivo supremo que es la exclusión de Gabriela Mistral, y la presencia de un Neruda subdimensionado.

Si el objetivo de Alone era iniciar una guerra de exterminio, triunfa. Semanas después de haber publicado su artículo, salen a la palestra los protagonistas directos del conflicto y Santiago comienza a estremecerse con los bombazos que se lanzan los más altos exponentes de las letras del país.

ESTALLA LA GUERRA

Pablo de Rokha colabora desde 1932 en el diario *La Opinión*. Allí escribe regularmente sus artículos culturales y políticos. El poeta lanza el ataque a través de ese medio. Es artillería graneada. Los días 10, 11, 12 y 13 de junio, y con el título

---

[48] Juan Andrés Piña, op. cit.

"Marginal a la antología", Pablo de Rokha no deja piedra sobre piedra.

Cuando Volodia Teitelboim, vagamente descendiente de Huidobro, llegó a mi casa y me habló de la "Antología", yo le contesté:

—Generalmente, estas antologías "nuevas", o esas antologías viejas, sólo sirven para que alguno o algunos jovenzuelos anónimos EMERJAN A LA PERIFERIA y se destaquen a costillas de otros, para que algún erudito cavernario baile en el alambre, o para que algún mercader, más o menos chileno y más o menos roñoso y obscuro, especule con los escritores servido por algún ganapán retórico-poético y vil, disfrazado de antologista.

De un cañonazo el Amigo Piedra dejaba fuera de combate a los autores, Anguita y Teitelboim; a Alone, el crítico del momento, y a Helfmann, dueño de la editorial Zig-Zag. Más adelante, y luego de hacer un recuento sobre sus conversaciones con Volodia en relación a su petición de incluir a Winétt y a otros poetas, se detenía brevemente en Anguita, "sacristán, monaguillo y paniaguado del Pontífice" —el pontífice era Huidobro—, y se preguntaba:

¿En dónde reside la razón estética o dialéctica para que en una *ANTOLOGÍA DE POESÍA CHILENA NUEVA* asuman beligerancia de poetas HECHOS, cuatro principiantes, cuatro balbucientes de la poesía como Juvencio Valle, Omar Cáceres, Eduardo Anguita y Volodia Teitelboim y no ocupen un sitio digno Alberto Rojas Jiménez, Winétt de Rokha, Salvador Reyes, Guillermo Quiñones o Tomás Lago?

El primer artículo de la serie finaliza con la siguiente cuenta:

Yo voy en la "Antología" CON treinta PÁGINAS, Vicente Huidobro CON cincuenta y seis PÁGINAS, Neruda con veinticuatro PÁGINAS, Cruchaga con diez PÁGINAS. De *LOS GEMIDOS*, que es una obra de seiscientas y más páginas, en tamaño dieciséis, es decir en el tamaño de la "ANTOLOGÍA", se ha extractado una página, sólo UNA PÁGINA Y UNOS RENGLONES.[49]

El 11 de junio, "Marginal a la antología" está centrado en Huidobro. Su autor separa la obra de la personalidad de "nuestro viejo amigo". Pero en el inicio del texto, De Rokha barre con Samuel Lillo, Tomás Gatica Martínez y Rubén Azócar, "dos cretinos y el adláter de Neruda".
Sobre Huidobro señala:

Coexisten, peleando, el taumaturgo y el poeta, el taumaturgo y el artista, en un combate de rango bastante alto y eminente, y aquella gran dualidad dramática, buscando su orden y creciendo, condiciona y aún determina su estilo; y así se genera y comprende nuestro punto de vista partiendo de que, adentro de él, se verifica un conflicto: agoniza la oligarquía y emerge el pequeño burgués histriónico, diabólico, proletarizándose.[50]

EL CAÑÓN BERTA

El 12 de junio le toca el turno a Neruda. Antes, Pablo de Rokha se detiene en Ángel Cruchaga:

Debe de serle muy agradable a la burguesía criminal, el que le exalten, ingenuamente, con honradez campesina, sus mitos, los mitos groseros del catolicismo. Tal empresa la empuña mi amigo Ángel Cruchaga Santa María. Acaso alguien me acuse a mí, leyendo los primeros cantos del *Jesucristo*: pero quien recorra toda la obra ha de comprender que yo recojo la mitología cristiana de los evangelios y la ubico al servicio del proletariado; me parece eso crear en función del marxismo. Volviendo, pues, a Cruchaga, a sus angelitos y sus virgencitas, y esa gelatina

---

[49] *La Opinión*, 10 de junio de 1935.
[50] *La Opinión*, 11 de junio de 1935.

rubia y celeste a la vez, es menester que deploremos el material
de santería de milenario y la técnica "MODERNISTA" que aplastan al buen poeta.

Luego recuerda sus tres artículos sobre Neruda escritos
en el mismo diario los años anteriores, y dice de él:

Pablo Neruda es el poeta de lo turbio y lo pegajoso y lo vago y
lo agonizante del ser, el poeta de la decadencia burguesa, el
poeta de los fermentos y los estercoleros del espíritu y la literatura, en donde reside un clima de glucosa, tibio, venenoso,
neutro, de estufa y un olor a clínica psicológica.

Es un escritor que vale bastante, ubicado entre las cacatúas
indolatinas e hispánicas. Pero él se ha sobrestimado con relación a la burguesía, utilizando todas las formas penosas del
oportunismo arribista: las cartas líricas, las dedicatorias, la
exclusión solapada de sus contemporáneos, el aprovechamiento de los tontos y los ricos que elogian. Figura de pantano
del alma: letrina de la burguesía. Disminuyen su técnica, las
técnicas de Rainer Maria Rilke y Góngora, de James Joyce, de
Lawrence, de William Blake, de Strachey y el plagio a Tagore.
Su estilo es calculado y alevoso, en función de lo indescriptible.
Los pobres diablos y las señoritas acaloradas, el clan de garzones de la PRENSA SERIA y sus amanuenses, han lamido AL GRAN
POETA DE LA PORQUERÍA AMARILLA.[51]

El 13 de junio, Pablo de Rokha da por finalizada la serie
y publica las conclusiones de su "Marginal a la antología".
Parte haciendo suya la frase de un escritor joven:

Eduardo Anguita es el FIFÍ de la "ANTOLOGÍA" [...]. Petulante y
atrevido, da la sensación del monito que golpea en la vitrina de
la literatura para llamar a la distracción de los ociosos...

Almanaque de hijo de familia, son sus páginas, las páginas
en las que lo colocó el oportunismo.

[51] *La Opinión*, 12 de junio de 1935.

A renglón seguido alaba a Volodia Teitelboim, "sujeto de gran calidad mental y artística", pero que "aún no deviene poeta o filósofo dialéctico rotundamente [...] que no se define por la intuición o por la reflexión". En la parte final de su artículo, Pablo de Rokha sintetiza así su posición frente a la antología:

Es la obra más alta de Indoamérica (en su género), porque suma a diez poetas de gran alcurnia, en sus limitaciones: pero, por haber retirado o suprimido, caprichosamente, a otros poetas, ha sobrestimado a muchos de los incluidos y subestimado a todos los mal valorados, los cuales estrechan y limitan, desde su órbita, el valor cardinal del libro; las premisas estipuladas van a desembocar en la extrema juventud de los autores, uno de ellos horriblemente influido por el primer antologado... pero así y todo y con todo, está por arriba de los miserables que fabrican las antologías de los libreros y los burgueses y los mugrientos de la literatura.[52]

El primer episodio de la guerra declarada estaba finalizando. No salían al ruedo contrincantes de peso. Pablo de Rokha había disparado con mortero. Pronto vendrían los contraataques. El poeta, polémico y batallador, ha encendido la chispa. Pero aún no estalla la pólvora.

Mario Ferrero, recordando la personalidad de su amigo, tiene una frase que dice de la desmesura del autor de *Los gemidos*:

—Si a Pablo de Rokha lo picaba una pulga, lo primero que hacía era montar un cañón Berta, disparaba, dejaba un tremendo boquete. Pero la pulga seguía viviendo y lo picaba en otro costado.

<hr>

[52] *La Opinión*, 13 de junio de 1935.

Seis días después de publicado el último artículo de Pablo de Rokha, en el mismo diario aparecía una página completa de Vicente Huidobro. Era su respuesta a De Rokha, y a esas alturas de la controversia, era esperada por todo el ambiente literario de Santiago.

(En Madrid, Neruda seguía de cerca cada palabra de la polémica. Sus amigos lo tenían informado. En ese contexto, mientras en su país era defenestrado públicamente, en el mismo mes de abril se publicaba en Madrid, como ya se mencionó antes, el *Homenaje a Pablo Neruda de los poetas españoles*. El poeta, a la distancia, respondía, aunque no directamente. Era no solo otro estilo literario, sino también otra táctica para la guerra).

"Vicente Huidobro responde a Pablo de Rokha", subtitulaba *La Opinión* esa página. En sus partes principales, decía:

No he tomado arte ni parte en la realización de esa obra. Mi intervención no ha sido otra que la siguiente: haber dicho varias veces cuando salió la *Antología de la nueva poesía española*, de Souvirón, que si en Chile se hiciera una antología semejante, sería algo de primer orden y acaso lo mejor de nuestra lengua en cuanto a antología, se entiende. Y luego haberla recomendado a los editores, a pedido de los autores, así como otros la habían recomendado a otro editor.

Pablo de Rokha ha intervenido o querido intervenir más que yo en la confección de la antología, puesto que él quiso obligar a los autores a poner poemas de su señora y puesto que él eligió los suyos, a su antojo, los cambió cuantas veces quiso mientras que yo no sabía qué poemas míos habían sido seleccionados y no lo supe hasta el día de las primeras pruebas.

[...] Cualquiera diría que Pablo de Rokha vive temblando de miedo de que los jóvenes lo aplasten y está siempre engrifado contra las nuevas firmas. A mí me sucede lo contrario: lo único que yo deseo es que salgan todos los días poetas extraordinarios para aumentar mi goce intelectual y la cultura del aire que respiro.

Pablo de Rokha se cree revolucionario y su actitud es eminentemente antirrevolucionaria, personalista y ególatra.

[…] La antología le molesta porque cree que en ella se me acuerda una supremacía. Porque encuentra que los jóvenes se interesan demasiado por mi poesía y quiere ver en ello un desplazamiento de la suya. Esta es la verdad y si no fuera por tales creencias no habría escrito sus artículos. Es una pura cuestión de vanidad.

Habla de que a mí se me dan cincuenta y seis páginas y a él treinta. Y tal pequeñez le hiere gravemente. Vanidad, vanidad y vanidad. El que se siente fuerte, el que está seguro de su potencia, ¿puede revolverse furioso por cualquier cosa? El que es verdaderamente grande, ¿puede sentirse rebajado a cada instante? ¿Qué clase de gran llamarada es esa que teme ser apagada al menor soplo?

[…] No soy de tus enemigos, Pablo de Rokha. Comprendo tus angustias y tus dolores. Comprendo tu desesperación y sé que ella viene del sentimiento de lo no logrado y de una ansia de altas realizaciones muy digna de alabanzas. Sientes que estás cerca de algo interesante y que ello se te escapa, se te esconde, porque un muro de burbujas y palabras te cubre la visión interna, te impide ver y sentir tu realidad espiritual. No logras nunca el equilibrio entre el pensamiento y lo pensado, ni entre la expresión y lo expresado; en una palabra, entre el agente y su proyección. Es una tragedia, pero es subsanable. La meditación es el remedio, y hay que curarse.[53]

DE ROKHA RESPONDE

Estamos en la sociedad de los poetas vivos. Tan vivos que tienen la supremacía en la literatura de los años treinta. Sus

---

[53] *La Opinión*, 19 de junio de 1935.

voces trascienden las fronteras, demasiados estrechas para tanto genio. Son voces que en algunos casos se perfilan ya como universales.

Pero la escisión entre los tres grandes, Neruda, De Rokha y Huidobro, está planteada definitivamente en el Chile de 1935. Y esto repercute en las nuevas generaciones. A lo personal, se une lo estético. A lo estético, lo político; a lo político, lo filosófico.

En este marco surgirá la voz de los poetas del 38. Nicanor Parra y Gonzalo Rojas como sus máximos exponentes. Braulio Arenas, desde el surrealismo del grupo Mandrágora. En cada uno de ellos estarán reflejadas las vertientes definidas en 1935.

No pasaron cuatro días cuando la respuesta rokhiana se hizo presente, una vez más en *La Opinión*. El diario, a esas alturas, triplicaba su tiraje. La disputa se abría a otros campos. Santiago entero estaba pendiente de la guerrilla literaria que enfrentaba a tan distinguidos autores.

"Carta al poeta Vicente Huidobro", titulaba su nota el domingo 23. En ella, De Rokha señalaba:

Insistes en declararme que no eres mi enemigo, Panait Istrati chileno, en circunstancias de que yo no he pensado jamás que tú, a quien yo estudio, accidentalmente, como caso de pequeño-gran burgués megalómano, hubieses hecho fabricar la "Antología" por enemistad para quien esto escribe, solamente, sino por oportunismo, rotunda y desenfadadamente por oportunismo de arribista literario, que aprovecha y especula con los adolescentes, a los cuales tú declaras que acoges CON LOS BRAZOS ABIERTOS.

Y agregas por ahí, queriendo herirme, ingenuo, que un amigote ha dicho que la poesía de Winétt de Rokha, mi mujer, es más fuerte que la mía. ¿Sería un amigo? ¿No sería algún inquilino de la Viña Santa Rita, que quiso vengarse en el gamonal primogénito de sus explotadores?

[…] Yo te he dicho, Vicente Huidobro, que tu arte me parece un PASTICHE, es decir, un producto de farmacia, elaborado según las últimas fórmulas de los cenáculos de París del año diez al año treinta, un calco, un cliché, un tipo estándar de artoide. Que aquel arte es el arte del pequeño-gran burgués ocioso, millonario y viñatero, que se divierte elaborando caligramas, CREACIONES y jeroglíficos, a costillas del inquilinaje de sus haciendas.

Vicente Huidobro, con tus cacareos de espadachín en falencia, y tu dudosa hombría, te retratas en aquellos versos tremendos que escribiste, precisamente, un poquito antes de irte a comprar prestigio a Europa:

Ese viejecito, que apenas
se mueve
es un veterano del setenta
y nueve...

A los hombres forjados, como yo, Vicente Huidobro, en la batalla tenaz contra los explotadores y los simuladores de tu clase social —la oligarquía hereditaria y terrateniente—, a los que nos ganamos la comida, para nosotros y para nuestros hijos, a patadas con el ambiente, no nos preocupan las tonterías de los gandules que viven en la plusvalía, bisnietos de los encomenderos de la Colonia [...]. Con la hoz y el martillo te saluda...[54]

El primero de julio de 1935 *La Opinión*, en su editorial, anuncia la aparición de un nuevo diario, *La Hora*. Junto con señalar que espera que este medio no defraude las expectativas de los lectores, *La Opinión* reitera su compromiso de constituirse en los defensores de los derechos del pueblo, y de ser intérpretes del pensamiento de los hombres de izquierda, cuya doctrina difunden.

[54] *La Opinión*, 23 de junio de 1935.

La "Respuesta a la carta de Pablo de Rokha", firmada por Huidobro, aparece ese día en grandes caracteres:

Es tan desenfrenada tu rabia, que llegas hasta el punto de tratar de idiotas a los que admiran la poesía de tu compañera.

Mientes y sabes que mientes al decir que yo he imitado a poetas que, excepción de Apollinaire y Lautréamont, son posteriores a mí en su aparecimiento en las letras y con los cuales mi poesía no tiene nada que ver. La verdad es que no entiendes a ninguno de esos poetas que citas al cohete.

[...] Sabemos que el papel lo aguanta todo. Es hasta un viejo refrán. Yo podría también servirme de él. Tú sabes por experiencia que no es muy difícil.

El diputado ibañista Pablo de Rokha ayer plagiaba a Segura Castro. El banquero y explotador infatigable Pablo de Rokha es amigo íntimo de Waldo Palma y de Nick Carter. Ya ves que el papel lo aguanta todo. Pero nadie hoy día es tan ingenuo como para creer todo lo que le dicen sobre el papel.

[...] Dices que yo me permito el lujo de hacer libros, caligramas y poemas a costillas de los inquilinos de mis haciendas —que no existen—. En cambio, tú das alaridos, escribes tus poemas, por decirlo así... y berreas tus prosas a costillas de tus compañeros que explotas indignamente como lo hacías ayer con Pachín Bustamante y hoy con Luksic y otros.

Lo que prueba tu debilidad es que eres un politiquero como lo demuestra la proposición que le hiciste a Volodia con respecto a la Antología, cuando le aconsejaste ir a verse con los amigos de Neruda para hacer otra Antología en la cual se ocuparan principalmente de ti y Neruda, echándome a mí por la borda. Decías que habías atacado a Neruda y que tendrías que atacarme a mí, porque ambos habíamos venido a disputarte el hueso.

No me interesa disputarte ningún hueso, tengo por otros sitios del mundo un gran trozo de carne. Quédate solo con tu hueso exquisito y no te aflijas ni te asustes, por lo menos por mí.

Y por favor, no hables de tu pobreza para probar tus ideas, ni nos cuentes que te ganas la comida para tus hijos a patadas con el ambiente, o a patadas con tus amigos. Nada de eso prueba nada.[55]

Punto y aparte a Huidobro

Con este título apareció, dos días más tarde, la breve respuesta de De Rokha, donde daba por finalizada la polémica:

Yo sospecho que te inducen, hombrecito deslenguado, a tanta bullanga de cocinería.

¡Alguien está echando carbón al fogón del loco!

[…] Pero yo lamento tener que darte una mala nueva: no voy a continuar golpeándote; me da flojera y asco, Vicentillo. Hasta el instante te has solazado y divertido, haciendo reír al público a costillas tuyas. Pero si la cosa avanza, vamos a terminar danzando tu fandango, tú, *La Opinión* y yo, que apareceré arrastrándote del cogote como al pobre monito Tití de la mascarada.

[…] Ya me aburrió la historia ésta, Vicentillo. Además, yo no soy un cobarde como para pegarle en el suelo a una gallina que cacarea, porque dice que ha puesto un huevo en Europa. ¿Refutar el charquicán de basuras de tus mentiras y tus calumnias? Pero si TODA TU OBRA es mentira y es calumnia y "PLAGIO", literatura de compraventa, ¡oh!, mistificador imprudente…

Pero así como la verdad arroja fuego y resplandece en mi corazón, la miseria moral grita en tus alforjas de embaucador vencido y falsario, VICENTICO.[56]

El año 1935 había comenzado con el estremecimiento del ambiente literario provocado por la publicación de la antología. Los bombardeos lanzados en junio y julio, después de la crónica de Alone, no pasaron desapercibidos para el mordaz autor de *El socio*, el escritor Jenaro Prieto, que desde la tribuna

<hr>

[55] *La Opinión*, 1 de julio de 1935.
[56] *La Opinión*, 3 de julio de 1935.

del periódico derechista *El Diario Ilustrado*, cerró el ciclo, en noviembre de ese año, riéndose a carcajadas del escándalo.

"Poesía de vanguardia", era el encabezamiento de su crónica: "Es cosa averiguada que a la gente seria le revientan los poetas de vanguardia. No entiende su poesía y, lo que es peor, no entiende las explicaciones con que intentan justificar la nueva estética los escasos iniciados".

Luego de burlarse del lenguaje utilizado por los autores de la antología, Jenaro Prieto se centraba en graficar "la nueva jerigonza":

> Así, conviene decir:
> La tibia nieve y la mullida piedra
> La oscura luz y el perfumado chingue.
> Ahora bien: si se trata de un elefante, habrá que escribir:
> El romo y grácil pájaro que al circo
> Presta verdor de yermo populoso.
> No hay que olvidar que —dentro del concepto de la nueva sensibilidad—, la poesía debe ponerla el lector y no el poeta.

Jenaro Prieto finalizaba su nota concentrándose en Neruda:

> Hace poco cayó en mis manos una oda de Pablo Neruda a Federico García Lorca que contenía datos sumamente interesantes relacionados con el colorido de los establecimientos sanitarios. Reuní a tres médicos amigos y les hice la siguiente pregunta: ¿por qué pintan de azul los hospitales?
> Los tres estuvieron de acuerdo en que no era costumbre pintar de azul los hospitales, pero que, en caso de hacerlo, ello debía ser por las moscas.
> —¿Están ustedes bien seguros?
> —Sí, hombre: por las moscas.
> —Se equivocan —les dije—, es por García Lorca.
> Abrieron tamaños ojos. Entonces sacando del bolsillo la poesía de Neruda, se las di a leer:

Porque por ti pintan de azul los hospitales
Y crecen las escuelas y los barrios marítimos
Y se pueblan de plumas los ángeles heridos
Y van volando al cielo los erizos.

Ni aun así los médicos se convencieron. Antes que dar su brazo a torcer, prefirieron emitir un diagnóstico muy poco tranquilizador sobre el estado mental del poeta. Y, sin embargo, este es uno de los más destacados con que cuenta el país.

No cabe duda de que la poesía de vanguardia es más fácil de escribir que de entender. De ahí que la admiración que antes se tributaba a los poetas, haya hoy que reservarla íntegramente a los lectores.[57]

El año 1935 se iba. Pero la pasión y el encono que durante su transcurso había estallado en el ambiente literario nacional, y que tenía como protagonistas a tres de sus más altos exponentes, sobreviviría con creces.

La Guerra Civil española

Llega 1936. Pablo de Rokha publica *Oda a la memoria de Gorki* y adhiere al Frente Popular y a la República española. Las Milicias Republicanas se disuelven, es el año en que Franco se levanta contra el gobierno republicano y comienza la Guerra Civil española. Neruda sigue en Madrid. El poeta García Lorca ha sido asesinado. Mussolini anexa Etiopía a Italia. Huidobro, desde Chile, condena la invasión en un artículo publicado en *La Opinión*, "Triunfo romano", y parte a España a participar en la guerra.

Los poetas deponen las armas y toman su lugar en las trincheras internas y externas. Pero aunque las guerras ajenas son tomadas como propias, en las que les pertenecen no

[57] *El Diario Ilustrado*, 30 de noviembre de 1935.

ha estallado la paz. Es solo un armisticio. Soterrado, latente, en compás de espera.

Pablo Neruda inicia sus poemas de *España en el corazón*. Ha sido destituido de su cargo de cónsul, pero su adhesión a la causa republicana despierta su ardor de poeta y político. Vive un capítulo de su vida que será determinante. A fines de ese año edita la revista *Los poetas del mundo defienden al pueblo español*. En Chile, en 1937, se publica *Madre España: homenaje de los poetas chilenos*, donde Huidobro incluye su poema "Gloria y sangre". Y Nicanor Parra publica su *Cancionero sin nombre*.

La Guerra Civil española será determinante en la generación de poetas chilenos del veinte y en la del treinta y ocho. Eduardo Anguita, exponente de la última, recuerda esos momentos:

> Ese acontecimiento sobrepasó los límites de lo nacional y lo individual. Muchachos de Chile y España nos encontrábamos y trabábamos amistad sin que nadie hiciera las presentaciones. Es doloroso que una tragedia de esa naturaleza haya sido un vital llamado de alerta y, sobre todo para los jóvenes de entonces, una conciencia de "lo histórico", una ansia salvaje de vivir. Se podría citar ese trozo de Paul Claudel: "¡Señor! ¡Qué jóvenes éramos entonces, el mundo no era lo bastante grande para nosotros! Íbamos a echar por tierra toda la antigualla, íbamos a hacer algo mucho más hermoso".[58]

La ebullición política nacional e internacional no apaga la vorágine del ambiente intelectual, y particularmente literario, del país. Al contrario, la actividad literaria y la producción poética se encienden.

Vicente Huidobro, a la cabeza de la revista *Total*, recoge la obra de las generaciones que coexisten en ese instante. En ella participan Rosamel del Valle, Gerardo Seguel, Julio Molina, Eduardo Molina, Volodia Teitelboim, Eduardo Anguita, Enrique

[58] Juan Andrés Piña, op. cit.

Gómez Correa, Braulio Arenas y Teófilo Cid, junto a colaboraciones de Picasso, Dalí, Breton, Arp, Éluard o Juan Larrea.

René de Costa, uno de los estudiosos de Huidobro, señala, refiriéndose a esa época:

> Los jóvenes poetas de entonces, que vivían cerca de las obras de poesía y arte europeo contemporáneo, particularmente francés, y que se inclinaban, más que seguir a Huidobro, hacia los surrealistas franceses encabezados por André Breton, encontraban en las reuniones en casa de Huidobro, en la calle Cienfuegos, el ambiente propicio y el conocimiento de los autores que les interesaban.[59]

"Aquí estoy"

Pero la historia personal de los protagonistas de la polémica, aquella que no es épica, ni siquiera digna de registrarse en letras de molde, sigue su curso, aun cuando paralelamente cada uno de ellos viva la otra de manera heroica y sea merecedora de los más altos honores del registro oficial.

Las estrategias y tácticas de una guerra pueden ser previsibles. Las de una guerrilla tal vez aguarden sorpresas. Sobre la primera, hay tratados y manuales. Se sabe cuándo comienza y se adivina cuándo terminará.

Con respecto a la guerrilla, nada es claro. En la guerra, los enemigos se ven. En una guerrilla, se ataca de sorpresa, y no siempre se da la cara.

Huidobro y De Rokha se enfrentaron cual titanes. Pero el tercero en discordia nunca subió al ring. Sin embargo, golpeó, y fuerte. No cejó jamás. Sus contendores estaban bajo tierra, pero él no se percató, y siguió golpeando.

Los biógrafos nerudianos no reconocen abiertamente en ninguna obra su paternidad del *Aquí estoy*, fechado en

---

[59] René de Costa, *Vicente Huidobro y el creacionismo*. Madrid: Ed. Taurus, 1975.

Barcelona, en 1935, y editado en París por un grupo de amigos, en 1938:

> Aquí estoy
> con mis labios de hierro
> y un ojo en cada mano
> y con mi corazón completamente,
> y viene el alba, y viene el alba,
> y viene el alba,
> y aquí estoy
> a pesar de perros, a pesar de lobos
> a pesar de pesadillas,
> a pesar de ladillas,
> a pesar de pesares...

Pablo de Rokha dice en sus memorias, cuando se refiere a los momentos álgidos de la batalla:

Y Neruda, que parte a España al servicio de Alessandri ahora, como lo estuvo al servicio de Ibáñez y de Dávila, publica su diatriba contra Huidobro y yo, en la cual insulta a mis mayores con vocabulario cobarde y la envía por correo personalmente a los escritores de América...

> Cabrones
> hijos de puta.
> Hoy ni mañana ni jamás acabaréis conmigo.
> Tengo llenos de pétalos los testículos,
> tengo lleno de pájaros el pelo,
> tengo poesía y vapores
> cementerios y casas,
> gente que se ahoga,
> incendio en mis veinte poemas,
> en mis semanas y en mis caballerías
> y me cago en la puta que os mal parió
> derrokas, patíbulos,
> vidobros,

y aunque escribáis en francés con el retrato de Picasso
en las verijas
y aunque muy a menudo robéis espejos y llevéis a la
venta
el retrato de vuestras hermanas,
a mí no me alcanzáis ni con anónimos,
ni con saliva.

[…] con el título de *Aquí estoy* en la cubierta, después de
haber ido de casa en casa en España, como me lo contaba Juan
Larrea en México.

Muerte, muerte, muerte
muerte al ladrón de cuadros
muerte a la bacinica de Reverdy
muerte a las sucias vacas envidiosas
que ladran con los intestinos cocidos de envidia.

[…] acusándonos y pidiendo amparo y firmas con que
prestigiar como pícaro con ingenio oportunista, la antecarátula
de los *Tres cantos materiales*.[60]

En cal y podredumbre,
muerte al bandido que cambia fechas en sus libros y
con la otra mano
vive de puro perro y puro rico
vive de oscuras administraciones.
Vive fabricando incestos con hijas de madres ultrajadas;
muerte al bandido,
al estafador de diez años,
cuadros, muebles, tíos, hermanos,
provincias saqueadas y después colgar a las babosas
barbas del coronel.

[60] Pablo de Rokha, op. cit.

Huid de mí podridos,
haced clases de estética y callampas.
Haceos raptar por scouts finlandeses.
mercachifles hediondos a catres de prostituidas.

Volodia Teitelboim, en su libro *Neruda*, señala:

Neruda, lejos de España, no terció públicamente en el áspero debate. Alguien descubrió después varias páginas de versos mecanografiados sin firma...

Permitidme una pálida cosa,
con treinta años ardientes,
y un alma de hueso y laberinto,
permitidme
cagarme en vuestras cosas y vuestras abuelas,
y en las revistillas de jóvenes ombligos
en que derretís las últimas chispas que os salen
                              del culo.

De nada vale vuestro nombre de pila traducido al
                              francés,
como conviche al juda cursi
de nada venir de Talca dispuestos a ser genios,
os mato
os mato con espumas y sacrificios.
Os meo
envidiosos, ladrones
hijos del hijo de la suegra de la puta,
os meo eternamente en vuestros hígados y en vuestros
                              hijos,
os meo en la fuente del corazón, que habéis cubierto
                     de estiércol

[...] que recordaban la guerra entre los poetas españoles del Siglo de Oro: Góngora, Lope. Más tarde, Quevedo. Tenían su estilo. Eran a ratos coprolálicos. Pero él tuvo el buen criterio de no publicarlos nunca ni de reconocer su paternidad.

Neruda no tomaba iniciativa en la contienda, a pesar de que le atraía la guerrilla literaria y tenía el principio de que un ataque jamás debía ser pasado por alto, sino respondido merecidamente.[61]

> Porque morirán muertos entre eructos
> de doctores borrachos y pedos traducidos,
> porque el gusano está vivo entre ellos y ordena
> porque ha nacido entre muelas cariadas
> y gatos escupidos,
> porque su sangre de sobacos sucios
> será fuente de víboras siniestras.

El *Aquí estoy* no figura oficialmente en ninguna obra de Pablo Neruda. Sus antólogos tampoco la incluyen. Sin embargo, es de él. José Miguel Varas, escritor, periodista y amigo del poeta, a la hora de verificar la paternidad de los versos, confirma que son de Pablo Neruda:

> vargasvilas con cabezas de zorra
> d'anunzzios más baratos que un pollino podrido,
> a mí no me asustáis
> con pequeños insultos que podéis repetir llenos de gozo
> a vuestras enfermeras.

—Es de él, es de él, pero nunca quiso reconocer oficialmente su paternidad —dice Volodia Teitelboim—. Las versiones que llegaron en esa época a Chile eran copias a máquina.

> Aquí estoy
> echando hasta morirme poemas por los dientes,

[61] Volodia Teitelboim, *Neruda*, op. cit.

> hasta que me matéis
> a veneno y a sombra.
> Pero nunca, prefiero morir matando vuestros
> cadáveres de cincuenta años
> y desde hoy tendréis hundida la espada en vuestros
> intestinos de envidia y fracaso.[62]

Todos contra el fascismo

La polémica, planteada en los años veinte, cobra fuerza, estalla y se expande como reguero de pólvora en 1935.

El país y el mundo viven momentos de gran dramatismo en lo político. Sin embargo, la disputa, la alusión con nombres y apellidos, la crítica abierta, los embates en el campo de las artes y de la contingencia social, entremezcladas, forman parte de la vida de la república, de su cotidianidad, de la prensa, del lenguaje sin eufemismos que coexisten como parte sustancial del espíritu libre de la sociedad chilena de esos tiempos.

Todo indica que si la sangre ha llegado al río, las aguas de la literatura nacional están irreconciliablemente divididas. Pero no es así.

A comienzos de 1936, aparece publicado en el diario *La Opinión* el Manifiesto de Escritores e Intelectuales que "juzgan el momento que vive la república".

¿Quiénes firman este manifiesto? Precisamente los protagonistas de la guerrilla literaria que meses antes se masacraban con epítetos brutales, o alusiones personales y estéticas, y que ahora desde esas mismas páginas se unían para opinar:

Cuando la voz de los sectores más autorizados de la vida de Chile ha condenado ya severamente la actitud represiva del Gobierno que traspasa las lindes de los derechos inalienables

[62] Pablo Neruda, *Aquí estoy*. París, 1938.

del individuo, nosotros, los obreros del pensamiento, pertenecientes a diversas tendencias políticas y apolíticas, elevamos la nuestra porque sería traición permanecer silenciosos e impasibles ante la marea creciente de la negación de todo derecho que arrolla la integridad del cuerpo y del espíritu ejerciendo persecuciones físicas —destierro— e imponiendo el mutismo a la prensa independiente, como una forma de esclavitud intelectual.

[...] El Congreso Mundial de Escritores Pro-Defensa de la Cultura, celebrado en París el año pasado, define el rol, señala el destino y marca los rumbos del intelectual legítimo que marcha acorde con las exigencias de la palpitación de los hombres y llama a extremar la cruzada en defensa de los valores de la humanidad, contra la guerra y el fascismo, en las variadas modalidades de su gama, enmascarado o al desnudo.[63]

En este llamado los escritores protestan por la represión de la huelga ferroviaria, por la prisión de obreros y por la relegación de escritores y periodistas, como Ricardo Latcham, sintomáticos hechos del advenimiento del fascismo.

La declaración está firmada por Vicente Huidobro, Pablo de Rokha, Mariano Latorre, Marta Vergara, Julio Barrenechea, Astolfo Tapia, Gerardo Seguel, José González Vera, Volodia Teitelboim, Eduardo Anguita, Rosamel del Valle, Winétt de Rokha, Juvencio Valle, Salvador Reyes, entre otros.

En 1937, Neruda retorna de España. A fines de ese año funda y preside la Alianza de Intelectuales de Chile para la Defensa de la Cultura. Ediciones Ercilla publica *España en el corazón*.

El Frente Popular, conformado por los partidos Radical, Democrático, Socialista y Comunista, lleva como candidato a la Presidencia a Pedro Aguirre Cerda. La derecha elige como candidato a Gustavo Ross. Un grupo conocido como la Alianza Popular Libertadora —nazistas encabezados por González von Marées— proclama a Ibáñez.

[63] *La Opinión*, 20 de febrero de 1936.

El país vive un clima electoral, pero el 5 de septiembre de 1938 se produce la masacre del Seguro Obrero. El presidente Arturo Alessandri ordena que sean liquidados todos los prisioneros que están refugiados en la Casa Central de la Universidad de Chile y en el edificio del Seguro Obrero, actual sede del Ministerio de Justicia. Ibáñez va a la cárcel. El 25 de octubre es electo presidente de la República Pedro Aguirre Cerda, que gobernará hasta su muerte en 1941.

España vive dramáticamente su guerra civil. Gabriela Mistral publica *Tala*. Sartre, *La náusea*, y Henry Miller, *Trópico de Capricornio*. Hitler ha ocupado Austria. Un año después comenzará la Segunda Guerra Mundial y Franco habrá derrotado a la República.

Huidobro, de regreso en Chile, publica su novela *Sátiro o el poder de las palabras*. Es el instante en que nace el grupo surrealista Mandrágora, encabezado por Braulio Arenas, Enrique Gómez Correa, Gonzalo Rojas y otros escritores.

Pablo de Rokha es presidente de la Casa América, órgano cultural de los comunistas chilenos. Ha editado sus obras *Moisés*, *Gran temperatura e imprecación a la bestia fascista*. En 1938, aparecen sus *Cinco cantos rojos*.

Poetas, elefantes y "pequeño Dios"

Cuando Pablo Neruda escribe su *Aquí estoy*, aún no desarrollaba la teoría de los elefantes con que más tarde respondería explicando lo estéril que resultaban las rencillas y rivalidades entre poetas.

En el libro *El espejo de agua*, Vicente Huidobro había escrito esta "Arte poética":

Por qué cantáis la rosa, ¡oh Poetas!
Hacedla florecer en el poema;

Sólo para nosotros
Viven todas las cosas bajo el Sol.

El poeta es un pequeño Dios.[64]

Estos versos fueron una declaración de principios en cuanto al rol del poeta, y así se lo señalarían a Huidobro en las sucesivas polémicas que habría de enfrentar en su vida.

Pero estamos en la teoría de los elefantes.

Cuando Neruda regresa a Chile, en 1937, conversa con Volodia Teitelboim y le manifiesta la necesidad de abandonar las tendencias egocéntricas de aquellos escritores "que basaban su grandeza en el exterminio de sus competidores, convirtiendo el terreno literario en algo peor que la selva darwiniana".

La vida literaria no podía ser una lucha entre dinosaurios y gliptodontes, ni entre jirafas y canarios. Tampoco una pelea de perros o una carrera de caballos. ¡Abajo el yoísmo literario y los agresivos monopolistas de la poesía!, le manifestó el poeta a Volodia. Y a continuación le propuso: "¡Seamos como los elefantes! ¡Son tan grandes y todos caben en el bosque!".[65]

Cuando alguien le replicó con sorna que tenía complejo de elefante, insistió:

El escritor desoído y atrapado contra la pared por las condiciones mercantiles de una época cruel ha salido a menudo a la plaza a competir con su mercadería, soltando sus palomas en medio de la vociferante reunión. Una luz agónica, entre el crepúsculo de la noche y el sangriento amanecer, lo mantuvo desesperado y quiso romper de alguna manera el silencio amenazante. "Soy el

[64] Vicente Huidobro, op. cit.
[65] Volodia Teitelboim, op. cit.

primero", gritó. "Soy el único", siguió repitiendo con incesante egolatría. Así se quedó solo. Y la gente se cansó de oírlo.[66]

Tal vez la teoría del elefante por la que abogaba Neruda no surtió efecto en el ambiente literario de aquellos años, porque nadie, seriamente, la contempló. Después de las diatribas recogidas por *La Opinión*, después del *Aquí estoy* repartido de mano en mano por todo el ambiente intelectual chileno y latinoamericano, era difícil aceptar las reglas de un armisticio, más si otras variantes, especialmente políticas, se vendrían a sumar a la rivalidad entre los tres grandes de la poesía chilena. Luego, tales intenciones no pasaron de ser eso. Una buena declaración que llamaba a la paz, pero que no detuvo nunca las iras desatadas en la guerra.

La frase de Vicente Huidobro: "El poeta es un pequeño Dios", no le sería enrostrada solo por De Rokha al fragor de las peleas en *La Opinión*. Pablo Neruda, en *Confieso que he vivido*, insistió en el tema, atacando la postura de un elefante que ya estaba muerto:

La burguesía exige una poesía más y más aislada de la realidad. El poeta que sabe llamar al pan, pan y al vino, vino, es peligroso para el agonizante capitalismo. Más conveniente es el que poeta se crea, como lo dijera Vicente Huidobro, "un pequeño Dios". Esta creencia o actitud no molesta a las clases dominantes. El poeta permanece así conmovido por su aislamiento divino, y no se necesita sobornarlo o aplastarlo. El mismo se ha sobornado al condenarse al cielo. Mientras tanto, la tierra tiembla en su camino, en su fulgor.[67]

El 21 de octubre de 1971, Pablo Neruda obtiene el Premio Nobel de Literatura. El país está de fiesta. La obra de un poeta de fama universal ha sido reconocida. Nadie duda de sus méritos. Neruda es grande.

[66] Ibíd.
[67] Pablo Neruda, *Confieso que he vivido*, op. cit.

En su discurso de Estocolmo, pronunciado con ocasión de la entrega del premio, hay un párrafo que aún despierta sorpresas. En parte de su intervención, discute tácitamente con Vicente Huidobro.

Es la puntualización de un concepto, no es algo personal, defiende uno de sus biógrafos. El caso es que cinco décadas después de planteada la disputa, esta sigue viva:

> En verdad, si bien alguna o mucha gente me consideró un sectario, sin posible participación en la mesa común de la amistad y de la responsabilidad, no quiero justificarme, no creo que las acusaciones ni las justificaciones tengan cabida entre los deberes del poeta. Después de todo, ningún poeta administró la poesía, y si alguno de ellos se detuvo a acusar a sus semejantes, o si otro pensó que podría gastarse la vida defendiéndose de recriminaciones razonables o absurdas, mi convicción es que sólo la vanidad es capaz de desviarnos hasta tales extremos. Digo que los enemigos de la poesía no están entre quienes la profesan o resguardan, sino en la falta de concordancia del poeta. De ahí que ningún poeta tenga más enemigo esencial que su propia incapacidad para entenderse con los más ignorados y explotados de sus contemporáneos; y esto rige para todas las épocas y para todas las tierras.
>
> El poeta no es un "pequeño dios". No, no es un "pequeño dios". No está signado por un destino cabalístico superior al de quienes ejercen otros menesteres y oficios. A menudo expresé que el mejor poeta es el hombre que nos entrega el pan de cada día: el panadero más próximo, que no se cree dios.[68]

El biógrafo autorizado de Neruda profundiza en su defensa:

—Está discutiendo un concepto —insiste Volodia—. Cuando Neruda surge como poeta importante, De Rokha se enfurece por el éxito de este poeta neomodernista que logra

---

[68] Pablo Neruda, Discurso de Estocolmo, revista *Anales de la Universidad de Chile*, Santiago de Chile, 1972.

entusiasmar al lector y que también es un poeta muy accesible. De Rokha es un poeta desmedido, es una especie de catarata. En medio de su material hay piedras preciosas, pero también mucha arena.

En cambio, Neruda es más nítido. Y tanto Huidobro como De Rokha lo miran en menos estéticamente: "Para tangos, prefiero a Gardel", dice de él el primero. De Rokha lo trata de "poeta de la burguesía". Pero en Estocolmo, la paz ha sido hecha, al menos con Huidobro —aclara Teitelboim— y Neruda no polemiza con Vicente al sostener que "el poeta no está sobre la humanidad, sino que forma parte de ese pequeño ejército que avanza cometiendo errores, cayéndose, golpeándose, pero que con ardiente paciencia, siempre busca la ciudad radiante". Es su filosofía —concluye Volodia Teitelboim, en su improvisada defensa de Pablo Neruda, efectuada en una tarde fría y brumosa del largo invierno de 1992.

Nicanor Parra, pensativo, evoca a los poetas. Tiene opinión, pero —insiste— aún es temprano para hablar. Sí, los conoció a los tres, aunque él representa a la generación del treinta y ocho, y era menor que sus antecesores.

—Mejor, conversemos después —dice, y da por concluida la visita no sin antes advertir que el tema es peliagudo—, ¡y arde Troya si uno se va de lengua!

Capítulo III
El cristal con que se mira

1

Llueve a cántaros sobre Santiago. Enrique Lafourcade, escritor de la generación del cincuenta, y cronista agudo de todas las épocas, cruza el corto trecho que separa su librería del café de la Plaza del Mulato Gil, busca un rincón tranquilo en el lugar que a esas alturas de la mañana luce casi desierto, y reflexiona sobre el tema.

—Fue el momento de oro del boxeo literario nacional. Un gran instante. No conozco en la historia de la literatura chilena, del boxeo de este país, o del deporte, un pleito que tuviera más duración que este. Se prolongó por veinte o treinta años —afirma Lafourcade, y prosigue—. Siempre lo vi como una especie de *match* de boxeo a tres bandas, y sin nocaut. Con boxeadores de distintos pesos y diferentes categorías. Pablo de Rokha era peso pesado desde que se inició esta pelea. Cuando conoce a Neruda, en esa época un boxeador aficionado, peso mosca, De Rokha ya era profesional. Neruda estaba empezando, no tenía ring, ni preparador técnico, ni auspiciadores. Boxeaba en Temuco con las sombras. Se conocen, se hacen amigos, pero a poco andar vienen los problemas: quién es el campeón.

Enrique Lafourcade habla, y la metáfora da pie para que su voz vaya adquiriendo tonalidades de relator deportivo. Improvisa, las pausas son escasas, los comentarios al margen, breves:

—Huidobro tampoco le hacía el peso a De Rokha. Era un welter, un liviano, y siempre fue un liviano, a diferencia de Neruda que iba subiendo de categoría a medida que se entrenaba, que desarrollaba musculatura lírica, creatividad en los golpes. Así llegó a peso pesado y se pudo enfrentar de igual a igual con De Rokha.

Lafourcade conoció a los dos Pablos. Su visión de ambos es más bien dura. Con De Rokha la comunicación era escasa; con Neruda, imposible.

—Él buscaba incondicionalidad en sus amigos, no admitía críticas ni le gustaba que le hablaran de igual a igual.

Y recuerda una pelea que tuvo con él. Estaban conversando, Neruda hablaba de los dictadores, Lafourcade le recordó su "Oda a Stalin". El poeta vaciló, lo miró a los ojos, severo, molesto, y le dijo:

—Yo nunca he escrito una "Oda a Stalin".

—Es que yo la tengo, Pablo. Tengo el libro de Losada donde está esa oda.

—¡Nunca he escrito una "Oda a Stalin", Lafourcade!

Y cambió de tema.

El escritor retoma el hilo de su pelea boxística:

—Cuando De Rokha empieza a pelear con Neruda, tenía una excelente izquierda, una gran izquierda que no abandonó nunca. Era una izquierda en puntete, como se llama en el boxeo. La derecha de De Rokha no era buena. Era muy débil.

—Neruda creció como boxeador usando las dos manos, la derecha y la izquierda, y finalmente se quedó con la última. Así, llegó a tener una izquierda noqueadora, como la de De Rokha.

Sobre las manos de Huidobro, Lafourcade agrega:

—Usó muy bien la derecha, pero cuando estaba comenzando su carrera de boxeador, utilizó la izquierda. Después daba unos derechazos tremendos. Huidobro tuvo un buen juego de piernas, a diferencia de Neruda. Al final, su flebitis y unas derrotas en Cuba acabaron con ellas. Cuando Neruda era mosca, tenía buen juego de cintura y de cuello.

Él y Huidobro eran como Fernandito; en cambio, De Rokha fue como Arturo Godoy. Llegaba con todo. Era como una montaña que se venía encima.

Pese a que estos tres púgiles se dieron golpes bajos en más de una ocasión, Enrique Lafourcade celebra el espíritu deportivo, al menos de De Rokha y Huidobro, que se daban duro, pero fuera del ring eran capaces de saludarse, como buenos competidores:

—Huidobro había regresado a Chile después de una exitosa gira europea. Un día se encuentra con De Rokha en la calle Ahumada. Espantado pensó:

—Este tipo me va a matar.

Se corrió hacia un lado, pero De Rokha lo siguió. Era un peso pesado persiguiendo a un peso liviano.

Como Huidobro no sabía qué hacer, se detuvo frente a un lustrabotas y se instaló en el lustrín. De Rokha se le acercó y se ubicó en el lustrín de al lado. De pronto Huidobro recibió un palmotazo en la espalda que casi lo lanzó al suelo. Era la manota de De Rokha que con su vozarrón característico, le decía:

—¡Cómo le va, compañero!

Más allá de la metáfora con que Lafourcade recrea la polémica, el escritor piensa que esta animó la vida intelectual del país, a pesar de que se transgredieron las formas y se utilizó un lenguaje violento e insultante.

—Debió haber habido más ingenio que insulto. Pero el ejercicio de la disidencia es un derecho sagrado para los intelectuales, y en ese sentido fue positiva.

2

De Rokha vendía por presencia. Recorría el país llevando sus libros a los rincones más insólitos. Los únicos elementos disuasivos para tan compleja empresa eran su imponente físico y una voz que adquiría tonalidades de mariscal de campo cuando alguien se negaba a sus requerimientos. Llegaba a un pueblo y comenzaba por las autoridades civiles, luego seguía por los regimientos y concluía en las casas de los agricultores que se quedaban con algunos de sus ejemplares, o con los cuadros que también comerciaba.

Así, se da el hecho curioso de que la obra de Pablo de Rokha, desconocida y difícil de encontrar en el país, esté diseminada por todo Chile, adornando más de una biblioteca de alguien que nunca en su vida leyó sus poemas. En estos viajes literarios no siempre fue solo. Mario Ferrero, su amigo, lo acompañaba a veces llevando también sus libros.

Ambos, invariablemente, terminaban comiendo y bebiendo en improvisados festejos donde consumían parte de lo que les entregaban a cambio de tan preciadas mercaderías. Medio cordero, gallinas, chuicas de vino, cerdos, o lo que fuera, en la dinámica de un trueque sin precedentes en la historia literaria nacional.

—Una vez lo acompañé a la Patagonia —relata Mario Ferrero—. Pero parte del recorrido por las pampas australes se nos fue buscando Petróleo Petrizzio. Todo en De Rokha era grande, incluso los frascos de este aceite con el que se frotaba el cabello, porque según él le daba brillo e impedía la caída del pelo. Como en ese viaje se le acabó el ungüento, tuvimos que recorrer cada rincón tras esas enormes botellas que nunca aparecieron.

Cuando Mario Ferrero concluyó el manuscrito de su ensayo "Claves del estilo de Pablo de Rokha", en 1966, que dio origen al libro *Pablo de Rokha, guerrillero de la poesía*, le pasó el original al poeta para que le hiciera sus comentarios. Sin embargo, el texto ya estaba en imprenta, y las acotaciones no fueron incluidas.

Con una caligrafía grande, de trazos irregulares, que encabezaba: "amigo Don Ferreiro" [*sic*], Pablo de Rokha fue anotando sus observaciones. Gracias a ello hoy se pueden leer los siguientes párrafos inéditos:

Vallejo, gran poeta frustrado, se frustró precisamente porque se quedó "fuera de texto"; en toda su obra no creó un estilo latinoamericano; no creó, no inventó, no reformó el estilo latinoamericano; no fue un revolucionario del estilo, fue un reformista del estilo, y un reformista genial y frustrado del estilo, no alcanzó a identificar estilo con estilo. Neruda, su discípulo o plagiario, es apenas una gran mierda que se debate en un pantano formal sin sentido; Huidobro dio bastante en el clavo, pero como fue un poeta cosmopolita y no un poeta internacional, perdió los estribos y más que un poeta cosmopolita fue un gran esnob cosmopolita; la Gabriela no va a alcanzar diez años de inmortalidad: tuvo partida de caballo y parada de burro.

[...] Compruébelo, amigo don Ferreiro. El continente americano ha producido dos estilos en la literatura: el de Walt Whitman y el mío. Pero Walt Whitman recuerda, no imita el versículo de la Biblia y el gran barroco monumental mío no recuerda a nadie.

Las anotaciones de Pablo de Rokha repletan el manuscrito de Ferrero. En otro de sus capítulos, relativo a los estilos de algunos poetas chilenos, incorpora a Nicanor Parra. Allí, Pablo de Rokha acota de su puño y letra: "Amigo Ferrero: ¿es posible referirse a Nicanor Parra, incluyéndolo entre los poetas? Yo estimo que no es posible. A mí me parece un mistificador idiota, absolutamente idiota y perverso".

3

De los tres, Neruda era el coleccionista, dice Humberto Díaz Casanueva. Como Breton, que llegó a tener hasta más de quinientos objetos, Neruda los perseguía y encargaba por todas partes.

En una oportunidad, poco antes de la muerte de Neruda, ambos coincidieron en Nueva York. Fue el reencuentro. La amistad juvenil, intensa y repleta de recuerdos se había enfriado por razones estéticas. *El blasfemo coronado*, de Díaz Casanueva, no fue del agrado de Neruda. Lo consideró metafísico, es decir, poesía impura.

Ambos están en Nueva York. Díaz Casanueva es el embajador de Chile y ha recibido ese año el Premio Nacional de Literatura. Pablo Neruda viene de regreso de Estocolmo. Bromean. Díaz Casanueva lo amenaza con entregarle poemas metafísicos para una supuesta revista del Nobel.

De ese encuentro, una servilleta enmarcada entre dos vidrios, que dice:

Hemos vivido y bebido, con alegría y tristeza, en años, como se debe vivir y beber. Hemos alcanzado la luz, Humberto, a costa de andar por la oscuridad. Viva Leonor al pie de tu realidad, es decir, al pie de tu copa llena de luz. Tu hermano Pablo Neruda.

Como Breton y Neruda, también Huidobro fue coleccionista. La afición le duró poco. A juzgar por la historia de Díaz Casanueva, es comprensible.

El joven Huidobro, de menos de 30 años, estaba obsesionado por los peces tropicales que encargaba especialmente al Caribe. Díaz Casanueva era un muchacho, pero recuerda muy bien la anécdota:

—Tenía peceras enormes con agua tibia, donde circulaban los más exóticos ejemplares. Un día lo fue a visitar Ángel Cruchaga Santa María. Al calor de las copas, perdió un poco el sentido. Entonces, Ángel metió la mano en la pecera, cogió un pez finísimo, el "velo de novia", se lo echó a la boca y se lo tragó. Huidobro puso el grito en el cielo. El pez le había costado cincuenta mil pesos, ¡una fortuna!, y su amigo se lo había engullido en un segundo.

No hay antecedentes, dicen los amigos y biógrafos del poeta, que después de semejante episodio Huidobro haya cultivado otras manías.

4

"Bisagra" es la hija de José Santos González Vera, bautizada así por su padre por los gemidos que emitía de niña recién nacida, que le evocaban los chirridos de una tranquera en el campo.

María Elena González, de paso por Chile, se sumerge un instante en los recuerdos del mundo intelectual de los cincuenta, que en las cercanías de la Plaza Egaña reunió, por casualidad geográfica, a dos de los protagonistas de la polémica. En esos años no se hablaban, pero, sin saberlo, Neruda y De Rokha, al igual que González Vera, visitaban al mismo peluquero. Un fígaro de tamaño descomunal que como todo el barrio Ñuñoa sabía de las peleas de los Pablos y tenía que omitir ante ellos los comentarios que cada uno, a su turno, le hacía del otro.

Solo González Vera era el depositario de las confidencias que surgían al compás de la navaja. Como algunos escritores, no se habían abanderizado por ninguno, gracias a lo cual los leños que salían de la modesta peluquería de Ñuñoa no avivaron los fuegos de una disputa a esas alturas de dominio público.

Cuando el peluquero comenzaba sus confidencias, González Vera aconsejaba:

—No les cuente nada. Cuando empiecen con eso, cámbieles el tema y hable del tiempo, de la cordillera, de lo que se le ocurra. Pero ¡por favor!, no les toque ese punto.

Bisagra era una joven estudiante de medicina, testigo de la tertulia que se forma en torno a la mesa de su padre. En ella se alternan las discusiones políticas y literarias de los cincuenta, pero también el anecdotario del momento. De allí, "la historia del chancho":

Un día aparece en el patio del hogar de los De Rokha un chancho. Bien alimentado, con aspecto invitador, sirve de excusa para una apetecible velada colectiva, propia de la hospitalidad del poeta. En medio de la comida tocan la puerta y entra en escena el vecino. Apesadumbrado da cuenta de la pérdida de su chancho. Los comensales guardan silencio. A más de alguno se le atraganta el trozo que tiene en la boca. De Rokha, impredecible y con auténtica solidaridad de buen vecino, sale al paso:

—¡Cuánto lo lamento, compañero, pero qué casualidad! Justo estábamos comiendo un rico asado de chanchito, así que olvídese de su pena y siéntese con nosotros.

5

El poeta Enrique Gómez Correa tiene 86 años, y aparte de la lucidez, conserva intacta la rebeldía orgullosa de quien fue y se siente vanguardia.

Posee fuerza Gómez Correa, y la transmite en su actitud y en los recuerdos que evoca desde una cama que a duras penas aprisiona su cuerpo enfermo, pero que no puede con su espíritu libre.

Fundador y exponente del grupo surrealista Mandrágora, surgido en Talca a mediados de los años treinta con Teófilo Cid, Braulio Arenas, y que en 1935 se constituye en Santiago, ampliándose a nombres como el de Jorge Cáceres, Gonzalo Rojas y otros poetas, Gómez Correa es un testigo de primera línea de la historia literaria de la época.

El poeta habla de "los monstruos", cuando se refiere al trío de la discordia. Fue amigo de Huidobro y de De Rokha. A Neruda no lo quiso conocer porque no lo consideraba suficientemente independiente en su creación:

—Nosotros estábamos en una posición muy especial. Si bien solidarizábamos con Huidobro, veíamos esta disputa como pequeña, superficial, marcada por la vanidad de sus protagonistas. En el fondo, era quién tenía más o menos páginas en la antología. Algo idiota.

Sin duda, para los surrealistas a ultranza de Mandrágora, no había razones estéticas de peso para semejante alboroto.

—En medio de la polémica, De Rokha llama "mequetrefe" a Eduardo Anguita, y este me lo atribuye a mí, porque no lo dejamos incorporarse a Mandrágora. Fue así, pero no porque no tuviera calidad poética. Era un católico de esos que se golpean el pecho, de comunión diaria, y nosotros estábamos en una posición libertaria, agnóstica en último término.

Enrique Gómez Correa aclara que tampoco eran incondicionales de Huidobro. Tenían críticas estéticas hacia el poeta, y se las expresaban. Si les entregaba algún poema para la revista, y el grupo estimaba que debía ser modificado, Huidobro lo hacía.

"Ese bacalao lo único que ha hecho es copiar", decía Vicente Huidobro de Neruda, cuando este era acusado de plagio, confidencia el fundador de Mandrágora. Y agrega que cuando Huidobro y De Rokha se insultaban a través de las páginas de *La Opinión*, continuaban viéndose en reuniones y comidas en las que también participaban Arenas, Cid y el propio Gómez Correa.

Eran tiempos de creación, bohemia, guerras y duelo, aquellos que evoca el poeta surrealista. ¡Cómo no, si él fue desafiado por el mismo De Rokha!

—Un día nos invita a Teófilo, a Braulio y a mí, a una cena en su casa. Mientras íbamos en el auto, los tres nos reíamos de De Rokha e inventábamos los diálogos que se iban a producir. Cuando llegamos nos sentamos a la mesa, y Winétt, siempre finísima, nos sirvió unos tragos. De pronto, Pablo de Rokha dice enojado:

—¡Así que se venían riendo de mí! ¿Y quiénes son ustedes? Nada. Y yo soy un genio.

Lo que había ocurrido, es que Carlos, el hijo de Pablo de Rokha, un poeta muy cercano a Mandrágora, iba en el asiento de atrás del vehículo en que viajaban, y llegando le había contado a su padre.

—Mire, ¡lo reto a duelo! Y si usted no tiene revólver, yo le paso uno.

—Oiga, Pablo, mejor esperamos hasta mañana para el duelo —replicó un poco asustado, Gómez Correa.

—Bueno, véalo usted —concluyó De Rokha.

Pero al poco rato y para romper la tensión que se había producido, Pablo de Rokha dio un grito y ordenó:

—¡Que nadie se mueva! Esto hay que celebrarlo. Voy al Matadero y vuelvo.

El reto concluyó a altas horas de la madrugada con un cordero devorado cordial y colectivamente.

6

Juan Bautista Rossetti era el dueño de *La Opinión*. Un día va saliendo de las oficinas del periódico cuando tropieza con De Rokha, columnista permanente del diario, y en esos momentos protagonista de la guerrilla que ardía a causa de la publicación de la antología de Anguita y Teitelboim.

La relación entre Rossetti y De Rokha era cordial. Había un grado de confianza y complicidad suficiente como para que el poeta exteriorizara en esos instantes la ira que le producía la actitud de Neruda, que desde la distancia se hacía presente en la polémica.

El director del diario y su colaborador caminan juntos un trecho. Pablo de Rokha está excitado por la furia que le despierta Neruda:

—Lo odio, ¡si pudiera lo mataría! —le dice a Juan Bautista Rossetti. Este lo mira sorprendido, intenta apaciguarlo, pero es imposible. De Rokha sigue presa de su enojo y ya el diálogo se ha transformado en monólogo. Aunque luego, siguiendo el curso de sus palabras, se detiene, reflexiona y exclama:

—No, no puedo hacerlo. ¡Eso sería un huevonicidio!

Las palabras de De Rokha no las olvidó nunca don Juan Bautista. Fue tanta la gracia que le causaron que siempre le contaba el episodio a su hija, la periodista Carolina Rossetti, que hoy lo recuerda como anécdota obligada de la sobremesa familiar.

En *Conversaciones con la narrativa chilena*,[69] el escritor Fernando Alegría recuerda que en medio de la guerrilla literaria armada en torno al diario *La Opinión*, en esos años ubicado en la Alameda, cerca de la iglesia San Francisco, la gente se juntaba en las puertas del periódico esperando la primera edición para leer las sucesivas respuestas:

> Conviví directamente con todo esto. Conocí muy bien a De Rokha: iba mucho a su casa y establecí una amistad íntima con sus hijos Carlos y Lukó, que eran todos artistas. Admirábamos a Pablo de Rokha, pero también nos dábamos cuenta de todas las barbaridades que decía y que hacía. Todos estos autores importantes tenían su tribu de "combatientes heroicos" que defendían a los maestros. Hubo incluso encuentros pugilísticos célebres, como el asalto de Braulio Arenas a Neruda en el Salón de Honor de la Universidad de Chile, cuando le arrebató el discurso de las manos, se lo rompió y lo lanzó al aire. Enseguida, Luis Enrique Délano y Diego Muñoz, que eran jóvenes maceteados, agarraron a Braulio y lo sacaron rodando por el suelo hacia la calle.
>
> En otra ocasión, estos mismos Délano y Muñoz fueron a recibir a Huidobro a la Estación Mapocho. El ataque consistió en darle un puntapié en el trasero. Al día siguiente, Huidobro describió este suceso en *La Opinión*, narrándolo como un *match* de boxeo, al estilo de: "Yo los recibí con mi jab de izquierda, que domino mucho y metí mi derecha...". Hizo una especie de crónica pugilística del asunto.

[69] Juan Andrés Piña, *Conversaciones con la narrativa chilena*. Santiago: Editorial Los Andes, 1991.

Son los años finales de la década del sesenta. Pablo Neruda está en su casa de Isla Negra. Esa noche no hay muchos amigos. El ambiente es más bien íntimo. Neruda hojea el ejemplar original de *Selva lírica*, guardado cuidadosamente. Va dando vuelta las páginas con gran delicadeza, hasta que se detiene. Levanta la cabeza y le pide a José Miguel Varas, periodista, escritor y nerudiano, que lea en voz alta un poema de De Rokha que allí aparece.

José Miguel Varas concluye su lectura. Los comentarios de Neruda son directos. Hace notar la pobreza métrica del texto, la poesía mala, el poco vuelo y deficiente manejo técnico del autor. José Miguel siente que el poeta se refocila ante una caída flagrante de su contendor. Respira hondo y responde:

—Efectivamente es pobre, pero creo que la gracia de De Rokha no está precisamente en este tipo de cosas. Quizá nunca ha tenido un dominio muy grande de la métrica. La gracia de él es que logra expresar algunas cosas con mucha fuerza.

Neruda guardó silencio. Y no se habló más del tema:

—A mí me empezó a entrar frío como en los refrigeradores —explica, riéndose, José Miguel Varas. Así decía González Vera cuando se refería a un amigo que ante determinadas circunstancias era capaz de echar frío hacía afuera—. Porque Neruda me miró fijamente, y puso esa cara de pescado muy característica, y que yo le conocía bien.

A pesar del tiempo transcurrido, y a que De Rokha no le hacía ninguna sombra porque ya había muerto, el tema aún crispaba a Neruda.

José Miguel Varas militó en el Partido Comunista desde 1949, cuando el gobierno de González Videla perseguía y encarcelaba a sus seguidores.

En esos años, Neruda ya era miembro del PC. La polémica que estalla con la antología, el *affaire* con Magda Cazone, el alejamiento orgánico de Pablo de Rokha de las filas del comunismo criollo habían quedado atrás.

La historia De Rokha-Neruda era otra. Al menos para quienes no la habían vivido desde sus orígenes. Solo se revitalizaba esporádicamente a través de la revista *Multitud*, creada y dirigida por Pablo de Rokha desde 1939, o de algún párrafo de la prensa del PC. Esas eran sus manifestaciones públicas porque dentro del ambiente literario no dejó nunca de estar latente.

Pero para quienes militaban en el PC, para los periodistas de *El Siglo* u otros medios, cualquier ataque contra Neruda era interpretado como un ataque al partido.

De allí que cuando De Rokha publica, en 1955, su polémico libro *Neruda y yo*, el diario *El Siglo* cierra filas en torno a Neruda, y la mayoría de los periodistas que trabajaban en la redacción de la voz oficial del PC, incluido José Miguel Varas, se organizan para apabullar al autor de *Los gemidos*.

—Yo fui uno de los que participó en verdaderas "capoteras" contra De Rokha —cuenta José Miguel Varas—. Solo que nos equivocamos, y mucho. De Rokha nunca quiso atacar al PC, y contribuimos a la politización de una polémica que no debió haber sido nunca política.

Así, la visión de José Miguel Varas es concluyente:

—Lo que ocurrió fue el choque entre tres egos monumentales que se revistió de elementos estéticos o ideológicos. Fue un fenómeno increíble que simultáneamente hayan aparecido en el país tres poetas de ese tamaño y calidad. Solo así se explican las alusiones crueles que hace Neruda a De Rokha en sus memorias, la discusión tácita con Huidobro en la entrega del Premio Nobel, etcétera. Pero la polémica causó daño, especialmente a De Rokha, aún hoy disminuido en su valor literario. Porque, salvo un grupo muy reducido de rokhianos, ¿lo conoce la gente? ¿Lo han leído realmente?

9

El ladrido del perro es agobiante. Ha caído la noche y De Rokha intenta concentrarse en su lectura, pero es imposible.

El perro del vecino no cesa de ladrar y dar aullidos. El poeta deja la lectura e intenta conciliar el sueño. Pero no puede. El perro no se lo permite.

Al día siguiente, se levanta y sale de su casa. Con sus largos pasos llega hasta la puerta del vecino, toca el timbre, le abren. De Rokha entra a la vivienda, la cruza y llega hasta el patio. Allí busca al perro de su insomnio. Lo llama. Los dueños de casa lo siguen. No entienden nada. El poeta no ha intercambiado palabra con ellos. Cuando tiene al animal, frente a él, le dice:

—Usted, perro, es un desgraciado, un infortunado, y lo compadezco. Porque tiene un amo que es un estúpido y no sabe cómo tratar a los animales.

Pronunciada la adhesión canina, De Rokha se dio media vuelta y salió tal cual. Sin dirigirle ni una sílaba a sus vecinos, que lo seguían estupefactos.

Luis Sánchez Latorre —*Filebo*— se ríe mientras cuenta esta historia. Se la narró su protagonista, De Rokha, claro, y la repite hoy porque a la imagen de hombre áspero, rudo, polémico, quiere oponer la del personaje tierno, humano, generoso y sensible, que tiene como lecturas de cabecera a Esquilo, el Quijote o la Biblia.

Cuando a Pablo de Rokha le dieron el Premio Nacional de Literatura, en Licantén, su pueblo natal, decidieron nombrarlo Hijo Ilustre. De Rokha invitó a Filebo a integrar su comitiva.

—Para él yo era y tenía que ser el cronista de esos homenajes —dice el crítico y periodista. Como no pudo acompañarlo, envió a un estudiante que hacía su práctica en el diario—. Era el muchacho más quitado de bulla de todo el equipo —aclara Filebo—, por lo que pensé que era la persona más adecuada para cubrir esos eventos.

A los cuatro días regresa el joven reportero y Filebo lo interroga:

—¿Transcurrió todo bien?

—Sí, todo bien.

—Y usted, ¿cómo lo pasó?

—Más o menos.

—¿Por qué?

—Hubo una fiesta, y pasó algo raro: yo estaba allí como cronista solamente, pero no me creyeron, me tiraron al suelo y me patearon.

Filebo, impresionado, llamó por teléfono a De Rokha.

Pero el poeta nada sabía del asunto.

—Mire, compañero, usted sabe que yo soy un caballero, que jamás voy a hacer algo así. Esto debe ser una calumnia.

Ofendido, Sánchez Latorre insiste en la responsabilidad rokhiana en el atentado contra su reportero. Durante tres días discutieron por teléfono. Al cuarto, De Rokha mandó de delegado a su hijo José, que explicó la situación:

—Mi padre no estaba presente, pero en un momento de la fiesta, ya estaban todos borrachos, el periodista miró a una niña, y todos creyeron que le estaba haciendo gestos y le pegaron.

Satisfecho con las explicaciones, y ya más tranquilo, Filebo interroga nuevamente a su protegido:

—Bueno, ¿pero el viaje lo hicieron en automóvil?

—Sí, y yo me fui con don Pablo.

—¿Y no notó algo extraordinario?

—Sí, llevaban unos tiestos con cerveza.

—¿Y tomó Pablo de Rokha?

—Sí.

—¿Cuántas se tomó de aquí a Licantén?

—Unas cuarenta cervezas…

Esto fue en 1965. De Rokha tenía 71 años. Y a la imagen cálida Filebo suma otra, la de la desmesura, en este retrato de un De Rokha colosal.

10

El poeta y ensayista Armando Uribe se pasea inquieto por el living de su casa mientras habla y fuma, o fuma y habla, desplazando su figura alta, extremadamente delgada, de un sitio a otro. El pelo partido al medio, un poco largo, neutraliza su aspecto convencional, y le da un aire de poeta romántico del mil ochocientos.

De la generación del cincuenta, Armando Uribe fue amigo de Pablo Neruda. Lo conoció, compartió con él, y con autoridad en la materia descalifica el mito de que para entenderse con el Nobel había que ser reverente e incondicional.

—Se aburría soberanamente con este tipo de relación. Algunos lo frecuentaban para mostrarle sus primeros libros, pero después no regresaban más. Otros, que pertenecían a la generación del veinte, iban a verlo, pero Neruda se aburría. De alguna forma, cuando íbamos a visitarlo con Jorge Edwards, éramos recibidos con cierto alivio. Llevábamos otros temas, hablábamos de otras cosas, y si bien el trato con él era de respeto, por la diferencia de edad, nunca fue ceremonial ni reverente.

Armando Uribe describe a Neruda como un viejo cónsul. Entretenido, con humor, tenía mil historias de distintas partes del mundo. Se sentaba con esos pies calzados con unos zapatos redondos, especiales, porque tenía gota, como los reyes. Neruda era un personaje, y lo hubiera sido igual aunque nunca en su vida hubiera escrito un verso.

El poeta de facha quijotesca y voz teatral continúa paseándose mientras piensa en voz alta.

—¿La polémica? Juego de niños. Pero —advierte—, esto no puede ser tomado como una carrera de caballos. Estamos hablando de grandes poetas con obras notables. Y no se pueden dejar de lado la pasión y la juventud que encendió los fuegos, pero que no produjo, al calor de la disputa, obras de calidad.

En este punto Uribe se detiene en Quevedo o compara los versos de Neruda en *Canto general*, los que en su momento escribió Enrique Lihn en contra de Ignacio Valente, o poemas de Diego Maquieira donde polemiza. Todo dentro de un buen nivel. Y cita como ejemplo, versos de Neruda dedicados a González Videla:

Triste clown, miserable
mezcla de mono y rata, cuyo rabo
peinan en Wall Street con pomada de oro,
no pasarán los días sin que caigas del árbol
y seas el montón de inmundicia evidente
que el transeúnte evita pisar en las esquinas.[70]

—Juego de niños —insiste este poeta, ensayista, abogado y diplomático que se define, no sin cierta ironía, como un criollo letrado—. Juego de niños todas las diatribas que se lanzaron en su momento, y que hoy escandalizan. Porque este país ha cambiado, y las palabras ahora son más graves que los hechos y las conductas.

"Este fenómeno del Chile contemporáneo se refleja en que existe una cobardía, un pudor frente a la palabra que circula en público y en privado. Pudor y cobardía de la que se extraen los poetas, que son los que realmente hablan en serio, pero que no son tomados así por la sociedad".

11

Sus amigos cierran filas. Se juntan casi todas las noches en Los Guindos. Comen y beben a gusto del consumidor y de las disponibilidades de la casa. Invariablemente llega una hora en que Neruda se va a dormir, pero esto no significa poner fin a la tertulia. Están en lo suyo y cada uno se retirará cuando quiera. Pablo duerme generalmente bien, sin insomnio. Al principio tendido de espaldas. No sabe bien ni le importa: tal vez emita algunos ronquidos. Dormido, siente que el fiel Kuthaka chileno le está lamiendo las manos, una costumbre que el perro tiene y no es sino una agradable muestra de adhesión a su amo. Pero de repente se despierta con la sensación de las manos mojadas. No es exactamente de Kuthaka esa gran pelambrera inclinada

<hr>

[70] Pablo Neruda, *Canto general*. Caracas: Biblioteca Ayacucho, 1976.

sobre sus manos. Parece más bien la cabeza de un león. Un león que llora, solloza y habla como un hombre. Exactamente, pide perdón.

—Pablo, Pablito, soy un cobarde, soy un traidor. Quiero que me perdones. Soy un traidor —repite el gigantón que está de rodillas junto a su cama, con los hombros estremecidos por el llanto.

Neruda termina de desperezarse. En medio de la oscuridad distingue a quién pertenece la cabeza leonina, pero antes lo ha identificado por la voz temblorosa y suplicante.

—A ti no te lo puedo ocultar, Pablito. He ido a la casa de Pablo de Rokha. Nos pusimos a tomar. Él dijo cosas feas de ti. Yo no te defendí. Me quedé callado como un miserable. Y ahora tengo que confesarlo.

Pablo pensó que su amigo era un personaje acriollado de Dostoievski. Y le dio rápidamente la absolución al hombre del *pathos*. Entre otras cosas, para que lo dejara dormir tranquilo.[71]

El personaje, descrito con detalles reconocibles no lleva el nombre del gran Francisco Coloane. No hace falta. Los iniciados saben leer las claves explícitas e implícitas. En el mundo literario actual se siguen cociendo habas.

12

De Rokha camina con su amigo, el joven Neruda, por las calles cercanas a la Vega. Conversan. El poeta mayor siente simpatía por este vate casi adolescente. La relación es más bien paternal. Ambos son pobres, pero De Rokha tiene algunos medios. Llegan a la Plaza Artesanos. Allí unas seductoras hallullas rellenas que se venden al aire libre, las populares *pajarecas*, tientan al autor de *Crepusculario*, que dice:

—Pablo. ¡Por favor, cómpreme una pajareca…!

[71] Volodia Teitelboim, op. cit.

La escena la describe De Rokha a sus amigos. Al llegar al pedido, imita a Neruda arrastrando las palabras. Se divierte ridiculizando a su contendor. Han pasado muchos años desde que esta escena se produjo. Pero en esta guerra la virulencia es justificada, dice José Miguel Varas, porque lo que está en juego es la preeminencia literaria sobre un rival, en un medio pequeño.

—Pese a toda su grandeza, a Neruda no dejaba de preocuparle que surgieran otros poetas importantes en el país —reflexiona José Miguel Varas—. Tanto, que una vez que le hablé con entusiasmo de los *Antipoemas*, de Nicanor Parra, no le gustó el comentario. Entonces me dijo que lo que valía de Nicanor eran ciertos romances, ciertas cosas muy finas que había hecho cuando era muy joven. Pero pienso que Nicanor influyó en Neruda. Así como De Rokha influyó en *Estravagario*. Y Huidobro en Parra. Encuentro sorprendente que en esta polémica ninguno de los cuatro tenga pudor en la afirmación del yo. E incluyo a Nicanor, que escribió "La cueca de los poetas".

13

Naín Nómez es profesor de filosofía y doctorado en literatura. Pero su pasión es De Rokha. Ha publicado antologías, ensayos y prólogos en torno a la figura del poeta, y es sin duda uno de sus estudiosos más autorizados.

El paralelo lo inicia con De Rokha y Huidobro. Ambos hijos del romanticismo, en el sentido de tener una visión del escritor como genio. En el caso de De Rokha, reforzada por las lecturas de Nietzsche, del superhombre. En el de Huidobro, por su fama, sus viajes, el origen social y el hecho de que es uno de los puentes, junto a Jorge Luis Borges, que trae la literatura europea a América Latina. Esto, en contrapunto, puede ser el origen de los conflictos que surgen entre ambos, si bien en lo estético existe respeto mutuo.

En Neruda, y su relación con De Rokha, confluyen varios factores. Neruda llega a Santiago desde Temuco y se hace rápidamente famoso. Se da a conocer a través de los poemas que publica en los periódicos y revistas de la época, y establece vínculos de amistad con personas influyentes en el medio literario del momento, como los Cruchaga, Pedro Prado y otros.

Cuando De Rokha publica *Los gemidos*, se venden solo siete ejemplares, y los críticos conocidos lo ignoran o hablan negativamente de la obra. Solo un par de personas, entre las que está Neruda, se refiere a ella en términos positivos.

Entre 1922 y 1930, Neruda y De Rokha publican algunos de sus libros más importantes. Pero Neruda sale del país y asimila una serie de experiencias que contrastan con la huraña provinciana de De Rokha, que sigue en Chile.

Sin embargo, este autor es capaz de escribir libros universales y de vanguardia, como *Suramérica* o *Escritura de Raimundo Contreras*, según muchos, los primeros textos surrealistas de América Latina.

De Rokha sigue en la vanguardia publicando o autoeditando sus libros, mientras Neruda publica dos o tres obras que son muy tradicionales, pero con gran fuerza poética, lo que le permite adquirir una fama que crece rápidamente. Con *Veinte poemas de amor y una canción desesperada*, Neruda es conocido de modo internacional. Esto contribuye a que De Rokha vaya sintiendo resquemores hacia Neruda. La *Antología* hace estallar estas contradicciones que son agudizadas por el problema político con el PC, señala el crítico, cuando incorpora este otro elemento a su análisis. Para Nómez, el episodio del rapto de Magda Cazone fue la excusa del PC para sacarse de encima a De Rokha.

—De Rokha era un personaje molesto para el partido. Él nunca abandonó sus tendencias anarquistas. Siempre decía lo que pensaba, era independiente y peleaba al interior del PC. Además, su revista *Multitud*, u otras que editó desde 1939 hasta 1962, sirvieron de base para que hiciera públicas sus posiciones, no siempre coincidentes con las del partido.

Más tarde cuando ya ha sido expulsado o se ha ido de las filas del PC, este lo hostiga a través de sus órganos de prensa, no permite que su revista se venda en los quioscos, lo denigran permanentemente, lo tratan de loco y anarquista. Y él está viendo siempre la mano de Neruda detrás de todo.

La visión de Naín Nómez es tajante. Pablo de Rokha fue un perdedor. Siempre pierde. Incluso en su existencia personal, que es una tragedia, cuando podía haber tenido una vida familiar exitosa.

—De Rokha resiente el éxito de Neruda. Resiente la relación de este con los críticos, con las editoriales, con la crítica internacional, con todo. Y lo que es peor, al ser De Rokha diez años mayor que Neruda, tampoco tiene la posibilidad de aparecer como el gran rupturista. Siempre Neruda va a ser más joven que él, y por lo tanto, se le va a adelantar.

14

Volodia Teitelboim está dubitativo. Fue testigo de la disputa entre los tres grandes, los conoció, departió con ellos, pero no es fácil improvisar más de medio siglo después una opinión sobre el tema, cuando la distancia ya ha apaciguado los ánimos y los genios están ausentes, aunque presentes.

Lo fundamental fue la pasión literaria que cruzó a estos personajes. Pero la odiosidad de De Rokha contra Neruda se produce porque este era aceptado como el gran poeta chileno dentro y fuera del país. Mientras él era un hombre que tenía que autoeditarse y arrastrarse por los caminos, por el campo, a carreta y a caballo, llevando sus libros y cuadros que muchas veces no eran auténticos para contar "el cuento del tío" a algún hacendado rico y así poder comer y vivir.

Una historia desgarradora, piensa Volodia, ante la cual hay que sacarse el sombrero.

—Pero el personaje es más complejo que esto. También era una especie de vividor a la criolla, de grandes tomateras, juergas, con un gran sentido de la amistad, y completamente provinciano. Este personaje vio de pronto que llegaba desde París un "señorito rico" cuyo antepasado había sido dueño de La Moneda, "vendiendo la pomada" de la poesía nueva. O que otro tipo, que había sido una especie de empleado suyo en esa banda de los años veinte, aparecía ante todos como el gran poeta. Entonces disparaba en contra de ambos, con la gracia de un toro que embiste.

15

Para Alfonso Calderón, crítico y ensayista, la polémica como concepto es un modo de hacerse notar, de poner los puntos sobre las íes, teniendo en cuenta la voluntad de poder. Suele ser prueba del fervor, de las insuficiencias, del deseo de llamar la atención sobre nuestro quehacer o de una módica forma de autorreflexión que tiene en cuenta al otro como padre del yerro o dueño del dispendio de las omisiones. Y no va más allá de eso.

En ocasiones, prosigue, la polémica es lo que llama Mariano Picón Salas "un alarido sincopado", y este puede llegar a poner en la ruta la línea de los cambios.

—Pienso en la polémica que surge a partir del *Hernani*, de Victor Hugo, en la que se llega a buen término cuando comienza Zola a ver los modos de la novela experimental, a partir de las reflexiones acerca del método científico empleado por Claude Bernard. Pienso, además, en la última *ratio* del surrealismo que emite esos nuevos bonos mediante una serie de documentos que son alegatos por el cambio, atrayendo al arte lo que Freud, entre otros, propone para la mente humana.

Sobre la polémica en cuestión, Alfonso Calderón señala que son más bien tanteos acerca de la procedencia de usos literarios, pasión venida de una moderada *libido dominandi*. O un tratar de saber quién puso la piedra de fundación de cambios en la poesía chilena.

—Bien mirado, con *Los gemidos*, un libro desigual, grande, desaforado, se constituye una nueva forma. Neruda, que es en ese momento más joven, tiene que pasar por etapas previas cuyos rasgos se observan en *Crepusculario* y en *Veinte poemas de amor*. Cuando llega a *Residencia en la tierra* es el verdadero dueño de su palabra. En cuanto a Huidobro, no fue concebido para convertirse en un miembro menor de la nobleza palaciega: quería ser rey.

Cuenta entonces Alfonso Calderón que leyó una vez una carta en que Huidobro pedía a Ángel Cruchaga —confiando en su sola palabra— que atestiguara cómo su breve libro *El espejo de agua* era un año anterior a la fecha que se decía, como aseguraban sus detractores. Cruchaga se limitó a pensar que no estaba seguro de ello. La existencia de ese libro, con atención en la fecha de la edición, daba la paternidad a Huidobro del "creacionismo", adelantándose a Pierre Reverdy y a los momentos de la vanguardia.

Sin embargo, Alfonso Calderón opina que Huidobro ha durado mejor:

—Dejando de lado sus confusos y desiguales primeros poemas, abrió caminos, fatigó reflejos futuros. De Rokha sigue siendo un gran poeta fragmentario. No sabía cortar, podar, limitarse. Le bastaba crear para que ello fuese el poema por antonomasia. Esto no constituye agravio, sino un modo de desear entender lo que él fue y lo que pudo llegar a ser.

Su conclusión es que los tres, sin excepción, tomaron ecos de aquí y de allá, y los incorporaron como parte de sus voces.

—Mientras los poetas que seguían al modernismo graznaban aún como las brujas de Macbeth, los tres inesperados abrían el camino de lo imaginario, buscando formas nuevas, eliminando los desechos sucios de la costumbre poética, de las poéticas, luchando contra los "razonables" que vivían de lo mismo de siempre. En eso está su verdadero mérito.

16

Luis Sánchez Latorre posee la excepcional dualidad de ser un rokhiano hasta la médula y de pertenecer a la Fundación Neruda. Entonces se imagina que desde lo alto su Amigo Piedra lo observa como quien lo hace con un traidor y le dice:

—¿Cómo es la cosa, compañero? ¿Usted no ha creado la Fundación De Rokha y está metido en la Fundación Neruda?

Pero Filebo sonríe y agrega que a estas alturas él y otros, entre los que está Mario Ferrero, se sienten puentes en la conciliación de los tres poetas.

—La polémica entre De Rokha y Huidobro fue más bien para la galería, fue ficción. Pero la otra fue desgarradora. Antes pensaba que había sido una lucha por el cetro, un campeonato de todos los pesos para ver quién salía primero. Pero hoy creo que no es así. Ellos tenían discrepancias en la forma de ver el mundo, en la manera de tener suerte, en todo.

Enfatiza que estamos ante figuras colosales, fuera de formato. Ante tres genios que hicieron escuela:

—Hay jóvenes que hoy quieren escribir como De Rokha, hay talleres literarios inspirados en Neruda o en Huidobro. Yo no tengo dudas de que un gran poeta como Eduardo Anguita está formado en la estética de Huidobro; Gonzalo Rojas en la de Pablo de Rokha, y en el caso de Nicanor Parra, si hasta el nombre de antipoesía está tomado de Vicente. Tenemos ante nosotros tres caminos, tres escuelas irreconciliables, que solo el tiempo y los amigos comunes que hoy quedan pueden reconciliar.

Es ingrata la vida de los escritores chilenos o de los poetas que no tienen suerte, y que solo son reconocidos cuando no están, reflexiona Sánchez Latorre. En este marco evoca el suicidio de Edwards Bello, de Pablo de Rokha o Alfonso Alcalde.

—Me estoy poniendo viejo, vienen las enfermedades y no tengo nada. ¿Qué hago en estos momentos?

La frase es de De Rokha. Se la dice a su amigo crítico y cronista de sus venturas y desventuras.

—Un ser vital, dionisíaco, cuyo reconocimiento llega tarde —exclama conmovido Filebo en este breve recuerdo dramático y lleno de contrasentidos, como puede serlo el que en un "país de poetas" algunos de sus exponentes sigan suicidándose.

17

Desde el piso siete del hotel Foresta, Santiago se siente en la plenitud de su bulla. Es poco lo que se ve hacia abajo, pero no hace falta. Los ecos del caos automovilístico resuenan como los martillazos entusiastas del carpintero indiferente de que a pocos metros de su ruido, un escritor intenta hacerse oír. Es Fernando Alegría, que levanta su voz joven en contrapunto con sus 74 años.

Como siempre, está de paso por Chile en uno de los tantos viajes anuales que realiza desde California, donde reside habitualmente. De la generación del treinta y ocho, la polémica no le fue ajena. Al contrario, la vivió, la siguió y guarda en Estados Unidos los documentos públicos de esta contienda como verdaderas piezas de colección:

—El nivel de la pelea fue muy alto y se dio en el campo estrictamente lingüístico. Los insultos no eran nuevos, nadie inventó ninguno. Pero fue una especie de estilo creacionista de la discordia literaria. Y en eso ganó Huidobro, porque él implantó la técnica del insulto ingenioso.

Para el autor de *La rebelión de los placeres* y *Caballo de copas*, la disputa fue una demostración de esgrima ingeniosa que no tuvo raíces profundas en el plano estético, pese a que Neruda nunca participó en el movimiento vanguardista, a diferencia de Huidobro, que lo dirigió, o De Rokha, que algo tuvo que ver. En relación a episodios que hablan de la agresión física de los poetas o de sus partidarios, Fernando Alegría señala que eran normales y solían ocurrir:

—No hay que olvidar que Miguel Serrano, quien estuvo presente hace una semana en los funerales de Eduardo

141

Anguita, y le rindió homenaje de amistad y admiración literaria, en una ocasión le dio una bofetada mientras el poeta dictaba una conferencia en el Salón de Honor de la Universidad de Chile. Y en el mismo funeral también habló Volodia. Es decir, en el funeral de Eduardo Anguita se dan el abrazo de la paz varias corrientes no solo estético-literarias, sino políticas. Y la muerte del poeta es, en 1992, un acontecimiento que reúne a los actores de esta gran discordia de los años treinta.

La polémica, vista en perspectiva, le resulta interesante a Fernando Alegría. Según él, sirvió para crear un ambiente de jolgorio sano. La ve como un juego literario productivo y positivo, irrepetible en los tiempos actuales, por lo que antes solía verse como un chiste, hoy podría aparecer como un incidente terrible. Sobre los heridos de la guerra o muertos en combate, también es optimista.

—No perdió ninguno de los tres. Los tres ganaron de acuerdo con su táctica y su estrategia. Fue una polémica hecha a base de humor, humor muy ingenioso. Y en eso los tres demostraron un gran talento. No se puede hablar de victorias o de derrotas porque los tres siguieron caminos distintos. De Rokha está siendo redescubierto ahora. Huidobro ha tenido un renacimiento en Europa, Estados Unidos y otros países hispanoamericanos. Y Neruda sigue siendo una figura predominante.

18

Cuando a Pablo de Rokha le dieron el Premio Nacional de Literatura, el 24 de septiembre de 1965, sus amigos más cercanos tuvieron una gran decepción.

El jurado había deliberado durante una hora y diez minutos, reunidos en la Rectoría de la Universidad de Chile. Lo presidía el Rector Eugenio González y lo integraban Martín Cerda (del

Ministerio de Educación), Raúl Silva Castro (Academia de la Lengua), Tomás Lago y Daniel Belmar (Sociedad de Escritores) y Luis Arenas, que actuaba en carácter de ministro de fe...

Así comienza el relato de Enrique Bunster, en su libro *Recuerdos y pájaros*.[72]

Desde 1942, De Rokha se sentía postergado de una distinción que muchos pensaban que merecía. Esta fue la excusa para que durante años, cada vez que se otorgaba el premio, se hiciera una fiesta de desagravio en el hotel Bristol, sitio donde vivió algún tiempo De Rokha. Era un hotel viejo que quedaba cerca de la Estación Mapocho.

La comilona, bailes y discursos eran memorables. Por eso, cuando se supo la noticia y Mario Ferrero acudió a felicitarlo, la frase de De Rokha fue tajante:

—¡Compañero, se acabaron las fiestocas!

Tres candidatos se disputaban el premio: De Rokha, Nicanor Parra y Juvencio Valle; tres poetas... A las doce veinticinco llamaron a los periodistas para entregarles la noticia: Pablo de Rokha había obtenido la recompensa de cinco millones de pesos. Veintitrés años atrás, pagaron a Augusto D'Halmar cincuenta mil. De seguir en ese tren de desintegración monetaria, el premio de 1987 deberá ser de quinientos millones... pero entonces una caja de fósforos costará cinco mil pesos.[73]

Cuenta Enrique Lafourcade:

—Cuando le dieron el Premio Nacional de Literatura, Fernando Alegría y Juanito Uribe me dijeron: Vamos a saludar a De Rokha. Y lo fuimos a ver esa tarde a su casa de calle Valladolid, en La Reina. Eran como las siete de la tarde y estaba llena. Durante todo el día había pasado una multitud que comía y bebía.

[72] Enrique Bunster, op. cit.
[73] Ibíd.

Desde el mediodía, y hasta las cinco de la mañana, llegaron cerca de quinientas personas a abrazarlo, a comer y tomar, a fotografiarlo, a interrogarlo y a grabar sus declaraciones en cinta magnética. Tuvo que dejarse llevar a la televisión, donde dijo con su voz de capataz temible: "Quería este premio cuando vivía mi mujer, cuando vivía Carlos; llega tarde, encontrándome solo y viejo".

—De Rokha estaba en el comedor que tenía al aire libre —continúa Lafourcade—. Estaba sentado y se quejaba un poco. Tal vez había comido y bebido en exceso. Llegamos e inmediatamente empezó a gritar a sus hijos:

—Aquí hay cincuenta mil pesos para comprar queso para Lafourcade.

A medianoche ardía la fiesta en la casa azul. Desde la calle oscura se oía el avispero de voces matizado con risas, cantos y música de guitarra. El poeta comía y bebía con cada amigo y amiga que se acercaba a su sillón, pero un periodista anotó que varias veces dijo:

—Tengo que cuidarme. Estoy a régimen.

El poeta Mahfud Massis, marido de Lukó de Rokha, declaró que nunca antes un premio nacional se celebró con tanta vitalidad. Hombres en estado de intemperancia se despedían y se iban, cantando por el barrio dormido; pero de pronto cambiaban de parecer y volvían a entrar en la casa de la alegría, los abrazos y los brindis con vino de chuico.

—¡A la salud del poeta más grande y más hombre de Chile!

—Salud, camarada.

—¡Por el poeta del pueblo, el poeta crucificado por la reacción y la oligarquía!

—Se agradece, se agradece.

Entre el barullo de voces y gritos se recitaban trozos de *Morfología del espanto*:

Entonces sale un buitre del hocico de Dios, o un terrible cerdo, tan negro como la leche [...]; Me amamantaron tres serpientes viudas, sumamente aficionadas a la baraja; [...] Soy el patriarca

de Rokha, fundador de tribu y conductor tetrarca de clan pirata
[…]; Cómo no, carajos, me digo, y le pego una gran patada al
burro; mi corazón curicano relincha, pateando de entusiasmo.

Delante del magnetófono de radio Portales declaró:

—Esto significa la caída definitiva de la mafia rosada y la
Cosa Nostra en la literatura de Chile. Eran una tropilla de
ganado lanar, de granujas que estaban montando una
máquina año tras año. Esto ha sido para ellos un gran puntapié en el hocico. […] He pasado a formar parte del rebaño de
los "inmortales". Lástima que en él haya tantos carneros,
ovejas y borregos…

Refiriéndose a uno de los gallináceos, el reportero de *Vea*
le preguntó:

—¿Tiene nombre?

—No. Y no le pongo "Neruda" porque vale más que ese
señor.

"Premio significa merecido reconocimiento y ha causado
verdadera satisfacción país. Eduardo Frei".

En los días siguientes la prensa reprodujo los juicios de
los poetas, escritores y críticos sobre el Premio Nacional
número 24. Cosa inesperada para De Rokha, todos unánime-
mente celebraban sus triunfos… Solo hubo una excepción,
chocante y risible: la de Hernán Loyola, crítico del diario
comunista. En artículo de una página completa del suplemento dominical, Loyola empezaba diciendo: "Nada ha limitado, anulado y destruido tanto la potencialidad poética de
Pablo de Rokha como su corrosiva y pertinaz envidia a
Neruda".

19

De Nicanor Parra,
La cueca de los poetas,
inmortalizada por la música y voz
de Violeta Parra,

que como buena hermana
se alineó al lado de Nicanor
lo que dicen que le valió
más de un *reskhemor*:

Qué lindo son los faisanes
qué lindo es el pavo real
qué lindo son los faisanes
más lindo son los poemas
de la Gabriela Mistral

Qué lindo son los poemas
Pablo de Rokha es bueno
pero Vicente
vale el doble y el triple
dice la gente

Dice la gente ay sí
no cabe duda
el más gallo se llama
Pablo Neruda

Corre que ya te agarra
Nicanor Parra.

CAPÍTULO IV

Ni tregua ni olvido

—LA DIATRIBA es la expresión verbal desesperada de la lucha de clases.

La frase pertenece a Pablo de Rokha, atrincherado desde 1939 en *Multitud*, revista que con grandes titulares y un lenguaje directo, contingente, responde, ataca y analiza todo lo que ocurre en el campo literario y político del país y del mundo.

Los enemigos de De Rokha son en esos años la oligarquía nacional y los detractores de Pedro Aguirre Cerda. A través de *Multitud* su objetivo es llegar a todo el pueblo. Naín Nómez señala que esta revista, creada cuando ya el poeta se ha marginado del PC, responde a un doble objetivo de De Rokha: tener un órgano de expresión propio ("No es la revista del Partido Comunista, ni del Partido Socialista, ni del Partido Democrático. Quiere ser la revista del pueblo de Chile") y difundir sus ideas políticas y atacar a los reaccionarios dentro y fuera del país.[74]

El triunfo del Frente Popular en Chile cuenta con el apoyo de los intelectuales que adhieren a él y desarrollan, en el caso de la narrativa, una obra de compromiso político y crítica social. Es el ejemplo de Nicomedes Guzmán, Juan Godoy, Reinaldo Lomboy, entre otros.

Pero los poetas no están al margen de estos acontecimientos. En 1941, Huidobro publica *El ciudadano del olvido* y

---

[74] Naín Nómez, *Pablo de Rokha, una escritura en movimiento*. Santiago: Ed. Documentas, 1988.

Ver y palpar. En 1942, De Rokha edita *Morfología del espanto*. Y Neruda publica en varias revistas literarias "América, no invoco tu nombre en vano", fragmento del *Canto general*.

A la muerte de Pedro Aguirre Cerda, en diciembre de 1941, le sucede el gobierno del también radical Juan Antonio Ríos. Y a la contingencia política, a través de *Multitud*, se da paso a textos inéditos no solo de Winétt, Pablo o Carlos de Rokha. Allí se publica a Lautréamont, Rimbaud, Anguita, Braulio Arenas, Teófilo Cid y Huidobro.

Este último, que ha peleado en la Guerra Civil de España, combatirá en la Segunda Guerra Mundial con el grado de capitán. Posteriormente, Huidobro exhibirá el teléfono particular de Hitler, su "botín" de la caída de Berlín, pero antes habrá olvidado las rencillas y escaramuzas producidas con su amigo De Rokha.

"No me agrada lo calugoso, lo gelatinoso…"

En 1939, aparece una entrevista al poeta Vicente Huidobro. En la parte final, el periodista pregunta:

—¿Qué piensa de Pablo Neruda?

—¿Con qué intención me hace usted esta pregunta? ¿Es forzoso bajar de plano y hablar de cosas mediocres? Usted sabe que no me agrada lo calugoso, lo gelatinoso. Yo no tengo alma de sobrina de jefe de estación. Estoy a tantas leguas de todo eso…

—¿Cree usted que esa poesía que usted llama gelatinosa puede hacer escuela en América?

—Es posible, pero sólo entre los mediocres. Es una poesía fácil, bobalicona, al alcance de cualquier plumífero. Es como dice un amigo mío, la poesía especial para todas las tontas de América.[75]

[75] *La Nación*, 28 de mayo de 1939.

Está claro: en esta guerrilla, todos los dardos apuntan hacia Neruda. Y pese a la antología de Anguita y Teitelboim, a los ataques a través de *La Opinión*, a los insultos entre Huidobro y De Rokha, la amistad de ambos sobrevive:

—¿Qué piensa de la obra de Pablo de Rokha, la Mistral, Ángel Cruchaga y Max Jara?

—De esos que usted me nombra, el que más me interesa es Pablo de Rokha, Max Jara es un hombre inteligente, le aprecio mucho como amigo, pero en lo que respecta a la poesía no nos hemos podido entender jamás. Nos rechazamos como dos antiimanes, lo que no nos impide ser viejos amigos. Pero se olvida usted de Winétt de Rokha, Rosamel del Valle, que son dos verdaderos poetas, sin dulzainas gelatinosas ni barro verde.

En 1945, Pablo Neruda es elegido senador de la República por las provincias de Tarapacá y Antofagasta. Ese año, en julio, entra a las filas del Partido Comunista. Es el momento en que escribe "Alturas de Macchu Picchu", y que De Rokha publica en el extranjero sus *Poemas continentales*.

Canto general está en marcha. Aparecerá en México, en 1950. En él hay alusiones a De Rokha. Como este lo ha hecho ya en *Morfología del espanto*, en 1942. Pero es en los cincuenta cuando estallará otro episodio público entre los poetas. El origen no importa. La primera piedra ha sido lanzada en los años veinte. El resto será solo consecuencia lógica de una guerra entre titanes.

En "Únicamente", poema dedicado a Winétt y que está en *Morfología del espanto*, De Rokha alude sin nombrar a su contendor:

los sapos plagiarios, los culebrones que ordeñan cocodrilos, que educan tiburones, para escribir como elefantes, el orangután versificador, las ranas sagradas, nos arrinconaron, nos mordieron, nos acorralaron contra nosotros, fuera de la ley, como vagabundos o santos, furiosos o extranjeros o asesinos de la sociedad, o héroes, nos ladraron, animándonos su gran perro amarillo, su gran cielo invertido de batracios, y nos engrandecieron, nos chorrearon de infinito padecimiento otorgándonos el origen de la inmortalidad y el destino...[76]

No es el comienzo ni el fin de la diatriba antinerudiana. Y no es el único que la ejerce.

En ese año ya está planteada la polémica entre Neruda y el poeta español Juan Ramón Jiménez. Diego Arenas se refiere a este y otros episodios en que nuestro premio Nobel polemiza con autores contemporáneos:

—En sus *Españoles de tres mundos*, Juan Ramón Jiménez opina sobre la poesía de Neruda, y lo trata de "un mal poeta, un gran mal poeta de la desorganización, torpe traductor de sí mismo y de los demás". La aspereza se ha producido cuando Jiménez se niega a firmar el documento de homenaje de los poetas españoles a Neruda porque no concordaba con su texto final. Allí denunciará que "Neruda me cantaba, con los varios suyos de entonces, coplas soeces por teléfono".[77]

En 1943, y a raíz de unas declaraciones de Pablo Neruda, nombrado cónsul en México, donde criticaba a la poesía azteca por su esteticismo y falta de compromiso, Octavio Paz sale a la palestra. En su "Respuesta a un cónsul", el mexicano le dice: "Lo que nos separa de su persona no son las convicciones políticas, sino, simplemente la vanidad... y el sueldo".[78]

En 1944, el Neruda polémico seguirá navegando en aguas internacionales. El turno lo tiene ahora Juan Larrea, poeta surrealista español que ataca al chileno, calificando su voz

---

[76] Pablo de Rokha, *Antología*. Santiago: Ed. Multitud, 1954.

[77] Diego Arenas, *Pablo de Rokha contra Neruda*. Buenos Aires: Editorial Galerna, 1978.

[78] Ibíd.

poética de "opaca y purulenta, como de negro engrudo".[79] Neruda le dedicará en venganza su "Oda a Juan Tarrea".

La "teoría de los elefantes" que levanta Neruda no da resultados entre sus contemporáneos. Al parecer no todos caben en la selva, y lo que es peor, uno de ellos, el más descomunal entre los criollos, se ha transformado en rinoceronte.

Cuando se publica *Canto general*, en México, a Chile llegan solo ejemplares de contrabando. Es el gobierno de González Videla y los poetas rojos, De Rokha incluido, son perseguidos, y viven clandestinamente o en el destierro.

En su poema "La vida", Neruda dice:

Que los sepultureros escarben las materias
aciagas: que levanten
los fragmentos sin luz de la ceniza,
y hablen en el idioma del gusano.
Yo tengo frente a mí sólo semillas,
desarrollos radiantes y dulzuras.[80]

Neruda y las odas

Los años cincuenta revitalizan la ya vieja disputa entre los Pablos. En 1954, el clan De Rokha cuenta con la revista *Polémica*. En ella escriben también Julio Tagle y Mahfud Massis, yernos de De Rokha. Massis ha publicado, en 1944, un ensayo de *Los tres*, sobre De Rokha, Huidobro y Neruda. Ahora, junto a Tagle, dispara desde *Polémica* en contra de Neruda.

Lo curioso es que estas enemistades se transmiten como en las montañas de Calabria, de padres a hijos, a cuñados y sobrinos. Dice Neruda en una entrevista que publica la revista *Ercilla*: "Los sobrinos hacen revistillas cada vez más pequeñitas. Se deben entretener locamente con esto. Yo contesto a mi manera,

[79] Ibíd.
[80] Pablo Neruda, op. cit.

escribiendo libros más abundantes, más trabajados y más largos".[81]

Pero Neruda, a su manera, sigue respondiendo veladamente a su detractor. *Odas elementales*, publicadas en Buenos Aires por la editorial Losada, en 1954, comienza con el poema "El hombre invisible". Su sarcasmo fustiga, la burla no admite dudas:

él es tan grande
que no cabe en sí mismo,
se enreda y desenreda,
se declara maldito,
lleva con gran dificultad la cruz
de las tinieblas.[82]

Y no es el único poema para De Rokha. En las mismas *Odas elementales*, está "Oda a la envidia":

Y vine
del Sur, de la Frontera.
La vida era lluviosa.
Cuando llegué a Santiago
me costó mucho
cambiar de traje.
Yo venía vestido
de riguroso invierno.
Flores de la intemperie
me cubrían.
Me desangré mudándome
de casa.
Todo estaba repleto,
hasta el aire tenía
olor a gente triste.

[81] Naín Nómez, op. cit.
[82] Pablo Neruda, *Odas elementales*. Santiago: Ed. Planeta, 1990.

En las pensiones
se caía el papel
de las paredes.

Escribí, escribí sólo
para no morirme.
Y entonces
apenas
mis versos de muchacho
desterrado
ardieron
en la calle
me ladró Teodorico
y me mordió Ruibarbo.
Yo me hundí
en el abismo
de las casas más pobres,
debajo de la cama,
en la cocina,
adentro del armario,
donde nadie pudiera examinarme,
escribí, escribí sólo
para no morirme.
Todo fue igual. Se irguieron
amenazantes
contra mi poesía,
con ganchos, con cuchillos,
con alicates negros...[83]

NERUDA Y YO

El mismo año en que aparecen publicadas las *Odas elementales*, Pablo de Rokha edita su monumental *Antología*. Un libro

[83] Ibíd.

de casi seiscientas páginas donde está su obra desde 1916 hasta 1953.

Pero será en 1955, cuando lanza su texto con caracteres de cañonazo que una vez más remecerá el medio intelectual chileno. *Neruda y yo*, publicado en *Multitud*, es sin duda la más extensa diatriba antinerudiana.

Diego Arenas, en la introducción de su libro *Pablo de Rokha contra Neruda*, señala, explicando la virulencia y el encono de que hacen gala, que ambos poetas forman un "sistema" complejo que abarca al agresor y al agredido, y que por encima de ellos dos, refleja un clima cultural. Según Arenas, las diatribas antinerudianas y las antirrokhianas integran un legajo imprescindible para comprender la literatura de nuestro continente, y más allá de ella.

Neruda y yo ataca a la persona y a la poesía de Neruda. Al sistema literario chileno imperante en la época, a críticos y periodistas, y fundamentalmente, a Alone. Allí De Rokha incorpora algunos textos suyos y hace una defensa estética y política de su obra. Junto a *Neruda y yo*, publica *Bacalao y la Banda Negra* (Bacalao es Neruda, y la Banda Negra, los amigos de este). En su diatriba, De Rokha plantea el contrapunto entre él, poeta revolucionario, y Neruda, poeta burgués.

Algunos párrafos de *Neruda y yo*:

Tranco a tranco, con paso armado de tragedia, voy a demostrar rotunda y nítidamente la filiación demagógica del poeta Pablo Neruda a la mistificación mesiánica, su traición a los trabajadores, su marxismo "idealista" y su rol redentor, enmascarado en el materialismo militante, tratándolo no como ser enfermo, sino como ser protervo, a fin de procurar, en lo posible, evitar la desintegración general del estilo de América, por la desviación corrosiva y perniciosa del "nerudismo", es decir, ahora del "realismo", a la manera de Neruda, porque Neruda se distingue como el gran burlador y aniquilador de los que imita y de los que lo imitan, pues destruye y borra huellas.

Lo conozco desde 1922, y lo deduzco, más que lo comprendo, como se percibe el azogue, resbalándose, como el paso del tiempo en las tinieblas, porque la personalidad de Pablo Neruda, actor e histrión, persona de careta con angustia, y de coturno, parece que estuviese forjada con la goma lluviosa de las carroñas, y está, por eso, hinchado.

Neruda ni es un vertebrado, ni es un renacuajo, es un molusco con la técnica del *boomerang*, y su expresión, el caracol, lo torna redondo y hacia adentro (elefantiásico albatros de espanto, que invadió y profanó los nidos ajenos), por debajo, subterráneo, mojado, royendo y mordiendo vestigios, entre los humus de la tierra preñada de gusanos y libertad, como un muerto con poncho llovido, y siempre echado, agazapado, abajo, acumulado, inflado, pujando en todo lo hondo del *mapu*, al acecho en lo húmedo y plúmbeo de los cielos cóncavos del Sur, porque él no es marino, vertical, oceánico, sino dramáticamente logrado para el pantano.

[…] El pueblo de sudor y dolor no se desgarró jamás las entrañas en su verso inútil, empenachado del romanticismo de cloaca, y la pornografía infantil, de la patología y la sensiblería de la decadencia burguesa, y *Anillos*, *El habitante y su esperanza*, *Tentativa del hombre infinito*, lo empujaron al consulado en Rangoon arrendado entre lamentos y florecimientos poéticos de *La Nación* al general Ibáñez.

[…] Pablo Neruda no revolucionó la poesía chilena ni la poesía americana, ni siquiera la manera de ponerse los pantalones; y ¡qué había de revolucionar con esos versitos sentimentales San Diego abajo! En los que la subversión contra la era burguesa-industrial-capitalista y "democrática" chilena, originadora de las hambrunas, las cesantías, las penurias del veinte al veinticinco, con Alessandri a la cabeza, la subordinaba el peoncito que quería ser patroncito, es decir, el traidor a su clase, a su ambición oportunista y no vio los albergues, ni escuchó tronar a Recabarren como lo escuché yo, que estampé en las páginas desmesuradas de *Los gemidos*, la huella de las huelgas. […] Enjuicio y acuso a Neruda, responsabilizándolo como a Alone, *führers*-caudillos de El Imperio Mular de Cantinflas, de la descomposición literaria de la República. Probablemente, o me van a calumniar y a difamar, con gran vileza de cobardes o me van a silenciar, saboteándome, no las heroicas bases, ni los líderes, sino los "malos amigos" del Partido, y cómplices falansterianos del "poeta de receta" desde las cloacas envenenadas del cantinflerismo o me van a hambrear por debajo del subterráneo; me voy a defender con todas las armas del mundo, porque adentro del pellejo, un antiguo corazón endurecido en la desgracia le apunta al enemigo, como un revólver.

En "Bacalao y la Banda Negra", que aparece como apéndice del *Neruda y yo*, la diatriba antinerudiana se inicia con la siguiente frase:

En Chile, cuando un imbécil se siente eunuco, la mujer lo patea y lo cornea con los amigos, y le fallan las glándulas de la poesía, escribe una *Historia de la literatura chilena*, o se dedica a antologar a los poetas.

Pero todo eso no es todo: destina la apología general a Bacalao.

Y más adelante agrega:

Pero el feto nacional de la culebra demagógica —Bacalao— nada hubiese hecho sin el auxilio y las lavativas retórico-poéticas de la "Banda Negra". Yo recuerdo los tiempos crepuscularios de Neftalí, en el que los borrachos de la Ñata-Inés y El Jote, o "Papapietro", o los bolseros al "Ratón Agudo", presididos y dirigidos por Tomás, Diego, Rubén, hacía decir a Rojitas Jiménez, el hipante ángel demoníaco de la ralea, que se caía de ebrio: "Se ha curado el primer poeta de Chile", señalando a Bacalao, que andaba disfrazado y mendigando, en trueque horrible, aplausos por halagos...

"Tráiganlo pronto"

Si en la década del treinta la polémica literaria explota en la prensa, en la del cincuenta estalla en las obras. Es allí, más que en las revistas y diarios de la época donde se expresa un odio internalizado que cruza también las autobiografías y se instala, definitivamente, en el inventario polémico y literario del país.

Nunca una disputa en la historia cultural de Chile tuvo tan conspicuos adversarios, ni tan prolongada exposición. Esta no fue una guerra convencional. Fue una guerrilla. Y los disparos de mortero tenían blancos concretos, como el poema "Tráiganlo pronto", de *Estravagario*, donde Pablo Neruda responde, en 1958, tres años después de *Neruda y yo*:

Aquel enemigo que tuve
estará vivo todavía?

Era un barrabás vitalicio,
siempre ferviente y fermentando.

Es melancólico no oír
sus tenebrosas amenazas,
sus largas listas de lamentos.

Debo llamarle la atención,
que no olvide sus andanadas,
me gustaría un nuevo libro
con aplastantes argumentos
que al fin terminara conmigo.

Qué voy a hacer sin forajido?
Nadie me va a tomar en cuenta.

Este provechoso sujeto
acechaba mi nacimiento
y apenas quise respirar
él se decidió a exterminarme
siguiéndome con alevosía
por tierra y mar, en prosa y verso.

Cargó sus años y los míos
con perseverancia encomiable
y sobre su alma picaresca
anotó todos mis pecados,
los que tuve y los que no tuve,
los que tendré probablemente,
los que no pienso cometer
y allí el pobre hombre con su lista,
con su pesado cartapacio
sólo preocupado de mí
y de mis acciones funestas.

Ay qué prójimo tan ocioso!

En esta singular tarea
prostituyó a sus descendientes,
contrajo deudas espantosas,
y las cárceles lo acechaban
pero el infeliz no cejó:
su obligación era importante
y caminaba con su saco
como un extraño jorobado
vaticinando mi extravío
y mi descalabro inminente.

Produjo yernos entusiastas
de parecida trayectoria
y mientras ellos combatían
él perforaba sus bolsillos
y hoy qué pasa que no los escucho?

De pronto no silba el tridente
y las mandíbulas del odio
guardan silencio putrefacto.

Caimán y yerno de caimán,
ferruginosos policías,

no puede ser, aquí estoy vivo,
activo en la luz duradera,
—qué se hicieron aquellos dientes?
Cómo pueden dejarme solo?
Es éste el momento mejor
para saltar a las revistas
con compinches, combos y cuchillos!
Por favor acumulen algo!
A la batalla los tambores!

Aquel enemigo que tuve
ha sacado los pies del plato
con un silencio pernicioso!
Yo estaba habituado a esta sombra
a su envidia desgarradora
a sus torpes dedos de ahogado.
A ver si lo ven y lo encuentran
bebiendo bencina y vinagre
y que resucite su furia
sin la cual sufro, palidezco
y no puedo comer perdices.[84]

CASIANO BASUALTO

El torero está en la arena. Juan de Luigi, crítico literario y amigo de De Rokha, sale al ruedo. Acusa a la obra nerudiana de "antirrevolucionaria". Pero es en *Genio del pueblo*, libro en prosa escrito en forma de diálogo donde Pablo de Rokha responde. Es 1960. La polémica lleva cuatro décadas.

En el primer pasaje del libro, Neruda aparece bajo el nombre de Casiano Basualto. Más adelante lo llamará por su nombre:

[84] Pablo Neruda, *Estravagario*. Buenos Aires: Ed. Losada, 1972.

Casiano Basualto: Yo soy poeta del Sur y hago poemas para las masas, el "poema veinte", por ejemplo; nací y viví adentro de un túnel, el túnel de los intelectuales del pueblo y tengo tres señoras: la segunda muy buena y muy vieja, con mucho dinero, dinero, dinero, para el recuerdo y la emoción, abandonada como la primera, que fue muy utilitaria y escandalosa, porque quería gran comida, y la tercera, la niña cantora de mi fama que bastante plata y lágrimas le costó a una hormiga, y que aporta la casa montada y la guitarra.

El Rucio Caroca: La repura verdá que tienes los alambres pelaos, don Casianitejo, los alambres pelaos y el celebro recontra relleno de humo; pero yo sospecho que se anda haciendo el leso, porque tan tonto-baboso como parece es imposible que alcance a ser un solo animal por bestia que sea y el mal pueta es bastante bruto; muy regüelta la claridá del podeta y la resimplicidá del tontito de la pura caeza; a mí se me le ocurre que too lo gangoso qu'es, es porque él tiene mogo en el guargüero o ha comido moñiga de fantasma; en fin y en fin: a caa idiota su burro y su loro pa' la mano! […]

Casiano Basualto: A mí me conoce toda la tierra, soy famoso, por eso contesto por mi secretariado los insultos como los tuyos, pues Rucio Caroca.

El Poruña Abdón Madrid: Ud. no contesta, don Casiano, porque es cobarde y vanidoso como una mujer puta, además es ladrón y le gusta hacerse el pateado y es bribón y maricón de proceder, jamás se enfrentó ni se defendió como varón, sino respaldándose en cuadrillazos de paniaguados, y eso es feo, y negro, don Casiano, el cantador de herencias. Con *Estravagario* dio el rebuzno final del demente senil y exhibió la suciedad de su corazón. Ud., Casiano Basualto, intrigante, calumniador, miserable y oportunista, Ud. […], que emerge de entre rufianes a la literatura podrida, merece el tatuaje bestial con que lo "operó" Juan de Luigi: "La araña negra", el hampón ilustre e impune, vaca sagrada: el puto.

Casiano Basualto: El Partido Comunista está a mi espalda.

Don Juan De Dios Alvarado: El gran Partido Comunista de Chile no es su cómplice, es su víctima, lo aguanta y lo resiste a

Ud. soportándolo, no como una fatalidad histórica, sino como una fatalidad histérica; y le permite tanto verso malo por lástima, sin enfrentar la autocrítica y botarlo a la basura; con Ud. están sus secuaces: el Tomás, el Diego, el Rubén, y el infeliz pobre y buen hombre con talento de señorita, el Jumencio Ovalle, a quien Ud. corrompió como corrompió a cien adolescentes más, explotándolos y arrojándolos a las hogueras.[85]

Suma y sigue. Los textos son largos, como la memoria. En 1965, como ya se señaló antes, De Rokha obtiene el Premio Nacional de Literatura. Exactamente veinte años más tarde que su contrincante. Un año después de este galardón, a menos de dos de su suicidio, publica un librito pequeño pero contundente: *Tercetos dantescos a Casiano Basualto*. El poeta tiene 72 años:

Gallipavo senil y cogotero
de una poesía sucia, de macacos,
tienes la panza hinchada de dinero.

Defeca en el portal de los maracos,
tu egolatría de imbécil famoso
tal como en el chiquero los berracos.

Llegas a ser hediondo de baboso,
y los tontos te llaman: ¡gran podeta!
en las alcobas de lo tenebroso.

Si fueras un andrajo de opereta,
y únicamente un pajarón flautista,
¡sólo un par de patadas en la jeta!...

Pero tu índole sadomasoquista,
un tiburón de las cloacas suma
a la carroña del oportunista.

[85] Diego Arenas, op. cit.

Y si eres infantil como la espuma,
eres absurdo Cacaseno oscuro
si el escribir con menstruación te abruma.

Granburgués, te arrodillas junto al muro
del panteón de la Academia Sueca,
a mendigar… ¡dual amoral impuro!

[…] Astuto, ruin, tarado, voz gangosa,
saqueas a la URSS, envilecido
con la tremenda mano estropajosa.

[…] "La araña negra" y "el patibulario"
te llamó Juan de Luigi, al cual echabas
en cara la ceguera… ¡oh, mal corsario!

[…] De país en país gran arribista
tu gorronea literaria has ido
vendiendo como egregio pendolista.

Toda tu obra, mal robada imita:
"Macchu Picchu" es Ramponi, el argentino,
a quien plagiaste su "Piedra infinita".

Tagore, Baudelaire, Vallejo (vino
y mito), te encubren, y te aterra
haber transado tu alma de cochino.

[…] Siendo mi feto, te das de iconoclasta,
y a mí me has estafado desde el nombre
a esta línea de fuego que te aplasta.

[…] Y si aún deseas premios y más premios,
te ofrezco el premio de la sinvergüenzura
colosal y feroz de los bohemios,
que se cavan la propia sepultura:
no importas tú, ¡importa tu impostura![86]

[86] Pablo de Rokha, *Tercetos dantescos a Casiano Basualto*. Santiago: Ed. Multitud, s/d (circa 1966).

Nadie permanece inmutable ante este duelo. A mediados de la década de los sesenta, el país consigna a través de sus diarios los pormenores de una disputa, que si bien atañe a lo literario, ocupa las páginas más importantes de la prensa del momento.

Una vez más la sangre ha llegado al río entre los poetas en discordia. Y el mundo literario no quiere estar al margen. Decide dirimir, finalmente, quién es el mejor. Así, el popular diario *Clarín* anuncia en su página editorial que los intelectuales agrupados en la Sociedad de Escritores de Chile realizarán un duelo verbal para discernir a quién corresponde el cetro.

"De Rokha frente a Neruda" se llama la columna que da cuenta de un acto que se realizará el 24 de junio de 1966, en Almirante Simpson 7, a las siete de la tarde:

"Un foro de intelectuales, con mayoría de poetas tratará de decir cuál Pablo vale menos y cuál vale más. El lance, provocado por Neruda a través de la reciente publicación de su "Corona del archipiélago para Rubén Azócar", en la revista *Portal*, tiene una doble hondura, a la vez literaria y política.

De Rokha, en esta versión nerudiana, es el "charlatán sinalefo", el "pobre ladrón de gallinas vestido de negro" que empeñó a Rubén Azócar en el hostal de un poblacho. La respuesta de De Rokha es más directa, más de roble pellín y de a caballo, haciendo relampaguear a las palabras como un corvo. El poeta la llama *Tercetos dantescos a Casiano Basualto*.[87]

El columnista de *La Pista de la Noticia* entrega, "a modo de primicia", una muestra del poema.

"De Rokha-Neruda. Una controversia histórica", es el título de una crónica publicada en el diario *Las Últimas Noticias* un mes más tarde. La firma Pedro Bermejo. En ella narra el foro realizado, y dice:

[87] Sherlock Holmes, De Rokha frente a Neruda, en *Clarín*, 20 de junio de 1966.

la incógnita del pleito va quedando despejada. Voces, juicios, comparaciones. El foro de la Sociedad de Escritores ha ido dejando en claro el "quién es quién" de los "dos Pablos". Durante décadas se había contenido, ahogado y frenado el diálogo que se imponía por encima de los propios interesados, en un tema que concierne directamente a la creación poética de nuestro país y del continente.

Voces angustiadas, incoherentes en su desesperación pretendieron —hasta el último minuto— suspender e invalidar el foro. Alguien tuvo la audacia de invocar su nulidad o su "ilegalidad" mientras se desarrollaba. En este siglo de los diálogos, en que todas las materias que afectan al interés de la colectividad son llevadas al debate público, una simple conversación sobre la estética de los "dos Pablos" produjo vapor.

[...] Sereno, imparcial, insospechable, Vicente Mengod, en breve paralelo analítico, tocó una situación de fondo: Neruda había sido favorecido por la fortuna: había alcanzado éxito, honores, viajes por las costas de todo el mundo. Su poesía trasuntaba las características de la búsqueda y la inmersión en lecturas y culturas internacionales. Pablo de Rokha, en cambio, había tenido que enfrentarse a la tragedia vital del ámbito, y no sólo sus pies, sino hasta sus rodillas tuvieron que sumergirse en el barro de la vida, generando una estética desolada, aterradora, punzante.

Alfonso Calderón, crítico estudioso, reconoció ponderadamente, que la primera etapa poética de Neruda constituía un balbuceo.

Luis Sánchez Latorre, que actuaba como moderador, ofreció la palabra de modo directo, sin discriminaciones; con energía contuvo los desbordes que pretendieron desvirtuar el libre curso de las ideas.

[...] Miguel Saidel, Mario Ferrero, Carlos Rozas y muchos otros entregaron vívidos aportes al dramático mosaico de la histórica controversia.

La querella De Rokha-Neruda desborda indudablemente la pugna meramente personal. La evolución de la poesía chilena, la aparición sucesiva de nuevos valores que exigen una clarificación, y el desarrollo creciente del conocimiento estético, exigen que el tema sea agotado exhaustivamente en beneficio de la literatura nacional y latinoamericana. Todo gran pasado literario enfrentó situaciones semejantes. ¿A qué tanto asco? ¿O los intereses creados son más importantes que la verdad misma?[88]

LOS "SEMBRADORES DE LIBERTAD"

La radiante mañana de invierno hace pensar que la primavera está encima. Gonzalo Rojas, una de las voces poéticas más destacadas del país, rebelde de la generación del treinta y ocho, irrumpe con su talante de hombre disidente, se sienta frente a una gran mesa y se detiene un momento en este episodio.

La distancia histórica se instala con él y pese a que habla de "nosotros, los irreverentes mandragorianos, estábamos en una postura diferente, y nuestro proyecto era de una insurrección estética y moral", uno se pregunta si Gonzalo Rojas necesita de tantas décadas para mirar desde afuera y con cierto equilibrio los hechos del pasado. Porque finalmente, abraza la frase de Breton: "No soy el hombre de la adhesión total", que lo impulsó a hartarse de huidobrismo, surrealismo, mandragorismo, y de las reservas frente a Neruda, a la Mistral y a De Rokha, que amarraban su naturaleza de hombre rebelde, y sin más partió un día de Santiago, y se fue a vivir a la soledad de Atacama cuando solo tenía 20 años.

Un genuino representante del treinta y ocho es el autor de *La miseria del hombre*, quien frente a la guerrilla dice que, fuera de los excesos y naturales desmesuras, esa vivacidad polémica era necesaria en un mundo más o menos tranquilizado o acostumbrado a ciertas placideces en el campo de lo literario.

[88] Pedro Bermejo, De Rokha-Neruda, una controversia histórica, en *Las Últimas Noticias*, 23 de julio de 1966.

—Fue bueno que hubiera esas posturas tan radicales que no caían en el yoísmo exclusivamente, sino que eran proyectos de pensar, de ser, de vivir, de asumir el mundo desde un país como el nuestro. La de Vicente, con su apetencia de mundo. La de Neruda, también con su apetencia de mundo, pero intentando descifrar los enigmas de otra manera. La de De Rokha, que resulta tan absolutamente animal y tan fresco, lozano, brioso e irreverente hasta lo increíble.

Gonzalo Rojas se inscribe en la vanguardia poética chilena, pero a la vez en su tradición literaria. Y destaca la presencia de estas figuras centrales y necesarias:

—Los cuatro volcanes de la poesía chilena estaban vivos y ardiendo, e incluyo a la Mistral a la que veíamos más remota, por una falta de respeto apreciable. Esos cuatro estaban vivos e influyendo desde el año veinte, o un poco antes, sobre esta promoción del treinta y ocho que llegó a tener unos diez grupos literarios distintos, de los cuales los más polares eran el de Los Angurrientos, encabezados por Juan Godoy y Nicomedes Guzmán, que tenían una apetencia de genuinidad, de ser más y más Chile, y los Mandrágoras, que éramos una proyección de la vanguardia europea, en especial del surrealismo parisino, que me hartó rápidamente.

De Huidobro, señala Gonzalo Rojas que "ninguno sembró más libertad en nuestras cabezas". De Pablo de Rokha, que es un poeta fundamental. "Él disuelve el caldo de las tradiciones y lo hace de una manera singularmente suya y nueva". Y sobre los perdedores de esta guerrilla puntualiza que no existen. Que aquí no perdió nadie:

—Vicente quedó como una estrella alta. El Neruda de *Residencia en la tierra* y el posterior es inobjetable. El aullante De Rokha aparecía como el que hubiera conseguido menos plasmación. Pero miradas las cosas desde el ahora, veo en esos estallidos, en esas liberaciones, a veces bien lanzadas y excesivas, una germinación fundamental. De Rokha fue un buceador, un buscador, un rompedor. Y con él yo sintonizo grandemente:

Se nace rokhiano, con amarditamiento y lozanía
se nace rokhiano, sin estridencia, pensando
piedra y dignidad se nace rokhiano, comiendo esa
                              pobreza
acomodada que es la pobreza más pobreza
de todas las pobrezas…

                Si se mató
se mató, nada de *Sic transit gloria mundi*,
con mortadela o algo así. No amó la gloria.
Desparramó por el suelo el mito
de sus sesos. Latinajo del carajo: —*In propria venit
et sui eum non receperunt*. Vino a su propia casa
y los suyos no lo recibieron.[89]

EPISODIOS QUE HABLAN DE RECONCILIACIÓN

En la guerra a veces los contrincantes intentan la paz. Si ella
se ve lejana, aparecen los mediadores de los bandos en pugna
quienes con bandera blanca se acercan para negociar.

En esta guerrilla aconteció algo parecido. Transcurridos
los años, a algunos amigos comunes de los rivales literarios se
les ocurrió que esta disputa llevaba demasiado tiempo. Que
tal vez podían hacer algo para contribuir a limar las asperezas
y lograr, si no un acercamiento amistoso, a lo menos un diálogo tendiente a que las armas fuesen depuestas.

El resultado no fue exitoso. El resentimiento, largamente
acumulado a través de la historia de sus protagonistas, pudo
más. Pero las versiones sobre estas iniciativas quedaron.
Impresas u orales, forman parte del anecdotario de una guerrilla que no tuvo un final feliz. Ni siquiera la muerte de
algunos de los contendores aplacó la furia desatada.

[89] Gonzalo Rojas, *El alumbrado*. Santiago: Ediciones Ganymedes, 1986.

Y en esto, la máxima de "hasta que la muerte los separe" tampoco se cumplió. Siguieron trenzados en el odio y se lo llevaron con ellos a la tumba.

1

Fue en 1967, cuenta Filebo, cuando se le ocurrió hablar con Homero Arce, secretario y amigo de Pablo Neruda:

—Mira, estaba pensando en esta separación de tantos años y tan grande entre los poetas que aparecen como enemigos. ¿Por qué no reunirlos alguna vez?

—Sí. Pero piensa que el poeta ha sido muy ofendido, muy injuriado. No lo creo —replica Arce.

—No hay peor gestión que la que no se hace.

—Voy hablar con Pablo y te respondo.

Filebo se adelanta a los acontecimientos y decide indagar con De Rokha:

—Pablo, ¿usted sería capaz de sentarse en una mesa con Neruda, para limar algunas asperezas, dejar de lado todas estas querellas y llegar a un entendimiento?

—Sí, puede ser…

—¿Pero usted me permitiría que yo haga una gestión?

—Hágala, compañero, y nos reuniremos donde él quiera.

A los cuatro días, Homero Arce regresó de Isla Negra. Llama a Sánchez Latorre y le dice:

—Filebo, traigo malas noticias. El poeta dice que jamás. Que ni muerto. Ni muerto.

2

El 7 de febrero de 1968, en un artículo de la revista *Ercilla*, Pablo Neruda escribe:

Me cuentan que en estos días han pasado veinte años de la muerte de Vicente Huidobro.

Yo no lo sabía. Nunca fui amigo de él. Y la vida literaria nos separó con crueldad.

Creo que se hace imperioso mi deber hacia su poesía.

Lo que más me sorprende en su obra releída es su diafanidad. Este poeta literario que siguió todas las modas de una época enmarañada y que se propuso desoír la solemnidad de la naturaleza, deja pasar a través de su poesía un constante canto de agua, un rumor de aire y hojas y una grave humanidad que se apodera por completo de sus penúltimos y últimos poemas.

[...] En sus últimos años Huidobro trató de reanudar y mejorar la relación que tuvimos brevemente cuando recién volvió de Europa. Yo, herido por las incidencias de la guerrilla literaria, no acepté esta aproximación. Me he arrepentido muchas veces de mi intransigencia. Cargo con mis defectos provincianos como cualquier mortal. No me encontré con él en esos días, ni lo encontré después. Desde entonces sólo he continuado el diálogo con su poesía.

3

Lukó de Rokha está segura. Nunca se reconciliaron. Pero recuerda que cuando Neruda fue informado sobre el suicidio de Pablo de Rokha, habría dicho:

—¡Qué lástima! Lo lamento. Nosotros ya nos habíamos encontrado y éramos amigos.

Pero eso no ocurrió nunca, reitera Lukó.

4

En sus memorias, Pablo Neruda escribe:

Huidobro murió en el año 1948, en Cartagena, cerca de Isla Negra, no sin antes haber escrito algunos de los más desgarradores y serios poemas que me ha tocado leer en mi vida. Poco antes de morir visitó mi casa de Isla Negra, acompañando a

Gonzalo Losada, mi buen amigo y editor. Huidobro y yo hablamos como poetas, como chilenos y como amigos.[90]

5

Mario Ferrero dice que si bien De Rokha no intentó buscar un encuentro amistoso con Neruda, sí quiso suavizar la relación entre ambos:

—Era el último tiempo de Pablo de Rokha, y quizá ante la cercanía de la muerte comenzó a ver las cosas desde una perspectiva distinta. Por ello Luis Sánchez Latorre y Martín Cerda intentaron servir de puente para mediar. Pero Neruda no aceptó.

6

En el mismo libro de memorias, *Confieso que he vivido*, Pablo Neruda concluye sobre De Rokha:

La característica suprema de Perico de Palothes, filósofo nietzscheano y grafómano irredimible, era su matonismo intelectual y físico. Ejerció de perdonavidas en la vida literaria de Chile. Tuvo durante muchos años una pequeña corte de pobres diablos que lo celebraron. Pero la vida suele desinflar en forma implacable a estos seres circunstanciales. El trágico final de mi iracundo antagónico —se suicidó ya anciano— me hizo vacilar mucho antes de escribir estos recuerdos. Lo hago finalmente, obedeciendo a un imperativo de época y de localidad. Una gran cordillera de odio atraviesa los países de habla española; corroe las tareas del escritor con afanosa envidia. La única manera de terminar con tan destructiva ferocidad es exhibir públicamente sus accidentes.

[90] Pablo Neruda, *Confieso que he vivido*, op. cit.

Luis Sánchez Latorre vuelve sobre el tema.

—Cuando muere Pablo de Rokha, Neruda estaba en Brasil. Llega a Chile un cable de una agencia de noticias donde señala que el escritor Pablo Neruda, al ser interrogado sobre el hecho, dice que está triste y lamenta la muerte del poeta, pero que alcanzó a visitarlo en el hospital y pudieron reconciliarse.

Filebo expresa que eso no sucedió.

Pregunta: —¿Y usted cree que al final Neruda y Huidobro se reconciliaron?

Vladimir Huidobro: —Conociendo a mi padre, creo que no. Hasta el final, él decía a Neruda: "Bacalao".

Epílogo

"Es 1992. Sentado en el largo sofá del living de su casa santiaguina,
el pintor José de Rokha fuma incansablemente...".

CON ESTA frase se describía el encuentro que daba inicio a la etapa testimonial de esta crónica. Parte importante del material bibliográfico y de la investigación en la prensa de la época se había realizado. Sin embargo, nada de lo anterior hablaba de heridas abiertas.

Los periódicos, libros y poemas que registraban los episodios de la guerrilla literaria, con toda la animosidad y virulencia de sus textos, asumían en el tiempo el carácter de historia pasada. No así el recuerdo de muchos de los personajes entrevistados especialmente para este libro.

Frente a los acontecimientos, a los orígenes y al extenso anecdotario de la polémica, las distancias desaparecen y las huellas de la disputa, a flor de piel, u ocultas en algún pliegue de la memoria, salen y asumen formas insospechadas.

Porque en materia literaria pareciera que el tiempo para analizar los hechos, al menos de esta polémica, no es suficiente. Tal vez cuando todos los testigos, amigos o descendientes más directos de los protagonistas hayan desaparecido, la historia asumirá el relato objetivo.

Entonces, no son años sino siglos los que darán a esta guerrilla el marco adecuado para profundizarla con frialdad. Si es que alguna vez, la magnitud del arrebato personal, estético y político, la fuerza de tantas voluntades en pugna, el poder del egocentrismo sumado al talento, puedan ser susceptibles de comprenderse independientemente de la pasión que generaron. Y la pasión es contagiosa. Al menos, la desatada por De Rokha, Huidobro y Neruda.

Pero más allá de la disputa entre estos tres poetas, están sus obras, capaces de sobrevivir a los avatares de una época y a las rencillas de un medio bullente. La trascendencia que esta tiene no se empequeñece con los pormenores de la ira de sus protagonistas. Sin duda es más grande que ellos mismos.

Ante la talla de estos personajes, vitales y humanos como el más prosaico de los mortales, es mejor conocerlos por sus obras. Porque en lo que respecta a los hechos, la guerrilla literaria de la que fueron atizadores puede deformar la visión de algún alma sensible, aficionada al culto de los íconos más que al de la poesía hecha por hombres que no solo quisieron cambiar el rumbo de la estética en Chile y en el mundo: también el de la sociedad.

Frente a tres iconoclastas como Huidobro, De Rokha y Neruda, no cabe la reverencia, sino la verdad.

Estamos ante tres poetas de genio singular. Por lo tanto, no hay vencidos. Aunque los desgarros, las omisiones y el desconocimiento que existe de la obra de alguno de ellos, hagan pensar que hubo perdedores. O un gran perdedor. Pero esto también sería una verdad a medias. No siempre los países tienen la perspectiva para reconocer a tiempo sus valores culturales. Y Chile no es la excepción.

Luego, el final de esta crónica debiera decir:

Es 1992. Sentado en el largo sofá de su casa santiaguina el pintor José de Rokha fuma incansablemente, mientras piensa que Pablo de Rokha, su padre, merece la oportunidad de ser leído, difundido y conocido, como ocurre con la obra de Pablo Neruda, y como comienza a perfilarse la de Vicente Huidobro…

Así, en esta guerrilla literaria, habrá ganado solo la poesía.

Santiago de Chile, agosto 1992

CAPÍTULO V
La guerrilla literaria y otras escaramuzas...

BOLAÑO, EL GUERRERO

1

La primera vez que Bolaño retornó a Chile ya consagrado como escritor fue en 1998, en pleno gobierno de Eduardo Frei Ruiz-Tagle, y con Augusto Pinochet apresado en Londres.

El país de la primera década de la posdictadura resultaba todo un desafío para quienes no estaban habituados a leer las especificidades de una transición sui géneris donde si bien había habido un Informe Rettig, y la figura del presidente Aylwin pidiendo perdón a las víctimas del terrorismo de Estado en cadena nacional transmitida por radio y televisión conmocionaban a una sociedad traumatizada, el escenario era no solo complejo, sino también confuso.

El país que emergía a comienzos de los años noventa en la metáfora del iceberg con que Chile quiso ser representado en la Expo Sevilla de 1992, un país blanco, sin orígenes y memoria, no era una construcción casual.

Los medios, los discursos oficiales, el decretado consenso o ley del silencio que surgió con el inicio de la transición democrática, postergando el necesario debate sobre nuestras diferencias propias de un país fragmentado por el dolor y el horror, omitía no solo una parte esencial de su ser, mestizo, plural, diverso y con patrimonio y memoria cultural.

El llamado desde el gobierno a "dar vuelta la página", o el enunciado de "justicia en la medida de lo posible", omitía también la posibilidad de enjuiciar en términos morales un pasado para que efectivamente el "nunca más" no fuera solo una consigna, sino un legado para las próximas generaciones.

Así, los finales de los ochenta y la década de los noventa confirmaron en Chile que el iceberg era la metáfora de la simulación. Para ese relato, para esa construcción, no se requerían medios críticos ni periodistas independientes, y menos de intelectuales públicos que ejercieran su rol con independencia.

La agenda pública, emanada de los órganos del poder político, empresarial y militar, reflejaba un país conservador, censurado, con miedo a la libertad.

El divorcio, el aborto, la diversidad sexual, los pueblos originarios, la violación de los derechos humanos, por citar algunos temas, fueron desplazados del debate, y la seguridad ciudadana, los índices económicos, el fútbol y el show de mal gusto se impusieron en la vida cotidiana de los chilenos.

La modernidad era sinónimo de consumo, de celulares de palo, de chilenos agresivos que se transformaban en los fenicios de América. "Tigres de papel, cómo me río de los tigres de papel", exclamaba en los años noventa el escritor José Donoso con la irritación del malestar de la cultura ante el exitismo de una sociedad complaciente.

"No hay Chile contemporáneo sin una franqueza y un develamiento de cosas. Somos una mata de cardenales en el jardín, polvorienta y fea", reiteraba Donoso, a la vez que acusaba: "Este Chile que está oculto y que es mentiroso es un Chile de otro tiempo, es el resabio del siglo pasado".

Paralelamente a la desaparición de la prensa independiente, las radios y la televisión iniciaban un proceso de cambio de propiedad (igual de concentrada) que, salvo excepciones, ratificaba el proceso de banalización y simulación de la cual quedaban marginados el alma y el sentido más profundo del país real.

Tal vez el Informe del Programa de las Naciones Unidas para el Desarrollo (PNUD), "Las paradojas de la modernización", se constituyó en la radiografía más severa de los años noventa, dando cuenta de las cifras del desencanto en un país escindido, desconfiado, lleno de temores y desinformado.

Los años noventa en Chile se iniciaban con un periodista exiliado: Francisco Martorell, autor del libro *Impunidad diplomática*, y culminaban con una periodista asilada en Estados Unidos, Alejandra Matus, autora de *El libro negro de la justicia chilena*.

Entremedio, se hallaban la censura cinematográfica, las leyes de desacato como el artículo 6 b de la Ley de Seguridad del Estado, el que sancionaba con cárcel la necesaria fiscalización del periodismo sobre todos los poderes y sus autoridades.

Junto a ello, estaban las normas restrictivas del Código Penal y las sanciones internacionales al país por la persistencia de leyes y normas que impedían la libertad de expresión.

2

El autor de *Los detectives salvajes, Nocturno en Chile, Monsieur Pain, 2666* y otras obras ya estaba radicado en Blanes, un pueblo catalán de la costa mediterránea, luego de haber vivido su exilio en México, donde llegó con su familia siendo un adolescente que transitaba en la vereda de las izquierdas, abrazando una suerte de anarquismo propio de su talante disidente y radical.

Así, en una entrevista que le hiciera la revista *Caras*, en abril de 2000, ante la pregunta de por qué levantaba tanta polvareda, aludiendo a su impronta de polemista y provocador, Roberto Bolaño respondía:

La primera vez que volví en 1998, todos me invitaban. Al año siguiente, con mi premio Herralde por *Los detectives salvajes*, me quisieron menos. Pero al ganar el Rómulo Gallegos ya no me toleraron. Ni siquiera es envidia. Para los escritores soy una figura peligrosa porque digo lo que pienso. Rescato a pocos.

Tengo maestros como Nicanor Parra. También son importantí-
simos Gonzalo Rojas, [Armando] Uribe Arce, Gabriela Mistral
y Violeta Parra.

Quizá en la frase "soy una figura peligrosa porque digo
lo que pienso" se escondía no solo la arrogancia de Bolaño
ante el mundo cultural chileno, sino su desconocimiento
hacia un espacio —salvo excepciones— más bien discipli-
nado por las lógicas de comportamiento emanadas de la
naturaleza de la transición, acostumbrada a castigar el
disenso o cualquier actitud disruptiva que rompiera con el
relato de país ordenado y exitoso. Un país que se sentía más
cerca de Europa que de América Latina.

Por algo, Bolaño no fue incorporado a la delegación
nacional en la Feria del Libro de Guadalajara —tampoco la
escritora Diamela Eltit, en una exclusión cuestionada por el
mundo cultural— cuando Chile fue el invitado oficial, en
noviembre de 1999, y una extensa comitiva viajó a México
protagonizando distintos episodios en un encuentro para la
historia, por los múltiples enfrentamientos de los escritores
con los representantes del gobierno chileno, marcando el inicio de un proceso que daba cuenta del malestar de la cultura
frente a la naturaleza de una transición que ya alcanzaba la
década.

Parte de esta batahola está documentada en un artículo
que me pidiera el diario *La Jornada*, de México, y que publi-
cara el domingo 2 de diciembre de 2012, cuando nuestro país
de nuevo era la estrella en dicha feria.

"La cultura en Chile, antes y ahora" se titulaba el texto
que recordaba algunos de los episodios:

Recuerdo la tarde de noviembre de 1999, cuando con la desta-
cada periodista y premio Nacional Patricia Verdugo, fallecida
en el 2008, nos subimos al pódium de uno de los salones de la
Feria de Guadalajara para dar inicio al debate sobre periodismo
y libertad de expresión que estaba programado en la apretada
agenda de la FIL [...].

Ya arriba del escenario de una sala repleta de gente nos dimos cuenta, con Patricia Verdugo, que en la primera fila estaba sentada la periodista chilena Alejandra Matus, en ese momento asilada en Estados Unidos para evitar su encarcelamiento en Chile por la publicación de *El libro negro de la justicia chilena* (1999), un reportaje de investigación periodística que desató la ira del Poder Judicial, y con ella la aplicación de leyes reñidas con la libertad de expresión, mismas que a fines de la década de los noventa seguían vigentes en Chile.

Sin dudarlo, ambas la invitamos a acompañarnos en el panel que, sin ninguna consideración hacia "la imagen internacional de Chile", puso en evidencia los que Human Rights Watch y otros organismos internacionales habían consignado en informes, al señalarnos como uno de los países con mayor restricción a la libertad de expresión y ausencia de pluralismo en la primera década de la transición, y con la prensa concentrada hasta hoy.

Lo que vino era previsible. Desde el estrado veíamos a los funcionarios gubernamentales asomarse para escuchar lo que decíamos para luego salir indignados. Poco antes yo había tenido que resistir la ira del propio embajador de Chile en México, otrora amigo, que en solidaridad con su esposa, escritora ofendida por una crítica a su libro publicada en la revista *Rocinante* por la académica Patricia Espinosa, no solo arbitrariamente me dejaba fuera de las actividades oficiales o me sacaba de la mesa de homenaje a Salvador Allende que yo misma había organizado y solventado junto a los editores de Lom, sino además castigaba a miembros de la embajada que me habían recibido a mi llegada a Ciudad de México.

El Chile que pisaba la FIL Guadalajara 1999, en tanto país invitado, mostraba un rostro intolerante y autoritario. La polémica siguió en Santiago a través de la prensa. Los abusos de poder fueron denunciados públicamente y la batahola entre escritores e intelectuales versus burócratas de turno dividió por un rato la placidez de la transición chilena que, acostumbrada a pactar y consensuar en nombre de las razones de Estado, se

horrorizaba ante la pandilla de díscolos, criticones y malagra-
decidos que además dañaban la imagen del país en el exterior.

3

Pero si bien Bolaño no estaba en Guadalajara, sí compartía el
espíritu de los invitados y a través de los medios chilenos no
daba tregua, como indican algunas de estas frases extraídas
de una nota del diario *La Tercera*, del 3 de noviembre de 1999,
"Roberto Bolaño llegó disparando", firmada por el periodista Andrés Gómez:

> [Luis] Sepúlveda me parece demagogia pura… Solo ha escrito
> una obra más o menos legible, que es *El viejo que leía novelas de
> amor* que es *El viejo y el mar*, de Hemingway; es un plagio. En
> vez de salir al mar sale a la selva; en vez de pescar el pez
> espada, va por un puma; es lo mismo.
>
> La Nueva Narrativa tiene una línea de flotación de papel
> fragilísima, se los puede tocar por todos lados.
>
> Creo que [José] Donoso es un escritor con una línea de flo-
> tación bastante jodida. Donoso es un autor de tres libros, y
> tiene libros que son abominables, malos de salir corriendo. Si
> salen seguidores de este escritor que más bien tiene pocos bue-
> nos libros, cómo van a salir.
>
> Ni [Hernán] Rivera ni los de la Nueva Narrativa me están
> dando una prosa como la de [Pedro] Lemebel. […] Creo que
> Lemebel de aquí a dos años está pegando en todo el mundo.

Pero no todos los disparos de Bolaño recibían el silencio
como respuesta. El escritor Carlos Franz, integrante de los
talleres de Donoso, contraatacaba en el mismo medio:
"Donoso representa el punto más alto de la narrativa chilena
de este siglo, y no se lo puede simplificar así. Tiene la capacidad de escribir en varios registros; Bolaño en cambio, cultiva
uno y se ha vuelto hasta monótono".

Un año más tarde coincidirían Franz, Bolaño y Jaime Quezada en una jornada de literatura chilena que se desarrollaba en Bruselas. El relato de esa jornada, efectuada el 15 y 16 de enero del 2001, lo emprende Quezada, en un artículo publicado por *La Tercera*, el 2 de febrero del 2001, y firmado también por Andrés Gómez.

Su exposición [se refiere a Carlos Franz] fue documentada. Como escritor dio testimonio de la narrativa actual, explicó cómo surge esta generación durante la dictadura y cómo vino a dar sus gritos en publicaciones durante la década de los noventa. Habló de sí, de Gonzalo Contreras, Arturo Fontaine, Jaime Collyer, un poco sobre quienes surgieron del taller de José Donoso.

Bolaño habló como un cuestionador rotundo. No llevó una ponencia escrita, pero su intervención fue una crítica profunda e impertinente a lo que había dicho Franz. Puso en duda la narrativa chilena actual. Incluso la generación anterior, la de los ochenta. Dijo que en Chile no existe una generación, sino un club. Desconoció a Coloane, de quien dijo que había leído una novelita dudosa. *El último Grumete de la Baquedano*. Produjo tensión entre el público.

La intervención de Jaime Quezada se tituló "Del premio Nobel a Neruda a los 86 años de Nicanor Parra".

4

Bolaño, lector voraz, tenía opinión sobre la obra y la calidad de cada uno de los escritores chilenos vivos y muertos. Aquí algunas de sus frases para el bronce recogidas por Andrés Braithwaite en el libro *Bolaño por sí mismo* (Ediciones UDP, 2013), que contiene una selección de entrevistas efectuadas en distintos momentos y países:

"Soliloquio del individuo", de Parra, marca un antes y un después en la poesía en lengua española. A partir de ese momento hay un quiebre sin vuelta atrás.

No tengo muy claro hasta qué punto Enrique Lihn es reconocido en Chile. Lo que sí tengo clarísimo es que Lihn es un poeta mayor del siglo xx en nuestra lengua.

Gabriela Mistral era una extraterrestre y por lo tanto no tenía ni nuestras necesidades ni nuestros deseos (y añadiría que tampoco tenía un talento literario como el que se le atribuye con una soltura de cuerpo espantosa). Era una simple extraterrestre extraviada en Chile, en Latinoamérica, que no podía comunicarse con su nave nodriza para que la fueran a rescatar.

Pablo de Rokha es un poeta esponja que chupa de todos lados. Además, es el gran rabelesiano del Cono Sur de América, es un hijo de Rabelais [...]. Pero en De Rokha veo a un gran poeta y sobre todo veo a un hombre muy valiente, pero muy valiente, aunque con unas debilidades bestiales.

Huidobro me aburre un poco. Demasiado tralalí, alalí, demasiado paracaidista que desciende cantando como un tirolés.

Neruda escribió tres libros muy buenos; el resto, la gran mayoría, son muy malos, pero muy malos, algunos verdaderamente infectos.

Con estos antecedentes que hacían de la figura de Bolaño un iconoclasta del siglo xxi, protagoniza un incidente originado en el encuentro social que el propio escritor había solicitado a su amiga, la escritora y periodista Lina Meruane, a quien pidió le presentara a la escritora Diamela Eltit.

El encuentro, que se tradujo en una invitación a cenar a la casa de los Eltit-Arrate en un momento en que Jorge se desempeñaba como ministro de Estado en el gobierno de Frei Ruiz-Tagle, a fines de 1998, devino en una serie de episodios que la prensa destacó profusamente, luego que el propio Bolaño hiciera un relato más bien irónico de aquella jornada, calificando a la anfitriona como "la escritora más maldita de la literatura chilena actual".

El espacio elegido fue la revista española *Ajoblanco*, donde el escritor repasaba su retorno a Chile luego de 25 años de ausencia entre España y México, texto que la revista *Qué Pasa* reprodujo en Santiago, en su edición del 2 de abril de 1999.

Un día me invitaron a cenar a casa de un ministro. La oportunidad de mi vida para hacer un artículo a fondo sobre el poder. En realidad me invitaron a cenar a casa de la escritora Diamela Eltit, cuyo novio o compañero sentimental, en fin, el hombre con el que vivía, era el ministro Jorge Arrate, socialista, portavoz del gobierno de Frei. Era como para ponerse nervioso. Nuestra amiga, Lina Meruane, nos pasó a recoger a las ocho de la noche al hotel donde nos alojábamos y partimos.

Primera sorpresa: el barrio donde viven Eltit y Arrate es un barrio de clase media-media, no de clase alta o media-alta. El típico barrio de donde salieron los gladiadores ilustrados (y no tan ilustrados) de la década de los setenta. Segunda sorpresa: la casa es relativamente pequeña y carece por completo del boato que uno espera encontrar en la casa de un ministro chileno. Tercera sorpresa: al bajarnos del coche busco en la calle el coche camuflado de los guardaespaldas del ministro y no lo hallo.

Más adelante, Bolaño relata el menú de la cena que Jorge Arrate ha preparado:

No hay carne. Alguien en la casa es vegetariano y presumiblemente ha impuesto su dieta sobre los demás. En cualquier caso es Jorge el que cocina y no lo hace nada mal. A mí la comida vegetariana me sienta como una patada en el estómago, pero me como todo lo que me ponen. Diamela mira a Jorge y luego mira a mi mujer, Carolina, y luego a Lina y al novelista Pablo Azócar, el quinto comensal, y a mí no me mira. Tengo la impresión de que le he caído mal. O tal vez Diamela es excesivamente tímida.

El relato de Bolaño salta de la cena al campo literario chileno para describir las tertulias con escritores que protagonizaba la agente de la DINA Mariana Callejas en su casa de Lo Curro, lugar de crímenes y tortura. Sin embargo, el episodio en casa de Diamela Eltit fue reproducido, comentado y agrandado en los medios chilenos que incorporaron en las semanas siguientes réplicas, dúplicas y otros detalles que transformaron la cena en un campo de batalla.

Así, con el título de "¿El pobre Bolaño?", firmado por Lina Meruane en cartas al director de *El Mercurio*, el 7 de noviembre de 1999, calificando a Bolaño de "arrogante" y preguntándose:

Es pertinente analizar el lugar que ocupan sus actuales "enemigos" (¿no serán, justamente, aquellos que se le cruzan en el estrecho pasillo?). La mentada Eltit, por supuesto, y esto hay que ponerlo en contexto: que Bolaño no sea el único narrador chileno que ha intentado agredirla es elocuente del peso literario e intelectual de la escritora dentro y fuera del país.

Pero Diamela Eltit no guardó silencio. Consultada sobre el tema, *La Tercera*, el 3 de noviembre de 1999, reproduce esta declaración: "Él se hizo invitar a mi casa y después salió con ese artículo mediocre y anecdótico. A mí me pareció un tipo muy cortesano, sumiso, patero, ambiguo, no demasiado inteligente. Lo que más me gustó es que le faltaba un diente".

Años más tarde, en el tomo I de sus memorias *Contra viento y marea* (Lom, agosto de 2017), Jorge Arrate describe esa noche:

Gracias a mi tarjetero con mis creaciones culinarias puedo decir con precisión qué comimos en esa cena: el aperitivo fue vino blanco o tinto, una crema de ricota y yogurt con eneldo y trozos de nueces, palitos de apio o zanahoria. El punto alto fue una sopa fría de tomate y palta, y el plato de fondo una cocción lenta de setas con una salsa "oriental", acompañadas de puré de habas naturales. El postre, buenísimo: chirimoya y frutillas con salsa de manjar blanco.

La crónica de *Ajoblanco* provocó que los gustos salados y dulces de esa comida se convirtieran con el tiempo en agrios y amargos, hasta el punto que algunos seguidores de Bolaño han pretendido destacar la supuesta "moral burguesa" de nosotros los invitantes, el fasto de la casa ministerial y la abundancia de la comida, todas afirmaciones que no encuentran fundamento alguno ni en los hechos ni en las descripciones que hace el propio Bolaño.

Más adelante, Jorge Arrate reflexiona sobre el giro del texto publicado en *Ajoblanco*:

Lo inexplicable era la relación —no explicitada— que Bolaño halló entre aquella cena en nuestra casa y las reuniones festivas que se realizaban en una casa de Lo Curro durante la dictadura, la casa de los agentes de la DINA Townley y Callejas, a la que asistían escritores. El principal especialista de la obra de Bolaño, Ignacio Echeverría, lo ha dicho bien: "Nada de lo que dice Bolaño permite establecer paralelismo alguno entre aquellas reuniones en las afueras de Santiago y la cena en la casa de Diamela Eltit, pero la anécdota planea como una especie de pájaro siniestro sobre la crónica entera de Bolaño. Es más que razonable que Diamela Eltit reaccionara con fiereza".

NERUDA VERSUS DE ROKHA: NI PERDÓN NI OLVIDO

1

La frase acuñada por los familiares de los detenidos desaparecidos durante el régimen cívico-militar, y que en estos 28 años de posdictadura sigue escribiéndose ante el pacto de silencio que las Fuerzas Armadas mantienen sobre el destino de muchos asesinados, cobra otro significado al momento de analizar los nuevos antecedentes que la Fundación Neruda aporta en la edición ampliada y con textos inéditos del libro de memorias de Neruda, *Confieso que he vivido*, edición a cargo del destacado periodista y escritor Darío Oses, integrante de la fundación, y que en junio del 2017 editara Seix Barral.

Y no se trata de la muerte del poeta, que en estos años ha acaparado la atención de la prensa, los jueces, los familiares e investigadores y periodistas, al surgir la tesis de que Pablo Neruda no habría muerto como consecuencia del cáncer que lo aquejaba, sino envenenado, al igual que el expresidente Eduardo Frei Montalva, quien en enero de 1982, mientras estaba hospitalizado en la Clínica Santa María —la misma clínica donde murió Neruda, el 23 de septiembre de 1973—, fue asesinado al inyectársele una toxina venenosa.

De allí que a lo largo de estos años el cuerpo del poeta fuera sometido a varias exhumaciones, y se escribieran libros y tesis sobre el caso que si bien hoy está cerrado por falta de pruebas, cada tanto vuelve a la palestra dividiendo a la familia de Neftalí Reyes entre quienes levantan la teoría de la conspiración de los aparatos de seguridad pinochetista en contra del poeta, y los que afirman, incluida la Fundación Neruda, que se trató de una muerte producto del cáncer avanzado y la pena al enterarse de lo que ocurría en el país...

De cualquier forma, la casa de Isla Negra allanada, La Chascona, en Santiago, saqueada y destrozada, al igual que su casa en Valparaíso, La Sebastiana, atacada también por vándalos que incluían fuerzas militares que no tuvieron pudor a la hora de desvalijar las moradas de un premio Nobel, indicaba que en medio de la brutalidad del terrorismo de Estado ejercido impunemente desde el primer día del golpe contra Salvador Allende, hasta el último instante del régimen, todo podía ser posible. Incluso asesinar a un poeta postrado en una clínica.

Pero no se trataba de la lectura que en el Chile del siglo xxi se hacía de esta frase, sino la que a lo largo del siglo xx acompañó la rivalidad y el encono especialmente entre Neruda y De Rokha, y que en las páginas de este libro se documenta a través de cartas, declaraciones, y en los versos ofensivos que mutuamente intercambiaron, asumiendo ambos que la diatriba puede ser también un género literario, como lo demuestran el "Aquí estoy", de Neruda, o "Casiano Basualto", de De Rokha, entre otros materiales no aptos para quienes en las últimas décadas demonizaron las discusiones francas, los debates duros, el pensamiento crítico disidente con ciertos discursos hegemónicos haciendo del consenso una virtud "patriótica".

2

Pero el Neruda de siempre, el de las altas cumbres poéticas y compromisos sociales, y el de los odios sin olvido y enconos profundos, ese de carne y hueso, reaparece en estas páginas inéditas encontradas en los archivos de la Fundación Neruda que enriquecen la versión original de *Confieso que he vivido*, como lo consigna la cita del propio Neruda contenida en el nuevo prólogo de Darío Oses:

> No sé si será pecar de jactancia decir, a los años que llevo, que no renuncio a seguir atesorando todas las cosas que yo haya visto o amado, todo lo que haya sentido, vivido, luchado, para seguir escribiendo el largo poema cíclico que aún no he terminado, porque lo terminará mi última palabra en el final instante de mi vida.

Por ello las páginas que se publican y que están dedicadas a Pablo de Rokha, o Perico de los Palothes, incorporando información a veces de dudosa veracidad sobre su "literario antagónico" como lo define ahora, si bien no varía el conocimiento de la pugna entre ambos, sí nos remite a la frase "sin perdón ni olvido", porque cada una de las palabras incorporadas en esta nueva edición fueron escritas con uno de los contrincantes muerto desde hacía tiempo, mientras el vencedor, con premio Nobel incluido, insistía en no dar tregua.

Este es parte de uno de los extensos relatos que despliega Neruda en contra de Perico de los Palothes:

En cierta ocasión, cuando yo tenía solo dieciocho o diecinueve años de edad me propuso que publicáramos una revista literaria compuesta solo de dos secciones: una en que él, en diversos tonos, prosas y metros, declararía que yo era un poderoso poeta genial y la otra sección la llenaría yo atribuyéndole a él la genialidad absoluta. Todo quedaba así arreglado.

[…]. Aunque yo era demasiado joven me pareció excesivo. Me costó disuadirlo. Era él un gran publicador de revistas y en verdad era asombroso cómo arañaba fondos destinados a su perpetuidad panfletaria. Tanto para sus libros como para sus necesidades domésticas, de Palothes usaba del chantaje en forma sistemática (*Confieso que he vivido. Memorias*. Planeta Chile, Santiago, 2017).

Otra de las historias que narra en contra de De Rokha, tiene como protagonista también al escritor Rubén Azócar, amigo incondicional de Neruda:

Cuando pasaba mis vacaciones en casa de mis padres, allá por el año 1925, llegó Perico de los Palothes a visitarme. Traía una martingala para sacarles plata a los hacendados del sur. Esta vez venía acompañado por Rubén Azócar, uno de mis compañeros de vida juvenil, novelista y poeta, de inmensas cejas, cara de máscara india, pequeña estatura y corazón interminable. De Palothes lo había convencido de que lo acompañara. Era un espectáculo. El energúmeno de Palothes, con pantalón de montar y botas de policía, envuelto en una magnífica hopalanda de procedencia exótica. Junto a él mi esmirriado compañero defendiéndose contra el frío nocturno con una chaqueta tweed a cuadros que constituía su gran posesión en este mundo.

[…] La característica suprema de Perico de Palothes, filósofo nietzscheano y grafómano irredimible, era su matonismo intelectual y físico. Ejerció de perdonavidas en la vida literaria de Chile. A través de la historia, siempre el matón ha tenido una pequeña corte de cobardes que lo celebran y este fue el caso de nuestro héroe durante años.

El fin de aquella visita de Pablo de Rokha a Temuco que narra Neruda, que culmina con su detractor apaleado en el suelo por un cantinero, concluye de la siguiente manera según el narrador:

El hotelillo en el que estaban alojados de Palothes y Rubén era vecino a mi casa y avanzamos hacia allá en la oscurísima noche, mientras el aporreado personaje, sin digerir aún los golpes del cantinero, caminaba vociferando contra nosotros. Logramos desenredarlo de su cólera y me despedí de De Palothes y de mi pobre amigo, su ayudante, a las puertas del hotel.

Al día siguiente, el conductor Reyes, mi padre, que siempre hizo gala de puntualidad, a punto de sentarse a la mesa del almuerzo, me miró severamente y me dijo: "Las doce y media y tus amigos no han llegado".

Salí precipitadamente a buscar a Perico de Palothes y a Rubén Azócar. Por muy desagradable que hubiera sido la noche anterior, mi extrema juventud no me hacía aún cortar los vínculos con mi abusivo visitante.

Al entrar a su habitación se me reveló una insólita situación. El poeta Rubén Azócar estaba solo, en mangas de camisa, y sentado en su cama. Mi buen compañero fue siempre un ser emotivo, sujeto a grandes rachas de alegría y abismos depresivos. Esta vez, con la cabeza a dos manos, parecía una antigua estatua azteca de la desolación.

—Qué te pasa? —le dije—. Te estaba esperando para almorzar. Mi padre ya está sentado a la mesa.

—Se fue —me respondió, sin levantar la cabeza.

—De Palothes? —le dije—. Pero tanto mejor. Por fin te ha dejado tranquilo. Vámonos a comer.

—No puedo —me contestó.

—Por qué no puedes? Vamos pronto.

—Es que se llevó mi chaqueta —me dijo—, casi llorando.

Lo llevé casi a empujones. En mi casa le puse sobre los hombros mi capa de poeta, y así pudo almorzar con una vestimenta superficialmente honorable, en la mesa de mi padre, riguroso observante de los buenos modales.

3

En estas páginas inéditas que se incorporan a la nueva edición de *Confieso que he vivido*, Neruda se detiene en un episodio que involucra a De Rokha, y a una mujer, Helena.

De acuerdo con las investigaciones hechas para la primera edición de *La guerrilla literaria*, Neruda joven casi adolescente se habría enamorado de Helena Díaz Loyola, hermana menor de Pablo de Rokha, a quien estaría dedicado "El nuevo soneto a Helena", de *Crepusculario*, pero que ese amor que era del agrado de Pablo de Rokha, fue prohibido por el padre de ambos, recuerda Lukó de Rokha, "pues una señorita no podía casarse con el hijo de un ferroviario".

"Cuando estés vieja, niña (Ronsard ya te lo dijo),/te acordarás de aquellos versos que yo decía./Tendrás los senos tristes de amamantar tus hijos,/los últimos retoños de tu vida vacía".

Corroborado por Lukó de Rokha, por el propio Volodia Teitelboim, para quien esa historia de amor era posible, y documentado en un libro de Arturo Aldunate Phillips (*Algo del hablar literario de Chile*, Ed. Nascimento, Santiago, 1984), Neruda en sus memorias cuenta un episodio donde la protagonista es sin duda Helena, aunque nunca la nombra, y no solo no acepta esa versión, sino que emprende un relato que si se trata de la misma mujer no solo resulta inverosímil, sino digno del Neruda del poema "Aquí estoy":

El espantoso individuo me perseguía con su admiración que quería ver retribuida con un sentimiento literario recíproco. Su producción literaria me parecía un aspaviento sin fin, una falsificación mesiánica del poeta, dotada de una repetida retórica grandilocuente. Por otra parte, yo tomaba un camino verticalmente diferente, el de mi libro *Tentativa del hombre infinito*.

Comencé a recibir unas encendidas cartas de amor, muy literarias a pesar de sus numerosas faltas de ortografía. Sin embargo, me entusiasmaban unos "vesos", así con *ve* corta, que no sé por qué me parecían mejores que los besos normales, con *b* larga. Estos "vesos" debían tener un sabor de ostras, así me parecía.

Así me parecieron hasta que llegó un día descubriendo mi nuevo domicilio el mismísimo Fierabrás. Esta vez, mirándome con severidad, como si yo hubiera cometido un crimen abominable, se dirigió a mí como un inquisidor:

—Recibes ciertas cartas de amor, no me lo niegues.

—Sí, algunas, de cuando en cuando —le respondí con la vanidad de la adolescencia.

—Me refiero a una mujer muy buenamoza que te escribe. Aquí está su retrato.

Miré la foto de una muchacha nada extraordinaria. Me costó trabajo relacionarla con aquellos ardientes besos sin ortografía.

—Bueno —le dije—, y qué hay?

—Me gustaría que te casaras con ella —contestó.

El tono de su voz implicaba una especie de súplica. También tenía ciertos matices de protección, como si me anunciara que yo entraría en la Orden de la Jarretière. Pero también había cierta amenaza para que yo pasara a ser parte de la familia, de su clan, tan agresivo en general como él mismo.

Decidí cambiarme una vez más de domicilio. Y esta vez no me encontró fácilmente, puesto que me fui a vivir a la India.

(*Confieso que he vivido. Memorias*. Planeta Chile, Santiago, 2017, p. 331).

Como contrapunto a este relato, el testimonio de Lukó de Rokha, reproducido al inicio de este libro:

Un día Lukó, de 14 años, va con su madre a la estación y se encuentra con Neruda, que está despidiendo a un amigo.

—Mamá y él se saludaron cortésmente. Neruda me besó y dijo:

—Eres linda. Te pareces a tu tía Helena. Has de saber que te he tenido en mis brazos.

Fue la única vez que vi en mi vida a Neruda. A mí él no me gustó, seguramente porque dijo que yo me parecía a mi tía Helena y yo solo quería parecerme a mi madre. Mamá no contó a mi padre que había intercambiado algunas palabras con Neruda. En ese tiempo yo no sabía por qué. Más tarde se lo conté a mi tía Helena, y ella me dijo:

—Son cosas que pasaron hace mucho tiempo, que no pudieron ser. Olvídalo y no lo repitas nunca.

Tololo, el brazo armado de Nicanor Parra

1

La Catedral de Santiago estaba repleta y pese al sol veraniego de un enero sin tregua, la fila de personas que esperaban afuera a pleno sol, se hacía notar. Gente de todas las edades avanzaba lentamente hacia el centro de la nave principal para rendir homenaje a Nicanor Parra, cuyo féretro envuelto en una manta de retazos multicolores cosida por su madre, y un artefacto que rezaba "Voy y vuelvo" depositado sobre la urna, le daban el toque irreverente y antipompa que se esperaba de un antipoeta, anarquista, iconoclasta y popular.

—Chancho en misa, ¡na' que ver! —exclamaba un fan mientras esperaba su turno para ingresar al recinto. En un ángulo-escenario al lado del altar, un grupo de artistas, guitarra en mano, improvisaba una cueca: ya se sabía que en la mañana la hija menor de Parra, Colombina, había amenazado al cura con llevarse al muerto a otro lado si no dejaban que los músicos populares cantaran y homenajearan al difunto. Mal que mal, quienes ganaban con este velorio era la jerarquía de una iglesia bastante cuestionada por los abusos sexuales contra menores. Al otro lado, y sobre una suerte de tarima que permitía una panorámica general sobre el enorme recinto, se veía a un grupo de parientes y amigos cercanos a la familia, pero ninguna de sus hijas, quienes hacían trámites y preparaban el funeral, al igual que su nieto Tololo, que ya se había desplazado hasta Las Cruces para hacer cumplir la voluntad de su abuelo de ser sepultado en el litoral.

Ya se sabía y comentaba en sordina que la hija mayor del poeta, Catalina Parra, artista visual que vive en Nueva York desde hace décadas, había insistido en llevarlo a ese espacio, cuestión que no era del agrado de los hijos que vivían con el poeta. También se murmuraba sobre las peleas familiares, pero sentada en primera fila, Catalina y su hija Isabel Soler recibían las condolencias de quienes se acercaban a rendir tributo a su padre.

"Háganme el favor de Velarme Como es Debido/ dáse por entendido Que en la reina/ Cuidadito CON velarme en el Salón De honor De la universidad/o en la Caza del Ezcritor", escribió en su poema "Últimas instrucciones", publicado en su libro *Obra gruesa* (Editorial Universitaria, Santiago, 1969). Después de vivir más de un siglo, Parra dejaba junto a una vasta producción literaria una extensa familia compuesta por seis hijos, nietos y bisnietos. En los años cuarenta se había casado con Ana Troncoso, con quien tuvo tres hijos: Catalina, Francisca y Alberto. En los sesenta tuvo un hijo, Ricardo, con Rosa Muñoz, y en los años setenta, a Colombina y Juan de Dios, con Nury Tuca, de quien se separaría, aunque se quedaría con ambos hijos, quienes crecieron con él.

2

"Help. El siglo XX y yo nos estamos muriendo", escribió Nicanor Parra en uno de sus artefactos de finales de 1998, pero en esto también se adelantó a su tiempo, pues transitó casi dos décadas del siglo XXI, lúcido y corcoveando arriba de su Volkswagen escarabajo, medio destartalado. Así, conduciendo esta suerte de artefacto parriano se trasladaba de sus casas en La Reina, en Santiago, o Las Cruces, entre Cartagena, donde estaba enterrado Huidobro, e Isla Negra, el santuario de Neruda, por si había alguna duda de que hablaba en serio cuando decía riendo que solo aspiraba a ser recordado como el mejor poeta del litoral central de Chile.

Una semana antes de su muerte, el martes 23 de enero del 2018, había salido con su hija Colombina a recorrer el balneario Las Cruces hasta el Totoral, para luego ser trasladado hacia su casa en La Reina, en Santiago, donde murió rodeado de su nieto regalón Cristóbal *Tololo* Ugarte, hijo de Colombina; Ricardo Parra *Chamaco*, su hijo del medio; Colombina, quien lo cuidó y estuvo junto a él por décadas, y otros familiares cercanos.

Parra estaba lúcido hasta el final, aunque se desplazaba en silla de ruedas, y nunca dejó de recibir en su casa a amigos y familiares ni de estar al día a través de la lectura de los medios.

La muerte del antipoeta dejaba a un país consternado, con manifestaciones de pesar transversales, acorde con su máxima de "la izquierda y la derecha unidas jamás serán vencidas". Desde la presidenta Bachelet, y el expresidente Lagos, al presidente electo Sebastián Piñera expresaban su pesar. El gobierno declaraba duelo oficial y sorpresivamente la Catedral de Santiago se abría para recibir el féretro de este antipoeta iconoclasta que luego sería enterrado en Las Cruces.

Mientras en Santiago sus deudos seguían protagonizando sus propias escaramuzas.

Cuando Parra murió tenía 103 años, y pese a que era pleno verano, una nube negra ya estaba instalada desde hacía meses en su entorno, pues circulaba entre sus familiares y cercanos que parte de su patrimonio, como sus famosos cuadernos de apuntes, notas y poemas inéditos, había sido sustraído de su propia casa y estaban en manos de coleccionistas. Y no eran solo rumores o trascendidos. Una querella, firmada por Colombina Parra y Cristóbal Tololo Ugarte, interpuesta el 8 de enero de 2018 a través del abogado de la familia, el exparlamentario Luis Valentín Ferrada, acompañada de los llamados-advertencias efectuados a través de los medios de que quienes tuvieran en su poder parte de este legado lo entregaran de manera anónima para evitar el peso de la ley, indicaba que claramente el tema no daba para bromas.

Sin duda el entorno más cercano a Nicanor Parra estaba poniendo las cosas en orden. A mediados del 2017, Colombina y Tololo habían decidido arreglar la casa de La Reina, y en septiembre del mismo año, el día antes de su cumpleaños 103, Parra, premunido de gafas negras y de un gorro que casi le cubría todo el rostro, acudía a una notaría del puerto de San Antonio, acompañado de su hijo Ricardo y tres testigos: el abogado Mauricio Moya Zamora, representante desde hace años de Colombina Parra; la historiadora y cientista política Carmen Fariña, amiga de la familia, y Johanna Galaz, una parvularia que lo visitaba a veces para cuidarlo. De acuerdo con la información que publicó el vespertino *La Segunda*, el 6 de marzo último: "Se le vio muy lúcido mientras estuvo acá. El documento se le leyó a viva voz, se le preguntó si estaba de acuerdo y decía que sí en cada momento', afirma Leonor Félix, funcionaria de la notaría". En ese testamento, firmado el 4 de septiembre de 2017, Nicanor Parra nombraba a su hija Colombina como albacea con el 58,3% de su herencia.

3

Las semanas previas a la muerte del poeta la prensa informó profusamente de este robo-hormiga que tenía a Nicanor consternado, y a parte de la familia, amigos y medios especulando sobre los posibles autores. Pero la querella estaba dirigida contra el coleccionista y amigo del poeta César Soto y quienes fueran responsables de comercializar el patrimonio parriano, dando origen a una serie de especulaciones que iban desde la supuesta responsabilidad que tendría su hijo

Juan de Dios, músico residente en México, a quien Soto señala como la persona que le habría vendido esos materiales, o al propio Parra, que podía haber regalado parte de ese material.

Un poema del porteño Miguel Lahsen, "¡No acusen a Soto, hijos de Parra!" dado a conocer por el periodista Ignacio Bazán (*La Tercera*, 28 de enero de 2018) dice:

"¡No acusen a Soto, hijos de Parra, no lo acusen!/Respeten la travesía de Simbad el Marino de Nicanor Parra que César Soto recuperó del naufragio mercantil al que ustedes en su codicia, lo arrojaron". Esto alude a una entrevista que el propio Soto dio a *La Tercera* el 2014 comentando que poseía el poemario de 1939, Simbad el Marino, que Parra nunca publicó, y a otra intervención mediática del propio Soto al diario *La Segunda*, en mayo de 2017, contando que poseía la mayor colección de originales de Parra.

Según consigna Bazán en su crónica de *La Tercera*:

En la querella del 8 de enero se cita a Parra diciendo que todo esto ha sido como "cortarle las manos", y que al enterarse de que parte del material había sido devuelto habría dicho que esto le significaba volver a tener confianza en sí mismo.

Pero el robo de los manuscritos no solo conmocionaron al poeta, sino a sus más cercanos, Tololo y Colombina, quienes dividieron las aguas entre los que apoyaron activamente la búsqueda de los materiales y los que no hicieron nada, como se le enrostró al grupo de periodistas y escritores, algunos vinculados al periódico *The Clinic* y a la UDP, como Patricio Fernández, Rafael Gumucio, Matías Rivas, Alejandro Zambra y Rodrigo Rojas, amigos cercanos de Parra y habituales visitantes de Las Cruces, a los que se sumaban el arquitecto Marcial Cortés-Monroy, el crítico [español] Ignacio Echeverría y el poeta Adán Méndez.

Tanto así que cuando Patricio Fernández, a días de la muerte de Nicanor, subió a su cuenta de Instagram una foto del féretro del poeta, Cristóbal Tololo Ugarte escribió en la red su airado reclamo: "Ahora vienes a figurar. ¿Y hace una semana dónde estabas cuando te llamamos? Mi abuelo murió esperando que el *Clinic* se pronunciara por los cuadernos. Ándate con tu morbo a otro lado".

Y remataba: "Se hacían pasar por muy amigos de Parra, pero hace un mes, cuando él pedía ayuda, se hicieron los sordos. Ahora los queremos lejos, MUY, MUY, LEJOS. ¡Y sepan que no tengo miedo de seguir descubriéndolos, principalmente porque no soy prisionero de un sueldo universitario que te impide hablar por tu cuenta. Los rezagados a los que no se les permitió entrar al entierro se fueron a sacar fotos con Bachelet. Qué oportuno".

En la edición de *La Segunda*, del 29 de enero, Tololo agregaba:

La recuperación de los cuadernos ha sido fundamental para trazar un nuevo camino en nuestra familia. Sabemos muy bien quiénes son los que siguen en él y quiénes no. Ha sido muy doloroso —disparó— y al mismo tiempo muy aliviante saber que ya no tenemos parásitos alrededor.

En esas declaraciones, el nieto de Parra reconocía que había tres personas a las que se les había impedido el paso al funeral en Las Cruces, una de ellas al propio Patricio Fernández, pero que "no nos vamos a morir por tener tres amigos menos".

Sin embargo, esto no quedó ahí. Cuando el periódico *El Dínamo* registró esta pelea, el escritor Rafael Gumucio la calificó en las redes como "otra nota de mierda de este basurero con letras", criticando que "*El Dínamo* de nuevo escuchando solo una versión, la que le alcanza a su microcerebro". Y desde su cuenta Instagram, Tololo arremetió con todo:

Rafael Gumucio quieres que te pasen la aplanadora a ti también? Con qué cara vienes ahora a hablar cuando te acercaste ayer a mí con cara de cordero degollado? Sabes perfectamente de qué se trata todo esto. Porque no dijiste nada tú tampoco con el episodio de los cuadernos?, porque no condenaste la basura que escribió Cecilia García-Huidobro defendiendo al coleccionista Soto? Fue acaso por miedo a que te corrieran de la UDP? [Y remató]: Eres "tan amigo de Soto como de Parra?". Eres tan amigo de Dios como del diablo? Ándate con cuidado y si quieres polemizar anda a escarbar lo que pasa en tu universidad. Lo que debes archisaber no es verdad? Me río de todo el *team* de burgueses de izquierda. Ansioso por posar al lado del poder. Pudiendo pisarse entre ellos para llegar más arriba. Pero ninguno llegará a bajar del falso Olimpo.

4

No había tregua para este joven que con mucho desplante y menos de 20 años había viajado a España, el 2011, para representar a su abuelo en la entrega del Premio Cervantes. Porque no era solo el revuelo mediático producto del intento por recuperar el patrimonio de Parra lo que se cruzaba esos días. También, y en medio de la muerte de su abuelo, la polémica familiar primero por las ceremonias fúnebres y despedidas al poeta, y luego por la herencia.

"Carta al Director: DESDE EL DÍA MALDITO DE MI MUERTE que no duermo una pestañada", rezaba este artefacto contenido en uno de los cuadernos recuperados en enero último.

Tampoco dormían sus hijos y nietos, enfrascados en una disputa familiar mediática luego que Catalina Parra, la artista de 77 años apareciera junto a su hija Isabel posando en la portada de la revista Ya, de *El Mercurio*, el martes 29 de enero, y donde declaraban, junto a su pena por la muerte del padre y abuelo, la decisión de disputar el testamento que el propio Parra había firmado en presencia de tres testigos ante un notario, a mediados del 2017. Frases como "ojalá que no tuviera que gastarse una fortuna en abogados y que terminemos con esto en un show terrible", dichas por Catalina en la revista a propósito de la herencia, o "Colombina, Tololo y toda esa gente han vivido de mi abuelo", señalada por Isabel, desataron la ira del aludido, quien al día siguiente respondió a través del vespertino *La Segunda*:

"Me parece de mal gusto hablar de plata a una semana del entierro de mi abuelo. Esta gente se ausentó 40 años. Todo el círculo cercano a mi abuelo sabe quiénes son ellas y la amargura que le hicieron pasar durante sus últimos años de vida. Basta recordar cómo quedaron los bastidores originales de las pinturas de Violeta", señaló, aludiendo a la incursión que hiciera Catalina el 2012, a la casa de La Reina, cuando su padre estaba en Las Cruces, para llevarse 14 óleos de Violeta Parra, que luego devolvió. Pero Tololo no paró en sus acusaciones, y apuntó al episodio producido el año en que Parra ganó el Cervantes y él viajó a España como emisario de su abuelo. "Esa medalla, junto con la estatuilla de Joan Miró regalado por el rey de España, tendrán que aparecer. Después de que Catalina se llevó la medalla, mi abuelo nunca más quiso hablar con ella".

En la misma nota se consigna la pelea entre Tololo y el crítico Justo Pastor Mellado, quien se preguntó vía Twitter: "Este niño, fuera de ser familiar de Parra, ¿tiene obra propia? O sea, ¿vale por sí mismo?".

La respuesta del nieto de Parra no se hizo de esperar. Por la misma vía, replicó:

Yo me pregunto qué haces tú hablando de un tema que no manejas. Será porque tienes miedo de ver lo que los cuadernos refieren de ti? [...] Aún recuerdo como si fuera ayer cuando mi abuelo se reía de él en los cuadernos de 2006, cuando él cometió la torpeza de criticar su exposición en La Moneda. Él no estaba lo suficientemente preparado para criticar una obra que no entendía.

Al comienzo el silencio de Nicanor Parra era elocuente. Cada vez que iba hasta su casa de La Reina para que habláramos sobre la guerrilla literaria acotada a los tres ilustres protagonistas: De Rokha, Huidobro y Neruda, su actitud era la misma. Abría teatralmente los ojos, poniendo cara de espanto, extendía el brazo derecho hacia mí, abría la mano en actitud de *vade retro* y exclamaba:

—¡Noooo! ¡Ni lo-coooo! ¡Yo-aquí-no-me-metoooo! —y remataba mirando de reojo—: ¡Si-es-tán-vi-voooos!

Esta aparente neutralidad no varió sino hasta el extenso poema que leyó en la tumba de Vicente Huidobro en el homenaje al centenario de su nacimiento realizado en Cartagena, el 3 de septiembre de 1993, y que tituló "¿Qué sería de este país sin Vicente Huidobro?", donde se lee en parte del texto: "Quiero dejar en claro que sin el maestro no hubiera/ sido posible el discípulo./ Prácticamente todo lo aprendí de Huidobro./ Gracias/".

Por ello, por si hubiera alguna duda, Parra antes de su muerte dispuso que al momento de su funeral se derribara el árbol que impedía que su tumba mirara la de Vicente Huidobro, enterrado en Lo Abarca, parte de Cartagena, mientras al otro lado yacía la de Neruda, en su casa de Isla Negra. Así, el litoral de los poetas quedaría ya totalmente habitado por sus protagonistas.

APÉNDICE*

* A continuación se reproducen en extenso 15 textos seleccionados por su interés literario y por su condición de inéditos o difíciles de encontrar. La reproducción respeta las peculiaridades ortográficas y tipográficas de los originales; solo se han corregido algunas erratas gruesas que dificultarían la lectura.

¿Qué sería de este país sin Vicente Huidobro?

El poeta más joven de Chile está
cumpliendo cien años en estos momentos.
Abran quincha, abran cancha,
a su salud, una caña de vino Santa Rita
para iniciar las festividades,
a ver si se nos ocurre algo que valga medianamente la pena
ante su tumba abierta de par en par. En serio
que me trague la tierra si miento.
Dicho sea de paso, le deseamos una larga vida, ¡salud!

Una sola pregunta
para poner las cosas en su punto:
¿Qué sería de este país sin Huidobro?
¿Qué sería de la poesía chilena sin este duende?
Desde luego no habría libertad de expresión.
Todos estaríamos escribiendo sonetos, odas elementales o
    gemidos.
¡Alabado sea el Santísimo!

Quiero dejar en claro que sin el maestro no hubiera sido
    posible el discípulo.
Prácticamente todo lo aprendí de Huidobro.
Gracias.
Incluidas algunas malas costumbres, esa es la verdad de las
    cosas.
Las fallas del discípulo no se explican sin las genialidades
    del maestro.
¿Qué diremos de él, o de ellos digamos mejor?
Porque Huidobros hay en cantidades
Tantos, como géneros literarios y más
Además de los personajes reales están los ficticios

y sobre todos ellos, uno solo, que nos sonríe desde
su paracaídas *Altazor*: un precursor del Teniente Bello, la
      simpatía personificada.

"No te sigas rompiendo la cabeza muchacho", le solía decir
      su señora madre
"Las poesías no las lee nadie
da lo mismo que sean buenas o malas".
"Reconozco que tengo más plata de la que se pueda gastar
      en Chile
Es por eso que me lo paso viajando
Talento poético nulo.
Mi único mérito consiste en saber reconocer los errores;
en esto sí que soy intransigente.
La poesía contemporánea comienza conmigo".
Nada de transacciones comerciales.
Sus opiniones no pecaron nunca de moderadas.
"Hasta estos momentos no ha habido ningún poeta
      propiamente tal en el mundo"
Incluso llegó a atreverse a enmendarle la plana al propio
      Homero
que no debió haber dicho jamás, según él,
"las nubes se alejan como un rebaño de ovejas",
sino lisa y llanamente
"las nubes se alejan balando"
Y parece que tenía razón.

¿Católico? Apostólico romano.
¿Estudios? Teología.
¿Cumple con los diez mandamientos? Tarde, mal y nunca.
¿Comulga regularmente? Sí, pero sin pasar por esa lata de la
      confesión.
¿Casado o soltero?
Hago vida sexual con una monja.
¿Qué opina del Papa? Con el Papa ni a misa.
¿Qué laya de católico es usted?

Apostólico romano.
Permita que me sonría.

¿Se creía la muerte en bicicleta?
No más que Nietzsche, bastante menos que Stürner en todo
      caso,
cuya plataforma de lucha ya no nos llama tanto la atención.
Recuperación del Yo, completa amoralidad y el club de los
      ególatras
Es un error muy grande tomar al mundo en serio.
Vale la pena recordar, eso sí,
Que no se queda nunca donde está.
Pronto se pronunció por una poesía estética de sí misma.
Hasta llegó a dárselas de comunista
Lo fue efectivamente: ver *Elegía a la muerte de Lenin*.
Inconmensurable, total.
También tuvo tiempo para girar en 180 grados
en el último tramo de su trayectoria,
convencido de que por ahí no iba la cosa
¿Lucidez y presencia de ánimo?
Palabras textuales:
"Quien haya estudiado a fondo el mundo actual
no puede dejar de hacerse comunista
Quien haya estudiado bien el Partido Comunista
no puede dejar de hacerse anarquista.
No ser idealista a los 20 años
es no tener corazón;
seguir siéndolo a los 40
es no tener cabeza".
Quiso decir, con humor y paciencia
Cambiaremos el curso de la historia
En la nomenclatura de Emerson.

Un cobarde que huye para adelante, eso fue Vicente
      Huidobro.
Cumple con lo que se espera de él

Héroe en todo el sentido de la palabra
Se le tildó, ¿de qué no se le tildó?
De noctámbulo, de payaso, de pije, de rastacueros.
Todos los epítetos imaginables
incluido el más ofensivo de todos:
Hay que borrarlo como sea del mapa,
léase, hay que cagar a Huidobro.
No sé, estamos en Chile, faltan palabras en el diccionario.
Claro que él sabía defenderse.
Pobre del quiltro o del perro de raza que le saliera a ladrar al
     camino
(ver *La guerrilla literaria* de nuestra compatriota Faride Zerán).

Una vez le enrostraron que su abuelo, el Marqués de Casa
     Real, se había hecho rico durante la Colonia
     comerciando en esclavos
"Prefiero descender de mi abuelo que trajo esclavos", dijo,
     "a descender como ustedes de los esclavos que trajo mi
     abuelo".

"Yo no veo cómo un aristócrata puede escribir poesías",
declaró públicamente alguien, una vez, a lo que Huidobro
     retrucó
"Yo no veo que para escribir poesía
se tenga que ser hijo de ferroviario".

Las historietas, falsas o verdaderas
se multiplican a más no poder.
En todas ellas sale victorioso
"Se me tilda deególatra"
habría dicho una vez,
"porque me defiendo como gato de espaldas".
En mi sagrado derecho que estoy.
Que me *choreen* el reloj, perfecto,
mi billetera, la corbata de seda natural.
Sé que les hace falta
¡Pero que me respeten los calzoncillos!

Cierta vez tuvo la ocurrencia de disfrazarse de mendigo
y se puso a pedir limosna en la puerta de la Catedral.
Pronto se le acercó el sacerdote mayor en persona, agitando
        en el aire una moneda de plata que Huidobro rechaza
        dignamente, con una frase lapidaria que se hará célebre
"¡Retírate, ególatra!"

El director de un diario le sugirió una vez que se pusiera un
        seudónimo
como los otros grandes de Chile
si se creía realmente alguien.
"No tengo nada que ocultar", exclamó.
"Que se cambien de nombre los sospechosos
Yo desciendo directamente del Cid".

Ni dadaísta, ni surrealista, ni futurista, ni mundonovista,
ni masoquista, ni social revisionista
¡Creacionista, mujer por Dios!
El poeta es un pequeño Dios, un pequeño Demonio es la
        misma cosa
Conste que yo no tengo nada contra ti.
Eres una viejita encantadora, pero déjame hacer mis propios
        ríos,
mis propios árboles, mis propios volcanes,
tal como tú pariste los tuyos.
Tengo tanto derecho como tú, soy tu hijo, tu nieto, lo
        reconozco,
pero ya llegué a mi mayoría de edad.
Chao, lo siento mucho, te quiero mucho: madre Naturaleza,
        abuelita Naturaleza, no te enojes conmigo.

Está a la vista que se sobregiraba
¿Verdad?, ¿ímpetu juvenil? O algo por el estilo.
Se creía la muerte en bicicleta, qué lástima
Happy birthday, anyway

Pausa comercial, no se retiren, volveremos a estar con
    ustedes en un abrir y cerrar de ojos.

Al horitañia de la montazonte
la violondrina y el goloncelo
se descolgaban esta mañana de la lunala
Se acerca a todo galope
Ya viene viene la golondrina
ya viene viene la golonsina
ya viene la golondrina
ya viene la goloncima
Ya viene la golonchina
Ya viene la golonprima
Ya viene la golonrima
Ya viene la golonrisa, etc., etc.
Adiós. Hay que decir adiós
A Dios
Hay que decir a Dios
Entonces el huracán destruido por la luz de la lengua
se reparte en arpegios circulares.

Aparece la luna seguida de algunas gaviotas
y sobre el camino un caballo
que se va agrandando a medida que se aleja.
Darse prisa, darse prisa.
Están prontas las semillas
esperando una orden para florecer
Paciencia, ya luego crecerán
y se irán por los senderos de las savias, con su escalera personal.
Un momento de descanso, antes del viaje al cielo del árbol.
El árbol tiene miedo de alejarse demasiado
Tiene miedo y vuelve los ojos angustiados.
La noche lo hace temblar
La noche y su licantropía.
La noche que afila sus garras en el viento
y aguza a los oídos de la selva.
Tiene miedo, digo, tiene miedo el árbol de alejarse de la tierra.

No hay tiempo que perder.
Los iceberg que flotan en los ojos de los muertos conocen su
camino.
Ciego sería el que llorara las tinieblas del féretro sin límites,
las esperanzas abolidas, los tormentos cambiados en inscripción de
cementerios.
Aquí yace Carlota, ojos marítimos, se le rompió un satélite.
Aquí yace Matías, en su corazón dos escualos se batían.
Aquí yace Marcelo, mar y cielo en el mismo violoncello.
Aquí yace Susana, cansada de pelear contra el olvido.
Aquí yace Teresa, esa es la tierra que araron sus ojos hoy ocupada
con su cuerpo.
Aquí yace Angélica, en el puente de sus brazos.
Aquí yace Rosario, ríos de rosas hasta el infinito.
Aquí yace Raimundo, raíces del mundo son sus venas.
Aquí yace Clarisa, clara risa enclaustrada en la luz.
Aquí yace Alejandro, antro alejado ala adentro.
Aquí yace Gabriela, rotos los diques, suben en las savias hasta el
sueño, esperando resurrección.
Aquí yace Altazor, azor fulminado por la altura.
Aquí yace Vicente, antipoeta y mago.

Desde el litoral central, en vivo y en directo para toda la
Región Metropolitana.

No son pocos los críticos que lo sitúan por encima de todo.
Para muchos el autor de *Altazor* es el poeta más grande del
Nuevo Mundo.
Las opiniones están divididas, dirán ustedes,
ese lugar le corresponde a Pablo de Rokha,
a Vallejo, para no mencionar a los nerudianos, que
fueron siempre los más poderosos.
¿Y la Mistral?
Insondable misterio.
El modernismo sigue en el poder,
a pesar de que ya se desintegró como manera de pensar el
mundo,

lo que ya dice el hombre de la calle.
Los demás me parecen excelentes, pero no me enloquecen
        no, en absoluto.

¡Chi, chi, chi, le, le, le!
¡Vi-cen-te Hui-do-bro!

Desautorizados por anacrónicos
Los que vieron en él un petimetre de la plaza Vendôme.
Puestos en su lugar quienes lo estigmatizaron de
        vendepatria, de sobrador y piola, de canchero, de
        narciso, de pije, de picaflor.
Hay que tomarlo en serio, no queda otra,
por escasa que sea la confianza que inspira,
según el solitario crítico dominical.
Hoy por hoy no prevalece ninguna duda,
hasta los bolcheviques se matriculan con él.

Desfile de estudiantes en la Alameda, septiembre de 1925.
¡Se siente, se siente, Huidobro Presidente!

Personaje difícil de encasillar el Huidobro.
Recuerda a ese caballo que se agranda a medida que se aleja
No respeta la ley de la perspectiva
¿Cómo se explica, señor Alcalde, que no se le haya erigido
        una estatua?
Aunque él se reía de las estatuas.
Una calle, un museo, cualquier cosa.
Hasta cuándo vamos a seguir ninguneándolo.
¿Por qué no se reeditan sus obras completas?
Ediciones populares no hay.
¿Cómo se explica, señor presidente de la Sociedad de
        Escritores de Chile,
que no le den el Premio Nacional
so pretexto de que está muerto?
Ojalá los amigos sepultureros estuvieran tan vivos como él.

¡Qué vergüenza más grande! Ni Nacional, ni Nobel, ni
    siquiera Municipal.
Y todavía hay gente que cree en los premios.

Otra imagen de lo que representa Huidobro la da ese árbol
    que tenía miedo
de distanciarse mucho de la tierra,
pánico de separarse mucho de la tierra.
Le dolían las hojas y las raíces.
Odiaba a los pájaros que venían a cantar en sus ramas.

Los lectores escépticos que se resistan a ver en él un profeta
    en su tierra podrían darse el lujo de volver a leer *Altazor*,
    canto primero, versículos del 469 al 489.
Veinte líneas que bastan para muestra.

La intención ecológica de Huidobro no debiera seguir
    pasándose por alto

Después de mi muerte, un día, el mundo será pequeño a la gente
plantarán continentes sobre los mares, se harán islas en el cielo.
Habrá un gran puente de metal en torno a la tierra
como los anillos construidos en Saturno.
Habrá grandes ciudades, como un país: gigantescas ciudades del
    porvenir
en donde el hombre-hormiga será una cifra un número que se
    mueve y baila.
Un poco de amor a veces como un arpa que hace olvidar la vida
sandías y tomates y repollos
parques públicos plantados de árboles frutales
No hay carne que comer, el planeta es estrecho
Las máquinas mataron el último animal.
Árboles frutales en todos los caminos.
Aprovechable, sólo lo aprovechable.
¡Ah la hermosa vida que preparan las fábricas, la horrible
    indiferencia de los astros sonrientes refugios de la música que
    huye de las manos de los últimos ciegos!

En resumen, en síntesis, en muchas palabras.
Poeta, antipoeta y mago o insecto perfecto.
Lo que oyen, señoras y señores, y lo demás sería lo de menos.
Una sola pregunta al autor de Adiós Poeta:
¿Cuándo piensa escribir, *Buenos días antipoeta*?
Ya estaría bueno, la paciencia también tiene su límite.

¿Antipoeta Vicente Huidobro? No.
Yo tenía entendido que el inventor de la antipoesía era otro.
Me desayuno con esa noticia que me parece bien escandalosa
para decírselo con palabras suaves.
Está a la vista que *El Mercurio* miente.
No le crean a Parra ni a Valente.

Bromas aparte, basta mirar los títulos de sus escritos
        múltiples en francés
para ver los puntos que calza.
Se le moteja de extranjerizante
por el delito de haber sido bilingüe,
como todo burgués que se respete no más.
Lo terrible del caso es que resultó ser el más chileno de todos.
Algo que no debiera sorprender a nadie
por la sencilla razón de que escribe prácticamente como se
        habla.
A pesar de su propia teoría, que no podría ser más
        vanguardista, en todo el sentido de la palabra
piedras preciosas, ni regaladas.
Imposible proeza mayor.
Estoy pensando en sus mejores poemas,
sus famosos últimos poemas,
y también en su texto autobiográfico
que solamente puede compararse con la segunda carta del
        vidente
léase Vicente.

Prosa acerca del porvenir de la poesía.
Lo que yo digo es que hay que hacerse vidente.

El poeta se hace vidente Vicente, vigente, por un total y
    sistemático
descuajeringamiento de todos los sentidos.

Mi opinión personal: uno de los pocos poetas chilenos que
    se puede leer de corrido.
Lo que sucede con la gran mayoría de los literatos.
Es una vieja, vieja historia según la fonética del maestro
    Isaías.
Hay que leer de atrás para adelante, de lo contrario no
    sucede nada.

Su *Monumento al mar* ha envejecido gracias a los buenos
    oficios del consumismo.
No tanto como las *Églogas* de Garcilaso, por suerte.
Puras corrientes aguas cristalinas.
El mar de Cartagena aún se sigue estrellando contra los
    arrecifes de la costa,
    contaminado, pero mar al fin.
    En fin,
    él fue quien puso la primera piedra
    como también la antepenúltima
    de ese edificio llamado poesía chilena nueva
    cuando Neftalí Reyes aún no se había cambiado de
    nombre.
Eran los días de la Primera Guerra Mundial.
Y eran las noches de la Segunda Guerra Mundial.
Él bajó de su torre de marfil, él dijo nones
a toda forma de totalitarismo
que lo diga el teléfono de Hitler
Una sola pregunta:
¿Qué hora es?
Pasaron esos tiempos, hoy estamos de vuelta de todos los
    archipiélagos.
O de casi todos, el respetable público dirá
aprendida la lección de Huidobro.
Los centenarios cuando no dan vida, matan.

Sin amedrentamientos, quiero creer que ese es su mensaje.

Paz sobre la constelación cantante de las aguas
entrechocadas como los hombros de la multitud
Paz en el mar a las olas de buena voluntad
Paz sobre la lápida de los naufragios
paz sobre los tambores del orgullo
y de las pupilas tenebrosas.
Y si yo soy el productor de las olas.
Paz también sobre mí.

"Los abajo firmantes, nos comprometemos bajo palabra de
honor a reunirnos cada cien años, a partir de hoy, 3 de septiembre de 1993, estemos dónde estemos, alrededor de esta
tumba magnética de la que brota el mar a borbotones".

* Este largo poema de Nicanor Parra después fue corregido, y con el nombre de "Also Sprach Altazor" ("Así habló Altazor", parafraseando el clásico título nietzscheano), incorporado con posterioridad, en 2006, en su
libro *Discursos de sobremesa*, ampliado y separado en 84 poemas, firmado
en Las Cruces, el 3 de septiembre de 1993. Es interesante observar aquí el
proceso de corrección parriano al cotejar ambos textos. [N. del E.]

La Opinión, 11 de noviembre de 1932

Pablo Neruda, poeta a la moda

DESDE ADENTRO del hecho y del tiempo, desde la intimidad sustantiva y genitora de las razas trabajan los corazones poderosos; desde adentro de adentro de la historia. Su acción cardinal coincide con lo permanente y absoluto, con la voluntad de eternidad que se expresa en lo contingente y pasajero, más que con la apariencia transitoria y alevosa, más que con la periferia de lo objetivo, de lo inmediato, de la banal corteza de las cosas. Así, el gran artista rima y está de acuerdo con los hechos internos de la cultura y en contradicción con el ambiente. Vive en la eternidad más que en la historia; vive en la eternidad más que en la crónica, más que en la táctica huidera de los sucesos; vive en la eternidad y a la eternidad se dirige con calmado paso de hombre. Pero si el acto puro y esencial de su canto lo distancia y le sitúa, eternamente, contra el medio, su condición humana, dramática, siempre dramática y romántica, lo ubica en el vértice de la vida.

El gran artista, el gran poeta no es valorado integralmente por su obra, sino por el aliento, por el fluido, por la presencia de su alma. La obra máxima del gran artista se sitúa por encima del suceso y del momento. Los contemporáneos del gran artista solo escuchan el sentido de su ley profunda, le presienten, le intuyen, pero su voz se evade de la comprensión histórica, se evade del presente y del acento del presente, hacia lo eterno.

Ahora el artista doméstico, el poeta mínimo y cívico que expresa en imagen deleznable la ansiedad del hombre mediocre, el corolario cotidiano que añade a la vida práctica el pobre hombre de la oficina y la burocracia; el artista doméstico está siempre a tono con su tiempo, no como hombre, sino como artista; no como ente social y humano, sino como artista; no con su vida, sino con su obra, con el designio, el sentido, el destino y la entonación última de su obra. El hombre mediocre lo aplaude, le entiende, le define, y él mismo, el hombre mediocre, se entiende, se aplaude, se define en la obra del artista doméstico. Y un perfume de laureles democráticos ciñe su himno; es el aplauso de la señorita enamorada que recita los *Veinte poemas de amor y una canción desesperada*, es el aplauso del adolescente enamorado que recita aquello de: "Amo el amor de los marineros que besan y se van", en actitud de apache medio Narciso y medio borracho, de podesida, es el aplauso del amigo Joaquín Edwards Bello, extasiándose frente a frente de la ramplonería nerudiana.

Singulariza a estos poetas del medio ambiente, a estos poetas a la moda, a estos poetas siempre a la moda, la maña técnica, el truco, la utilización admirable de la retórica del instante, de la poética del instante, del "acento" del momento. Son gentes astutas que efectúan la diablura del *poema a la moda*, con un instinto de insectos, que efectúan la diablura del verso, del himno de avanzada, en forma tan perfecta, que no solo engañan a los demás, sino que se engañan a sí mismos, se mistifican a sí mismos, se engatusan a sí mismos, se engañan a sí mismos, con un arte de juglares listos, profundamente diestros, de antiguos y eximios pungas del espíritu. Además, administran su obra y su gloria con claro criterio de prestamistas.

Pablo Neruda desembarcó un día del año 1922 frente a mi mesa de trabajo. Venía de Temuco, traía un librito, en originales: *Crepusculario*; yo había publicado por esos momentos, *Los gemidos* y había recibido el escarnio y el dicterio de todos los tontos de la República. Pablo Neruda formuló la apología de *Los gemidos* en la revista *Claridad*. Yo le presenté a Pedro Prado, y allá en la Torre de los Diez, en Barrancas, Pablo Neruda obtuvo del ingenuo escritor de *Alsino* los párrafos a que alude Edwards Bello en su salutación ditirámbica. Con el aplauso de Alone apareció *Crepusculario*. Más tarde publicó Neruda aquellos *Veinte poemas de amor y una canción desesperada*, es decir, la biblia típica de la mediocridad versificada. Silva Castro y Meza Fuentes timbraron, marcaron con sus elogios al naciente poeta a la moda. Más tarde, *Tentativa del hombre infinito*, la única obra de algún valor permanente que haya trazado Neruda; más tarde, *El habitante y su esperanza y Anillos*, con su fiel discípulo y apologista Tomás Lago. He ahí toda la obra del "primer poeta de América". Vamos a señalar el ápice de singularización, las características, valores y valencias de la poesía de Pablo Neruda y, enseguida, a investigar y determinar el porqué de sus laureles democráticos.

Predomina en *Crepusculario* el versito del Darío de las *Prosas profanas*. La rima mínima responde al acento de colegio, al usado y cansado sonsonete retórico, a la entonación deleznable. Ni un ápice de lo inaudito y lo estupendo que aportan los grandes poetas. La versaina desesperada del provinciano alcanza allí su actitud definitiva; es el breviario de la mesocracia literaria, el evangelio de la poesía de pacotilla, artículo mostrenco y suntuario, a la vez, del barrio San Diego del arte; pequeñez de alma, pequeñez de canto. Aquella obra soberbia de estupidez, egregia de mediocridad y de banalidad alevosas, desató la lengua a la prensa mendicante y el poeta fue coronado de papeles.

Yo he oído a hombres cultos y serios elogiar la pintura mediocre, la escultura mediocre, la arquitectura mediocre, la literatura mediocre, la música mediocre, el arte mediocre. Parece que el subconsciente humano desplaza su poderío, únicamente, con sentido colectivo, o sea, la cultura es siempre, siempre, un fenómeno social-racial, no un fenómeno individual, sino en los casos logrados del genio, que, en última instancia, en última urgencia, es una síntesis de *lo colectivo*, trabajando hacia lo cósmico. Yo he oído a hombres cultos y serios elogiar la democracia versificada de los *Veinte poemas de amor y una canción desesperada*. Gentes firmes y puras se han deleitado con aquel periodismo rimado y sobado hasta la locura:

"Puedo escribir los versos más tristes esta noche"…

"Es tan corto el amor, y es tan largo el olvido"…

"Escribir, por ejemplo: La noche está estrellada"…

Parece que el sonsonete doliente e inicuo balanceara aquella flojera interna y superflua, especie de sobrante del alma, residuo siniestro y oscuro de la animalidad rumiante, que arrastra el ser humano en los sótanos del subconsciente. Y así, aquel verso tonto, aquel verso bobo de demencia con su matraca malvada y asonantada, va acunando el material hospiciano, el saldo, el complejo saldo de imbecilidad bailable que posee el individuo. Solo así se comprende el deleite bobino, ovejuno, bobino y caballar de aquel libro mediocre, ordinarísimo, sin ninguna altura, sin ninguna alcurnia, columpio de la rima externa, vieja bicicleta tuerta, de pedales en compases lamentables, sin audacia, sin figura, sin grandeza, sin llamados universales, sin eje humano, logrado y genérico. Los discípulos de Neruda, todos los discípulos de Neruda han sobrepujado ya al maestro haciendo la misma bromita, la misma bromita endecasílaba.

Tentativa del hombre infinito es algo más recio y valioso. Pero existe allí el desorden romántico, a toda orquesta, el desorden romántico en la construcción y en el impulso, en el instinto, en el acento constructivo. Se ha tronchado el puente que va de contenido a continente. La expresión rota y trunca, se lamenta no expresando, no continuando el núcleo íntimo de la periferia. Y emerge el desorden romántico.

La crónica psicológica que Pablo Neruda tituló: *El habitante y su esperanza*, es equivalente a todo lo hecho en Europa, en los últimos años por todos los pastichistas y los fabricantes del lenguaje. No es el libro absolutamente tonto, absolutamente necio y ramplón, como *Veinte poemas de amor y una canción desesperada*. Es el producto de fábrica, clásico y nítido en su calidad de producto de fábrica; es la astucia y la argucia del literato de experiencia; es la actitud mañosa y ladina de aquel que sabe que: con tres palitos y un ladrillo se arma una trampa… en la cual caen todos los ratones y los Alones literarios.

Anillos es una colección de chistes verbales, sin importancia.

Entonces, ¿qué determina, qué condiciona la nombradía de Pablo Neruda, su influencia evidente y deplorable, evidente y lamentable sobre el joven poeta chileno y aun indolatino? ¿Quiénes han escrito acerca de la obra de Neruda aquellas apologías soberbias? ¿Quiénes son realmente, francamente sus discípulos y continuadores, y quiénes constituyen su público, precisamente, su público, sus lectores y sus admiradores?…

Cuando don Miguel de Cervantes vivía en presidio por deudas, los hermanos Argensola eran, el uno cortesano poderoso y temido y el otro embajador en Italia; y aquellos dos filibusteros del arte eran los poetas a la moda…

Neruda ha trabajado y va trabajando y administrando su renombre con paciencia y con cautela. A las cartas absurdas o estúpidas él contesta largos folios cordialísimos y envía poemas al admirador epistolar; poemas y saludos sentimentales. Todos los críticos de arte de Chile fueron visitados y saludados por Pablo Neruda. He ahí entonces un renombre de estafa, he ahí entonces un renombre que obedece a una gran máquina, perfectamente montada y administrada por el astuto criollo que hay adentro de Pablo Neruda; he ahí entonces un bluf comercial editado por Nascimento.

Joaquín Edwards Bello dice que no lo comprendió hasta que no lo conoció. Trabajando en el Departamento de Extensión Cultural y Sociológica, llamado de los paniaguados por *El Mercurio*, día a día y juntos, Pablo Neruda se trabajó al buen amigo Joaquín Edwards Bello y resultó el ditirambo de *La Nación*. Es la vieja táctica de Neruda.

Ni la raza chilena, en formación, ni la entidad indolatina se expresan en este flagrante y fiel servidor de la burguesía. La angustia social del mundo, el estertor de agonía colectiva y el colosal clamor proletario que circula ardiendo, por adentro de las arterias del mundo, y anuncia la nueva cultura, no conmueven al artista habilidoso, al poeta juglaresco y solapado que se esconde detrás de un andamiaje imaginario de nativo oportunista. Pablo Neruda entona la palinodia del versito surrealista, viste bien, come bien, duerme bien y todos los primeros se va a incautar sus buenos pesos, emanados de la Tesorería General de la República.

Pablo de Rokha

La Opinión, lunes 22 de mayo de 1933

Epitafio a Neruda

RADIOSAMENTE, EL prestidigitador sacaba palomas del sombrero, palomas de oro, de llanto, de fuego, elefantes, soldaditos, o una gran sustancia emocionante que ardía como un canto singular en las ferias y los circos regionales:

Aplaudía el provinciano, y esa especie de ser mixto y turbio que acompaña a los ocultistas, a los morfinómanos, a los delincuentes.

Pero, algún día, alguno más mañoso y más enfermo, por la enfermedad, adentro de ella, encontró la fórmula de la fábrica divinoide, y *extrajo palomas del sombrero*. A aquel burlador siguieron otros y otros y otros. Entonces, el mixtificador se volvió confuso, se volvió deshecho y entristecido en su trabajo, porque los discípulos, los amados discípulos, le habían robado el destino y el designio de la máscara.

Pablo Neruda.

Sí, efectivamente, *la máscara*. Neruda es el amo, el dueño y la víctima de la máscara; de aquella "máscara del poeta" que inicia y define *Residencia en la tierra*, de aquella gran máscara que le iba llevando y administrando por los teatros reaccionarios, su fiel "compadrito" y peluquero de cámara.

Y he ahí, ahora, lo siniestro y oscuro y amargo del drama interno, de la tragedia psicológica de Pablo Neruda: la máscara no descansa en la estructura interior, no, es la estructura interior que descansa en la máscara, es la arquitectura interna, subjetiva, intuitiva, la ley interna que descansa en la máscara.

Se produce así aquel acento excesivo y alevoso, aquel estilo en el cual la técnica supera al hecho sustancial, supera la cantidad cósmico-expresiva, supera *"lo numinoso"*. —Ejemplos: *Caballero solo, Tango del viudo*, etc. Y cuelgan las palabras, como hilachas; la máscara se ha llovido, se ha mojado *por adentro*, la ha destrozado la propia actitud, la propia ilusión, no el contenido, la propia máscara, el estilizamiento, el bizantinismo, el exceso, el virtuosismo técnico, es decir, retórico, el romanticismo, la pose lírica, trágica, sí *el romanticismo*, la construcción a la inversa.

Desembocamos ya en el cruce de todos los caminos psicológicos de Neruda: el romanticismo.

De tal manera, así, Neruda se señala, se singulariza, es el escritor que nace el poema en donde el núcleo no se resuelve en periferia, el fondo en forma, la voluntad en acto, en hecho, en estilo, como en los clásicos.

¿Por qué? ¿Qué ha condicionado y determinado aquella gran desgarradura del romántico, que es su alarido y el sentido de su alarido? ¿Cómo tal volumen hecho humo?

Aquel *desgarrón* fatal del romántico es la discontinuidad, la intermitencia, la incoherencia esencial de los lesionados vitales. Cuando la materia se expresa, la expresión es la ley orgánica de un estadio vital completo y exacto, es el conflicto que se resuelve, el caos que deviene cosmos, el enigma que se define, el instinto que busca y halla orden. Ahora, si el anhelo expresivo se trunca, se quiebra, entonces se produce el desorden, el pulso anormal, y según el complejo de inferioridad de Adler, la astucia, la maña, la argucia, la fórmula, la máscara.

Eso es Neruda.

Él se defiende haciendo el subconsciente, elaborando el material ilógico —alógico— y divino y humano del arte, elaborando aquello que no se elabora, aquello que no se verifica en la conciencia; él se defiende fabricando y adobando lo *indescriptible de Goethe*; él se defiende "a la inversa", produciendo el desorden por descomposición de los elementos lógicos. Pero sucede que el arte no solo es orden, sino que es un orden estricto, el orden estricto por antonomasia.[91] Solo que es *otro orden*, precisamente, otro orden, que no se consigue, ¡oh!, astutos indolatinos, rompiendo los nexos de la conciencia, rompiendo los conceptos y echando a hervir los fragmentos despedazados en las marmitas *del sueño consciente*, rompiendo los conceptos para hacer el misterio de los "arquetipos" platónicos.

Es, pues, el arte de Neruda un esfuerzo de la conciencia desesperada, que se defiende creando mitos y signos híbridos, frente a lo que comprende y no posee: la *expresión lograda* de Croce, la salud integral de quien formula el *inconsciente colectivo* de Jung, *lo sublime* de Kant, la *superestructura estética* de Marx.

Obtiene, no obstante, Pablo Neruda la simulación aproximada del fenómeno estético, acoplando elementos discordantes y divergentes en la objetividad elemental del hábito, v. gr.: "Siempre, productos manufacturados, medias, zapatos,/ o simplemente aire infinito".

Escribe en "Ritual de mis piernas". Pues bien, como el ciclo inicial de los procesos de disgregación lógica de la lógica consiste en utilizar "a priori" la *ley de la contracorriente de Heráclito*, acoplando los contrarios, el lector advierte cómo tal táctica alevosa precipita a Neruda en la descontrucción premeditada, arrastrándolo enseguida, a la descontrucción fatal y feroz de lo inorgánico antiartístico, antiestético, de lo inarmónico:

> [...] amo la miel gastada del respeto,
> el dulce catecismo entre cuyas hojas
> duermen violetas envejecidas, desvanecidas,
> y las escobas conmovedoras de auxilio,
> en su apariencia hay, sin duda, pesadumbre y certeza.

De vez en vez, adentro del pantano de formas tontas y discontinuas, tontas y en desorden, la máquina pitagórica

[91] R. Otto, "Lo santo".

adquiere su dominio justificando, tardíamente, las setecientas, las ochocientas, las novecientas palabras de periódico, con aquel "claro día de tus piernas" del "Tango del viudo", e ilumina y dignifica su ferretería desordenada de accidentes.

El gesto apoyado en el gesto, la mueca cimentada en la mueca, la máscara, estructuración de actitudes sobre actitudes, y la cantidad descontruida, la geografía expresiva, rota, convulsa, muerta por disgregación, el acento deshecho, he ahí a Neruda.

Hundiéndose, sumergiéndose en aquel terrible torbellino del desorden, Neruda se agarra a la tabla de salvación de la retórica usada, y produce versos, versos medidos y asonantados, distribuidos en estrofas entre las cuales predomina aquella feroz matraca del verso de catorce sílabas:

> Los muebles viajan llenos de su ser silencioso,
> como pequeños barcos dentro del viejo barco...
> Se desliza y resbala, desciende, transparente...[92]

Y aquel "son usado" arrastra al lector a aquella situación híbrida del escaso, exiguo lenguaje auténtico, encadenado a la retórica de Horacio.

Ahora, esta cosa tan horrenda, tan siniestra se repite, terriblemente, en los poemas de Neruda, se repite y se aumenta con ciertos aspectos infamantes, como la sombra de Góngora, sepultada en esos renglones que dicen: "Un clima de oro maduraba apenas / *las diurnas longitudes de su cuerpo*".[93]

Cuando el pavor, el horror de hundirse en el caos verbalmental le aterra, se defiende con el espacio, *enumerando*, acordándose de Walt Whitman y advienen esas eternas, lentas, premeditadas enumeraciones de situaciones paralelas —(pleonásticas!)—, que carecen de la ingenuidad vegetal de las que suceden en *Leaves of Grass*.

---

[92] "El fantasma del buque de carga".
[93] "Ángela adónica".

"Yo lloro en medio de lo invadido, entre lo confuso...", dice Neruda en "Débil del alba", y se define. Se define en tres sentidos: en el sentido del hombre doliente, hundido, sin fuerza, sin forma, en *los barros cósmicos*: en el sentido del hombre doliente y romántico, entre el desorden expresivo, agarrándose a las piltrafas de la retórica-poética, en compases de monotonía objetiva y amarilla, y en el sentido de quien comprende que degenera profesionalmente como poeta, como artista.

El estadio II de *Residencia en la tierra* levanta el libro y lo sitúa, momentáneamente, a la altura de la edición, tan ancha y clara.

Aquellas lecturas abiertas, aquellas leyendo *en el tiempo*, no son, naturalmente, la obra estricta, ceñida de material puro, no son la expresión artística, la expresión estética esencial, pues retienen siempre fragmentos de conceptos, de ideas, de valores de juicio sí, pero alcanzan la belleza media. Y hay un poema, "Unidad", y otro "Juntos nosotros", y otro "Galope muerto", y algunos más, en donde el crucificado no es un pelele, sino un poeta, aún un poeta.

P. DE R.

Esquema del plagiario

Así COMO así no más e impunemente, no se es verdugo, ni soplón, ni espía, ni PLAGIARIO.

Cree la gente, con una gran simpleza de conceptos, que el sujeto siniestro que ayer le retorció los huesos al preso político, en función de su empleo, podría hoy reintegrarse a la colectividad y ser un hombre cualquiera.

Esto es mentira.

Aquel que desempeña funciones que entrañan represión, y es verdugo o soplón, o espía, en nombre del Estado, es porque tiene temperamento de verdugo, o de soplón, o de espía, es porque está condicionado y aun, determinado para la función social asquerosa. Y el que degolló a un hombre, en nombre de la autoridad, era un asesino reprimido. Así como el que torturó a un borracho, a una mujer, a un cuatrero de los campos, tenía las mismas entrañas del inmundo Marqués de Sade. Sigmund Freud traslada el problema a la cirugía; por ejemplo, presentándola como una sublimación de los instintos delictuosos. Pero allí el enfermo, es decir, el sujeto condicionado, patológicamente, domina su complejo y lo expresa BIOLÓGICAMENTE, como ser sano, útil a la colectividad: sería el caso del actor, con relación al autor, en aquellos cuya libido se manifiesta imitando, esto es, como reflejo.

Un plagio no es un *lapsus linguae* cualquiera, y, probablemente, no es un plagio, son varios plagios, unos cuantos plagios: un plagiario.

Y para ser un plagiario, menester es poseer un oportunismo desenfrenado, una vanidad sucia y enormemente objetiva, como de histrión o de bufón fracasado, una gran capacidad de engaño y de mentira, una noción miserable y egolátrica y deleznable, a la vez, de la propia y oscura personalidad, y un aprecio y desprecio exagerados por el prójimo. Hay un megalómano y un mendigo en el plagiario. Espanta su anhelo de engañarse y engañarnos, y su condición doble, en dos mitades, en la cual la una se ríe de la otra, formulando un drama tremendo.[94]

Se ha demostrado y publicado que Pablo Neruda ha plagiado a Tagore, el poeta indio.

P. de R.

[94] Complejo de Narciso.

Pablo Neruda
plagiario o gran poeta

¿Es UN poeta estimable? ¿Es un imitador de los primeros creacionistas chilenos y españoles? ¿Se es justo al proclamarlo poeta de primer plano o se es justo al declararle un poeta secundario y como tantos?

Mientras en Chile el joven poeta Volodia Teitelboim descubre plagios de Neruda a Tagore, a Huidobro, a Díaz Casanueva, etcétera, en España García Lorca lo proclama el mejor poeta de América después de Rubén Darío.

La proclamación de García Lorca tendría valor si él lo tuviera, pero todos los poetas de primer plano que escriben en español niegan al andaluz una alta categoría, le consideran un poeta mediocre, un simple tonadillero. Así vistas las cosas, su opinión carece de importancia. En cambio la acusación de Teitelboim no es una opinión, es un hecho real. Pero tampoco este hecho, considerado filosóficamente, tiene una gran importancia, pues un poeta puede haber plagiado algunas veces por negligencia, por pereza, por niñería y no por eso vamos a negar todo su valor.

Shakespeare fue acusado de plagiario y en verdad casi todos sus temas eran tomados de obras o leyendas anteriores y muchos versos, muchas frases y aún tiradas enteras eran plagios de otros autores. Buscando las raíces de la poesía de Goethe, se han encontrado las fuentes de muchos de sus poemas en otros poetas. ¿Negaremos por esto la obra de Shakespeare y de Goethe? Entre los modernos, Picasso en la pintura, Stravinski en la música, han sido acusados de ser grandes ladrones. Y así tantos otros en las artes, en la filosofía y en las ciencias.

Esto prueba que lo que importa no es el plagio, sino la calidad, el valor del plagio y diríamos que solo el plagio vulgar es condenable.

Lo que nos interesa respecto a un poeta es su valor real, aparte de sus debilidades, de sus caídas y sus torpezas.

Analizado bajo el aspecto de su valor real, Pablo Neruda nos parece un poeta de segundo o tercer plano. Constatamos además, que acusado de plagiario en *Las Últimas Noticias* ningún poeta ha salido en su defensa. Solo han salido esgrimiendo espadines, dos policías. En cambio, un auténtico poeta como Pablo de Rokha le cruza el rostro en unas cuantas frases en *La Opinión* del jueves pasado.

Hemos podido constatar que los jóvenes poetas de más valer, aquí y en otros países de nuestra lengua, consideran a Neruda un poeta mediocre o un simple bluf hinchado por un grupo tan mediocre como él.

Uno de estos jóvenes nos declaraba ayer: "A mí ni me interesa ser el primer poeta después de Darío, a mí me interesa ser el primer poeta después de Huidobro".

Sin embargo, la poesía de Huidobro adolece de un grave defecto y es que es demasiado difícil, es algo así como la música de Schoenberg que es solo música para músicos. La poesía de Huidobro es poesía solo para los poetas y cada día se hace más cerrada y más abstrusa. El rol de la poesía es emocionar el alma humana, no decimos, naturalmente, las almas vulgares, sino todas las almas finas. Un poeta que solo toca a diez o veinte poetas en todo el mundo no cumple con el rol de la poesía.

Declaro, sin miedo, que la oscuridad de ciertos poetas me atacan los nervios casi tanto como la mediocridad de otros.

Encerrarse en una campanilla de iniciados me parece un gesto inútil y sobre todo hoy que la poesía debe tener un gran rol social y salir al sol.

Me dicen que Huidobro solo estima entre los poetas chilenos a Díaz Casanueva y a Pablo de Rokha. Es una opinión demasiado estricta y que prueba el amor de la capilla cerrada.

Hay que salir al sol y mirar más abiertamente, sin prejuicios y entonces ver todos los nuevos valores que van subiendo entre los jóvenes y que los hay de muy alta calidad.

Justiciero

La Opinión, 10 de junio de 1935

Marginal a la antología

CUANDO VOLODIA Teitelboim, vagamente descendiente de Huidobro, llegó a mi casa y me habló de la "antología", yo le contesté: "Generalmente, estas antologías nuevas, o esas antologías viejas, solo sirven para que alguno o algunos jovenzuelos anónimos EMERJAN A LA PERIFERIA y se destaquen a costillas de otros, para que algún erudito cavernario baile en el alambre, o para que algún mercader, más o menos chileno y más o menos roñoso y oscuro especule con los escritores servido por algún ganapán retórico-poético y vil, disfrazado de antologista". Además, le agregué: "Tanto Ud. como su astro Anguita pertenecen a la constelación de superhombres que descubrió Vicente Huidobro en la vía láctea del Mapocho, y esto me los hace y torna ligeramente sospechosos". Y agregué: "Ud. aún, que, por ser ustedes adolescentes, adentro de la literatura y de la vida práctica y económica, van a aceptar ustedes toda la sugestión fea y sucia del ambiente, y lo enormemente turbio y embarrado y tonto de la captación, A CUARTA DISTANCIA, de los fenómenos históricos, es decir, van a sugerir la historia panorámica del arte literario, en Chile, CON ESTIÉRCOL FATALMENTE, como las guagüitas chicas".

Después le recalqué cómo me interesaba el que se incluyese sustancialmente la obra lírica de Winétt de Rokha, y le di *Cantoral*, libro de poemas y epítome de los versos escritos por mi compañera. Le indiqué, en seguida, los nombres concretos de algunos poetas interesantes para toda antología: Guillermo Quiñones, Pedro Plonka, Gerardo Seguel, Zoilo

Escobar Galaz, etc., y Luis Luksic, el singular escritor boliviano-santiaguino, de una gran alcurnia poética.

Corridas algunas semanas, tornó Teitelboim a declarar que el Sanhedrín había acordado no incluir a Winétt de Rokha en la *Antología de poesía chilena nueva*. Yo le dije que me parecía arbitraria y perentoria e insolente la determinación de los maestros de Sion y que retiraba mis originales. Poco a poco, Teitelboim fue adentrándose, hondamente, en la amistad nuestra, insinuando, no diciendo, que el Sanhedrín estaba subordinado, fatalmente, a la voluntad dictatorial del Sumo Sacerdote y que el Sumo Sacerdote de la Sinagoga, no era otro que nuestro viejo amigo Vicente Huidobro, y, en consecuencia, Anguita no era sino el sacristán monaguillo y paniaguado del Pontífice...

He ahí la verídica historia de la ANTOLOGÍA.

Diez poetas integran el volumen: Vicente Huidobro, Ángel Cruchaga S.M., Pablo de Rokha, Rosamel del Valle, Pablo Neruda, Juvencio Valle, Humberto Díaz Casanueva, Omar Cáceres, Eduardo Anguita y Volodia Teitelboim. Eliminados, probablemente, alguno de los tres primeros, y, probablemente, alguno de los tres segundos, yo voy a formular un índice de doce poetas más, con tanto derecho a figurar en la ANTOLOGÍA como alguno de los tres primeros y algunos de los tres segundos y, con tanto o más derecho que los cuatro últimos y el sexto: Winétt de Rokha, Guillermo Quiñones, Pedro Plonka, Gerardo Seguel, Augusto Santelices, Alejandro Galaz, Salvador Reyes, Tomás Lago, Alberto Rojas Giménez, Zoilo Escobar, Jacobo Danke y Luis Luksic. Alguno de los citados me son personalmente despreciables y repugnantes, pero yo comprendo que tienen tanto derecho como Juvencio Valle, Omar Cáceres, Eduardo Anguita y Volodia Teitelboim o Rosamel del Valle a integrar la ANTOLOGÍA.

¿En dónde reside la razón estética o dialéctica para que en una *Antología de poesía chilena nueva* asuman beligerancia de poetas HECHOS cuatro principiantes, cuatro balbucientes de la poesía como Juvencio Valle, Omar Cáceres, Eduardo Anguita y Volodia Teitelboim y no ocupen un sitio digno

Alberto Rojas Giménez, Winétt de Rokha, Salvador Reyes, Guillermo Quiñones o Tomás Lago? ¿O a estos poetas y artistas nuestros les hacía falta, mucha falta, la amistad de los antologistas, ya que la significación estética no se les imponía, "conforme a derecho", y de manera ineludible? ¿Por qué emerge un acento de *affaire chez Vincent*, desde los subsuelos y los subterráneos de la antología, una especie turbia de *olor a máquina* montada, lograda y usada en servicio del camarada del creacionismo y su bandera?

Ahora, con respecto a la calidad integral de los últimos antologados, yo voy a recordar un pequeño suceso relacionado con mi amigo Omar Cáceres. Tres o cuatro o cinco tardes, muy tarde, del invierno pasado, resbalaban unos golpecitos suavecitos en la puerta de calle: era Cáceres que emergía, DESDE LA TENEBROSA TINIEBLA, A APURAR su prólogo: efectivamente, yo escribí unos renglones castigadísimos, bastante sinceros, honrados y hasta profundos: "Ser y expresión de Cáceres". Celebraba su lenguaje duro, como de vidrio, y fino, la alta materia de su retórica, su actitud estricta, en afán y función de límite, frenando la orquesta rítmica, pero allí, precisamente allí ubicaba el peligro: AGONÍA POR ESTILIZAMIENTO. Al siguiente día, subsonaron los golpecitos de Cáceres, con Cáceres a la siga; en tal emergencia, el artista traía mi ensayo, muy femeninamente preparado y recortado con tijeras, en aquellas partes en donde ubiqué yo mi temor de que se le agotase la saliva al poeta, para ir puliendo y sobando y urdiendo los rengloncillos; naturalmente, yo rellené con violencia y dureza los agujeros dibujados por la astucia de Cáceres, pues él me estaba afirmando mis sospechas, enérgicamente. El buen Cáceres no volvió más a tocar a la sordina. Y un día del tiempo, apareció *Defensa del ídolo* con un doble prólogo de Vicente Huidobro, que yo no he leído, porque vi que el amigo creacionista se burlaba de Cáceres, desde su "OMBLIGO", llamándole el más enorme de los poetas del habla o *fabla* castellana.

Yo invito a Omar Cáceres a publicar mi prólogo y el que le pidió a Ángel Cruchaga S.M.

Cuando Luis Luksic pidió el retiro de sus originales, en sentido de protesta por la exclusión de algunos escritores que él estimaba valiosos, y son valiosos, grandemente, y por la exclusión de sus poemas revolucionarios y de un ensayo de estética, de carácter marxista, el Sanhedrín accedió gustosísimo. Y no accedió cuando yo exigí los míos. Naturalmente, pude haber llevado mi petición a una fórmula de hecho, a la violencia brutal, pero no quise hacerlo, porque me pareció grotesco. Los antologistas querían hacer la "ANTOLOGÍA" SIRVIENDO SUS FINES, y Cruchaga y yo y Neruda les éramos indispensables. Me parece justo el anotar aquí el cansancio y el aspecto dolorido, en el cual expresaba Teitelboim lo acogotado que le tenía el coautor y su sombra. Y es que hay en Teitelboim un muchacho inteligente y caballeroso y el amanecer de un buen poeta, y sabía que estaba poniendo la espalda, para que golpease el monito.

Yo voy en la "ANTOLOGÍA" CON TREINTA PÁGINAS, Vicente Huidobro CON CINCUENTA Y SEIS PÁGINAS, Neruda CON VEINTICUATRO PÁGINAS. De *Los gemidos*, que es una obra de seiscientas y más páginas, en tamaño dieciséis, es decir, en el tamaño de la "ANTOLOGÍA", se ha extractado una página, UNA PÁGINA Y UNOS RENGLONES, y casi todo *Temblor de cielo*, de Huidobro, y de *Cosmogonía*, libro del cual se han publicado unos cien poemas, se ha extractado UN POEMA!... (publicado hace once años). ¡Y Huidobro se dirige a Anguita, llamándole, no *estimado secretario*, sino "estimado señor!"...

Es enormemente lamentable...

P. DE R.
(continuará)

Marginal a la antología, II

PERO NO sigamos sin destacar algunos hechos precisos y de bastante importancia. La *Antología de poesía chilena nueva* es incompleta, absolutamente incompleta (¡se habría eliminado a 12 poetas "nuevos"!), y arbitraria; pero es la selección más alta, más castigada, más pura que se haya logrado en la América; lo anterior se desprende de haber eliminado, de haber borrado y echado a la basura del olvido, a toda aquella gran canalla de poetastrosperiodistas, que han rebuznado su mediocridad, a todo lo largo y lo ancho de las *crestomatías*, paridas en hediondo espíritu de mercaderes, por Samuel Lillo, Tomás Gatica Martínez y Rubén Azócar. La obra extensa de Huidobro y la de Pablo de Rokha habían sido silenciadas, mal interpretadas, destrozadas por los dos cretinos y el adlátere de Neruda…

(A cualquiera reincidencia de estos u otros mequetrefes, hemos de responder desenmascarándolos brutalmente).

Ahora, la influencia de Vicente Huidobro en Zig-Zag ubica en sitio más o menos deprimente y subalterno a Neruda y De Rokha, admite el prólogo indecente de Eduardo Anguita y hace un juego de fechas y títulos *inéditos*, tan inéditos (que si es explicable, es doloroso y deprimido). Pero la tónica esencial del libro se mantiene, y no desciende hasta la infamia.

Entonces, vamos a estudiar, un poco tan solo, la personalidad de Vicente Huidobro, nuestro viejo amigo.

Eliminada la tontería aquella del creacionismo ("CREACIONISTAS" SON LOS HIMNOS RÚNICOS Y EL APOCALIPSIS), dirijámonos a la obra lírica, es decir, no a la retórica-poética, sino a la intimidad subconsciente y creadora; pero no dejamos en la ribera de lo escrito la constatación de que la mascarada creacionista nos es utilísima en el sentido de afirmar que en Vicente Huidobro coexisten, peleando, el taumaturgo y el poeta, el taumaturgo y el artista, en un combate de rango bastante alto y eminente, y que aquella gran dualidad dramática, buscando su orden y creciendo, condiciona y aun determina su estilo; y así se genera y comprende nuestro punto de vista, partiendo de que, adentro de él, se verifica un conflicto: agoniza la oligarquía y emerge el pequeño burgués histriónico, diabólico, proletarizándose. De tal manera que entre la materia constructiva, el material, y el lenguaje, entre "fondo y forma", hay una trizadura, una rotura, una quebradura, una gran herida, que origina su humorismo (la herida del gran burgués que rompe su clase), en el acento de Huidobro. Su estilo, sí, su estilo se significa por aquel abismal complejo, según el cual, gritando en la retórica amorfa, en el lenguaje cuotidiano y en el lenguaje discontinuo, estalla la llamarada preciosa de la imagen, su estrella de platino, desnuda en el amanecer de su órbita, entre la mecánica de la gramática híbrida tal característica da la tonalidad fundamental a la poesía de Huidobro.

Es, pues, un estilo de hallazgos, de sorpresas, un estilo de momentos esplendentes, que describen una trayectoria falsa, de jeroglífico que hace alarde de solucionarse, un estilo que dice: "¿Ven ustedes, señores, cómo yo resuelvo mis problemas? *¡Ecce homo!*", y hace una pirueta y otra pirueta, riéndose... esto le ubica en la poesía contemporánea de Indo América a la orilla de Lautréamont, corriéndose a la periferia, pues el franco-uruguayo es definitivamente trágico-romántico-dramático, y Huidobro es cómico-lírico. Y con relación al suceder histórico-dialéctico, como el típico pequeño gran burgués, "METEQUE" que toma contacto y ligazón con la Europa imperialista y su arte de bagaje agónico, lleno de astucia, lleno de diablura y debilidad, como de los primeros americanos que hacen el París del pre y el post-catorce, como un "literato de vanguardia", QUE, COMO HA IDO DE LA PROVINCIA A LA

236

CAPITAL, retorna refiriéndonos *cosas nuevas* que nosotros, pequeños-burgueses de barrio de pueblo, ya conocíamos. Es, pues, Vicente Huidobro un escritor, reflejo de Europa, de importancia relativa y literaria con relación a América, de gran entidad y significado con relación a Chile, de bastante valor y poder poético, con relación a España, la descoyuntada España artística de hoy, y un escritor imperdurable con relación a la historia humana. Yo no deseo tener que exponer el panorama político-artístico, la realidad económico-estética, el medio socialmente poético, al cual se acopló Vicente Huidobro en su primera llegada a Europa, a Francia, sí, a Francia, pues todos nos conocemos, sobradamente, el ciclo de valores comprendido y definido entre 1900 y 1930, más o menos, el ciclo de arte flagrante polarizado en la concepción dialéctico-espiritualista de Hegel y el vitalismo esteticista italiano. Así, Huidobro no va creciendo y resplandeciendo, como una gran unidad poderosa; no, es incoherente e intermitente su desarrollo, cargado de neurosis, hinchado de neurosis y megalomanía. Por aquello, no existía conveniencia, para la obra lírica de Vicente Huidobro, en las copiosas antologías, sino en las síntesis esquemáticas, en las que relampaguea su estilo de charada, metafórico y paradójico, e intencionadamente "SURREALISTA", si es posible maña tan astuta.

Es menester descartar la poesía funeraria a Lenin, indigna de elogio, en cualquier sentido y medida, pues es algo tan forzado y vago y falso y… BURGUÉS y vacuo, que ofende, seguramente, a los explotados sociales.

Ahora, frente a frente a la revolución proletaria, valor-control de todos los hechos modernos, la *Antología de poesía chilena nueva* vale muy poco, NADA, pues los poetas no fueron situados, con relación al materialismo histórico-dialéctico, a la lucha de clases, y allí dilucidados, estudiadas las coordenadas condicionantes, determinantes del móvil psíquico y la FORMA, sino agrupados bajo el signo cronológico. No debían hacer otra cosa, ninguna otra cosa, dos muchachos como Teitelboim y Eduardo Anguita, sin rehuir a lo absurdo, desmesurado.

Uno se formula, entonces, la esperanza de que algún individuo, francamente preparado (por ejemplo el doctor Ramón Clares o Marta Vergara), estudie un día y ordene la personalidad de los 24 o 25 poetas, más o menos "nuevos", más o menos audaces, y originales del país, más o menos recios, en función de la dialéctica marxista.

P. DE R.
(continuará)

La Opinión, miércoles 12 de junio de 1935

Marginal a la antología, III

SERÍA MUY interesante, por ejemplo, estudiar las corrientes místicas y "metapsíquicas" de la postguerra, generándose en el fuerte vértice agónico del imperialismo capitalista, como una gran defensa y coraza o contraataque del mito, de la vaguedad idolátrica, de la metafísica anárquica,ególatra, religioso-fascista del individuo y su religión literaria y tabuística, a lo largo y lo ancho de los grandes poetas de Chile.

Siquiera porque otorga gran beligerancia artística a grandes poemas, inauditos, para la morralla literaria de la prensa burguesa y sus asnos y sus zafios y sus gansos mercenarios, la "ANTOLOGÍA" es enormemente importante y digna de aplauso. Es natural que Raúl Silva Castro, por ejemplo, eche un rebuzno contra la obra. Pero el puntapié de los compiladores ha de hacer comprender a la ralea de criticastros y poetillas racionados, que asoma la aurora en la que deben matarse o tirarse de cabeza al olvido, porque la ansiedad colectiva necesita e impone la nueva escala de valores poéticos, y los descalifica definitivamente. Y escuchen esto los tímidos editores y negociantes en libros. Yo recuerdo las vitrinas abarrotadas de porquerías y poesía de declamación, y recuerdo como los libreros han escondido mis obras, ruborosos, para ofrecer la VIDA Y MILAGROS DE FRAY ANDRESITO, a la orilla de LA BUENA MESA. El editor chileno hace el alarde de la mesocracia del MEDIO PELO, en servicio de la gran burguesía. Todo lo tonto y lo cursi, y lo afeminado y lo mugriento y lo mediocre y lo roñoso de LOS PODETOS PERIODISTIENTOS, en fin, todo lo que atrae y concierne a esa gentuza vil, ha constituido el orgullo, la vanagloria, el contento de las editoriales chilenas, que han ido dando a la mulatería lacayuna de sus lectores, sus libritos como paquetitos de sebo, como ataditos de pienso, para caballos de cocinería.

Lloran las COLONIAS adentro de la "ANTOLOGÍA": un arte quebrado de arritmia expresa su burguesía dolorida y aun rebalsa el límite de los explotadores; es el vago llanto falso de los mulatos. La economía abortada, los andrajos romántico-dramáticos, con santitos, de aquella desleal cultura de mistificadores histriónicos de los conquistadores-tenderos, el liberalismo degenerado de oratoria de las pequeñoburguesías chilenas, el grito de luto y espanto de la pobre gente fichada de provincianismo desesperado y alevoso, la CLASE MEDIA telarañosa y difícil de hambre enorme, da el acento a la literatura de la "ANTOLOGÍA". Es la "ANTOLOGÍA" de los hambrientos acomodados; es la "ANTOLOGÍA" de los medio-esclavos, de los medio-lacayos que se insubordinan, apenas, desde el punto de vista de la innovación estética, rompiendo la unidad de "FORMA Y FONDO".

Debe de serle muy agradable a la burguesía criminal, el que le exalten, ingenuamente, con honradez campesina, sus mitos, los mitos groseros del catolicismo. Tal empresa, la empuña mi amigo Ángel Cruchaga Santa María. Acaso alguien me acuse a mí, leyendo los primeros cantos del *Jesucristo*; pero, quien recorra toda la obra, ha de comprender que yo recojo la mitología cristiana de los evangelios y la ubico al servicio del proletariado: me parece eso crear en función del marxismo. Volviendo, pues, a Cruchaga y sus angelitos y sus virgencitas, y esa gelatina rubia y celeste, a la vez, es menester que deploremos al material de santería de milenario y la técnica "MODERNISTA" que aplastan al buen poeta. Aquí me voy a detener un minuto, para decir que tenga cuidado la tribu inútil y estéril de los critiquillos a lo Alone, y no pretenda, demagógicamente, esgrimir mi lealtad, ni mi honradez de criterio, contra Huidobro o Cruchaga, no; estas son cosas de gente consciente, y en tal litoral no caben los granujas; yo sitúo a los compañeros, a todos, absolutamente a

todos los que integran la "Antología", y a los que debieron
y pudieron integrarla, mucho más arriba del horizonte de los
eruditos embarrados de la imbecilidad oficial y mercenaria;
el último de los poetas nuevos vale más que Alone, v. gr. y
Alone, él, precisamente, a manera de arquetipo de mentecato
alquilado, queda de hecho, descalificado, para escribir o
hablar de lo que no entiende.

"Pablo Neruda, poeta a la moda", "Neruda y cia" y
"Epitafio a Neruda" he ahí los tres ensayos en que formulé
mis ditirambos y objeciones a Neruda, en *La Opinión* de 1933.
Vamos a recordar, esquemáticamente, su contenido.

Pablo Neruda es el poeta de lo turbio y lo pegajoso y lo
vago y lo agonizante del ser, el poeta de la decadencia burguesa, el poeta de los fermentos y los estercoleros del espíritu
y la literatura, en donde reside un clima de glucosa, tibio,
venenoso, neutro, de estufa y un olor a clínica psicológica. Es
un escritor que vale bastante, ubicado entre las cacatúas indolatinas e hispánicas. Pero él se ha sobreestimado, con relación
a la burguesía, utilizando todas las formas penosas del oportunismo arribista: las cartas líricas, las dedicatorias, la exclusión solapada de sus contemporáneos, el aprovechamiento de
los tontos y los ricos que elogian. Figura de pantano del alma:
letrina de la burguesía. Disminuyen su técnica, las técnicas de
Rainer Maria Rilke y Góngora, de James Joyce, de Lawrence,
de William Blake, de Strachey y el plagio a Tagore. Su estilo es
calculado y alevoso, en función de lo indescriptible. Los
pobres diablos y las señoritas acaloradas, el clan de garzones
de la prensa seria y sus amanuenses, han lamido al gran
poeta de la porquería amarilla.

Nada tan horrendo e intelectualmente capcioso como el
estilo de Rosamel del Valle. Está ondulando allí, el reptil bon-
dadoso de las formas revueltas e indeterminadas, el caracol
con cara de guagua de peluquero, el tiburón que escribe
varios idiomas juntos y habla un inglés más francés que el
alemán, la gran culebra del santo de palo... Se parece a una
laguna de barro de azúcar y tinta china en donde predica el
caimán, su religión singular de alquimista. El poeta os invita

a visitar un universo, recientemente construido y, a primera instancia, os sorprende su dimensión inaudita, su tiempo nuevo, su sistema de relaciones, identidades, inducciones y concordancias, su espacio con pájaros coordinados, en función de aquella gran dinámica. Pero, al tomar contacto con el sentido y el destino de aquel organismo cósmico, vemos que parece "nuevo", porque todas las cosas están patas arriba, mirándonos con anteojos. De tal manera, este hecho viejo e inorgánico de la técnica de Rosamel del Valle repite la mañosa maña del salvaje, que adopta la melena del león para engañar a la fiera y concluye por dar rugidos en cuatro patas, debajo del catre, del lamentable catre de los histriones, adentro del pellejo lleno de polillas, tatuando lo cotidiano doméstico, con el lenguaje de las religiones esotéricas. De ahí se desprende la espantosa debilidad constructiva de esos poemas, en los cuales nunca resplandece nada, y guiña su ojo verde la lámpara de los difuntos. Yo lamento decir tan duras palabras, con respecto a la materia poética de Rosamel del Valle y su fórmula, la TAN FRANCESA y femenil historia de su sentimiento constructivo, en el cual el siempre recto y recio verbo se derrumba y se desmaya en adjetivo. Pero, todo esto, sucede en un bastante alto egregio plano, sin periodismo. En Rosamel del Valle y su acento, no llamea, pues, el "ÉLAN VITAL", deducido de la pelea poderosa que condiciona la unidad del ser viviente, un sonido de arenas internas, de unánime y huidero y espacioso fluir de formas; es el cadáver que se disgrega, no es la grande máquina trágica desplegando su poderío y sus emblemas. Así, aquellos fermentos en desorden son todo lo contrario de la poesía: una gran fábrica de mitos, a espaldas de lo INEFABLE.

Carece del eje de platino, duro y justo, y del juego de bielas de diamante considerable, probado a la llama del terror, la maquinaria de Juvencio Valle. Es la blandura sujetando la blandura. Y adentro del hotel de "MAGO DE LA MONTAÑA", con sus vitrinas de pedrería campesina, el calzón azul de la señorita más preciosa y agraria del pueblo, no es suficiente amarrar la libertad del vocabulario. Además, aquel desacreditado sonsonete de romance "fascista", afeando los canastos de fruta del contorno. Pero, aun eso del infantilismo y la maravilla objetiva del panteísmo religioso que ubica su arte y el mito de su arte, MÁS ALLÁ DE LA SOCIEDAD es lamentable, para un grande artista como Juvencio.

Humberto Díaz Casanueva alcanza la poesía, del buen poeta de todos los tiempos. Construye con su material auténtico, es decir, estético y, aunque él dice que hay bastante FILOSOFÍA en sus poemas, esto es, afortunadamente, mentira: no emergen ahí hechos de conciencia, sino valores, instancias, verdades del subconsciente, organizadas según lo artístico y su ley última. Y estalla la atmósfera cargada de ozono y grandes fábulas. Es verdad, sí que lo maravilloso no está allá amarrado con amarras de fuego o hierro ardiendo o fuego ardiendo o viento ardiendo, como en las más egregias epopeyas del mito, desde el asirio y el caldeo y el egipcio, hasta la catedral gótica y Arthur Rimbaud, por ejemplo, desde el *Prometeo encadenado* y el *Tao Te King* y el Apocalipsis y el Bhagavad Gita, y los cantos incaicos y negros, hasta James Joyce y Tristan Tzara y Claudel y el Conde de Lautréamont, desde el *Libro de las ceremonias funerarias*, hasta Pablo Picasso y Matisse y Stravinski, sí es verdad y he ahí por qué no alcanza lo egregio definitivo, y naufraga en lo correcto del buen artista: pero el buen artista, hoy, en la época de las agonías colectivas y el espanto, en la época del desorden, presagio del naufragio de todos los mitos cíclicos de la mentira capitalista-imperialista, ya es cosa tan valiosa!... No manotea la charlatanería en este hombre concreto, ni el pastiche hediondo a Europa, ni el esnobismo indolatino de las prostitutas y los camaleones y las papagayas de la *jungla*. Pero sus virtudes son defectos, que aún no aplastan la obra ni su son estructural, pero la sitúan, pero la limitan, pero la plantean en aquellos territorios en donde el relámpago de lo inaudito no revienta su imagen más allá de lo indescriptible.

P. DE R.

(*continuará*)

Marginal a la Antología, IV
(Conclusión)

"Eduardo Anguita es el fifí de la 'antología'", decía en días pasados un escritor joven. Esto es cierto. Petulante y atrevido, da la sensación del monito que golpea en la vitrina de la literatura, para llamar a la distracción de los ociosos. Es indecente la sucia audacia del mozalbete. Almanaque de hijo de familia, son sus páginas, las páginas en la que lo colocó su oportunismo.

No hay duda alguna de que Teitelboim es un sujeto de una gran calidad mental y artística, de corazón trabajado y controlado por la cultura. ¿A qué ley o relampagueo de lo imprevisto categórico se debe, entonces, aquella urgencia violenta a que está sometida la materia estética de su estilo, como si solo se anhelase extraerle la última energía, la última instancia, la última urgencia, frente al peligro de la crisis del estilo por el estilo? ¿A qué? A que Volodia Teitelboim, hombre de 20 años, de grande y noble honradez humana aún no deviene poeta o filósofo dialéctico, rotundamente, a que no se define por la intuición o por la reflexión a que lo racional asume, hoy, en él, el rol conductor, acaso, y hace el arte porque el artista que en él existe le obedece claramente, sometido al predominio intelectual, del yo consciente. Y ahí comienza el conflicto que puede, en jóvenes, ser superado, comienza la tragedia del escritor, quien construye himnos y es poeta, e ignora si es, sustancialmente, aquella la fuerza que da la tónica a su espíritu; en gran potencia, Goethe y Nietzsche (ahora, qué gran poeta sucedería, por ejemplo, si se sumasen: la técnica de Teitelboim, el material voluptuoso de J. Valle y la pasión cerebral de Cáceres!).

Con respecto a los ENSAYOS DE ESTÉTICA de la "ANTOLOGÍA DE LA POESÍA CHILENA NUEVA", es menester decir que los compañeros parece que no se hubiesen dado cuenta de que NO ES POSIBLE FILOSOFAR EN IMÁGENES, formulando verdades conceptuales y verdades racionales, y forjar, con atados de INSTINTO el tiempo dialéctico. Uno dijo (Cáceres) que él había dilucidado en sus poemas la estética de sus poemas, pero es porque no comprendió que no se expresa la conciencia en voluntad del subconsciente. Por todo aquello han divagado y balbucido, alegremente, diciendo el eco del sueño y la parábola imaginaria, en función de fijar los hechos concretos del fenómeno INTEGRAL, en lo MARAVILLOSO y lo MÍSTICO y lo TRÁGICO ARRACIONAL DE LA IMAGEN.

Unifica la "Antología" EL ACENTO DE LO CONTEMPORÁNEO: AGONÍA DEL CAPITALISMO. El arte, todo el arte de hoy, se sumerge en el subconsciente, se sumerge y toma contacto y luz con la corriente subterránea de lo artístico, SUMERGIDA desde la Edad Media, adentro de las simas ardidas del ser-especie, se sumerge, y emerge, de cuando en cuando, con los instintos, iluminados de construcción artística. La verdad estética recupera y aumenta su dominio, su sentido y su peligro: lo agónico. Hoy por hoy es fácil, es fácil y es terrible el oficio del organizador de imágenes, porque frente a frente a su corazón sollozan los caimanes submarinos del mago y del médium, de la sibila y el taumaturgo y el iluminado y el poseso, de todos los locos, ABSOLUTAMENTE invadidos por el instinto: el neurótico, el místico, elególatra, el amnésico incoherente, el delirante, que confunde e invade al gran artista. Estamos, lo sabemos, tocando lo peligrosísimo. He ahí, pues, los territorios fabulosos en los que el poeta suelta las bestias y las águilas del lenguaje y va, por dentro, dirigiendo los movimientos, y en los que el charlatán o el enfermo y el degenerado dan soga a las lavazas de la patología. Y bien, ¿por qué razones son los períodos patológicos de las agonías históricas, y los períodos del clan presocial los que asumen el rol predominante en los ciclos mítico-artísticos? ¿O acaso es el arte y todo lo que se le parece: amor o religión, histeria, heroísmo, locura, acaso es, por evasión, el refugio y el dominio y la sublimación de la decadencia y la cobardía humanas, galvanizando la sociedad y sus valores? ¿Ha de desaparecer cuando advenga la nueva, inmensa salud comunista? Todo, absolutamente todo lo anterior me parece indiscutible: el arte y todo lo mítico-artístico, y lo mesiánico-lírico-profético, dan los últimos relampagazos, en este instante de la decadencia burguesa y la cultura y la mentira de los explotadores, tocando a agonía las campanas desesperadas. Destinado a expresar la enfermedad y la insaciedad humanas, el artista ha de poseer la capacidad arquitectónica, la salud racional del constructor de la materia, y el dominio de lo intuitivo, o se hunde y se borra y se pierde, para siempre en las formas dispersas. Pero es menester aceptar el material y su destino y dar sentido, orden y designio a tal materia, organizándola en el objeto de la criatura que sucede desde el centro del hecho, y era su actitud y razón vital, y será su ley de muerte: LA REVOLUCIÓN PROLETARIA, AGRARIA ANTIIMPERIALISTA, de la cual debemos ser hoz y martillo, según la palabra.

Y... nosotros ahora queremos esquematizar y resumir nuestro juicio a la "ANTOLOGÍA DE POESÍA CHILENA NUEVA" así: es la obra más alta de indo-américa (en su género), porque suma a diez poetas de gran alcurnia, en sus limitaciones; pero, por haber retirado o suprimido, capciosamente, a otros poetas, ha sobreestimado a muchos de los incluidos y subestimado a todos los mal valorados, los cuales estrechan y limitan, desde su órbita, el valor cardinal del libro; las premisas estipuladas van a desembocar en la extrema juventud de los autores, uno de ellos horriblemente influido por el primer antologado; por encadenamiento lógico con lo afirmado, los escritores aparecen ordenados por la cronología onomástica y estentórea del azar, y no según el devenir histórico dialéctico, es decir, ubicados con relación a los ascensos y descensos revolucionarios, y las corrientes ideológicas condicionadas por aquellos; pero así y todo y con todo, está por arriba de los miserables que fabrican las antologías de los libreros y los burgueses y los mugrientos de la literatura.

P. DE R.

La Antología de poesía chilena nueva. Vicente Huidobro responde a Pablo de Rokha

LAMENTO VERME obligado a hacer algunas declaraciones respecto al artículo de Pablo de Rokha sobre la *Antología de la poesía chilena nueva*, de Eduardo Anguita y Volodia Teitelboim. Pero es preciso rectificar ciertas afirmaciones falsas y absolutamente antojadizas.

Es falso que yo haya intervenido en la confección de dicha antología.

Es falso que yo haya intervenido en la lista de los poetas que debían figurar o de los que debían ser excluidos.

Puede estar seguro Pablo de Rokha que si yo hubiera intervenido, la antología sería mucho más estricta de lo que es.

No he tomado arte ni parte en la realización de esa obra. Mi intervención no ha sido otra que la siguiente: haber dicho varias veces cuando salió la *Antología de la nueva poesía española* de [José María] Souvirón que si en Chile se hiciera una antología semejante, sería algo de primer orden y acaso lo mejor de nuestra lengua en cuanto a antología, se entiende. Y luego haberla recomendado a los editores, a pedido de los autores, así como otros la habían recomendado a otro editor.

Pablo de Rokha ha intervenido o querido intervenir más que yo en la confección de la antología, puesto que él quiso obligar a los autores a poner poemas de su señora y puesto que él eligió los suyos, a su antojo, los cambió cuantas veces quiso mientras que yo no sabía qué poemas míos habían sido seleccionados y no lo supe hasta el día de las primeras pruebas.

Es falsa y sucia la afirmación de Pablo de Rokha de que yo haya escrito un prólogo doble sobre Omar Cáceres. Le ruego no confundir nuestras costumbres. Y es falso que yo diga en ese prólogo que Omar Cáceres es el primer poeta de nuestra lengua. Yo no creo en primeros, segundos y cuartos así de modo tan infantil, ni creo que la poesía sea una carrera de caballos. Pero lo increíble, lo negro, es que afirma que mi prólogo es doble y luego declara no haberlo leído.

Mi prólogo sobre Omar Cáceres es sincero porque su poesía me gusta en alto grado y porque le considero uno de los mejores poetas jóvenes de nuestra lengua… Sin ganador, ni placé.

En cuanto a lo opinión personal de mi amigo Pablo de Rokha respecto a mi poesía ella no me molesta ni me inquieta. Comprendo que mi poesía no puede gustarle. Mi poesía no es hueca, ni inflada, ni cargada de sonoridades inútiles. Es orgánica, responde a razones profundas de mi ser y del ser universal. Claro está que yo me reservo el derecho de sonreírme cuando se diga que el creacionismo tiene algo que ver con los himnos rúnicos o con el Apocalipsis, justos sus contrarios, ambos exaltación del símbolo, el uno por fiebre religiosa y el otro por sentido primitivo del cosmos.

Leyendo el artículo de Pablo de Rokha muchos se preguntan: ¿por qué esa agriedad contra todo el mundo y por qué ese desprecio por los jóvenes? ¿Por qué ese alarde de politiquería barata y de pequeño demócrata, buscando alianzas hasta con aquellos de los cuales decía, hasta hace solo algunos meses, los más grandes horrores? Las razones de sus politiquerías y de su búsqueda de apoyos secretos no me interesan. Y respecto a su actitud frente a los jóvenes no la comprendo. Solo de los jóvenes podemos esperar cosas que nos interesen, solo ellos, bien orientados, pueden levantar el plano espiritual de nuestra tierra. Cualquiera diría que Pablo de Rokha vive temblando de miedo de que los jóvenes lo aplasten y está siempre engrifado contra las nuevas firmas. A mí me sucede lo contrario: lo único que yo deseo es que salgan todos los días poetas extraordinarios para aumentar mi goce intelectual y la altura del aire que respiro. No me importaría nada que me aplastaran, que salieran poetas superiores a mí, y aquí doy ese dato, absolutamente sincero, para los críticos de mañana: no me importaría, porque lo que yo amo es la poesía y no mi persona. Lo que me interesa es que la poesía sea hecha y no quien la haga y todos aquellos que la hagan mejor que yo, no serán odiados por mí, serán los preferidos de mi corazón. Los busco con ansiedad, los recibo con los brazos abiertos.

Pablo de Rokha quiere imponer sus opiniones y sus gustos en nombre de una filosofía que no posee, y por eso es vago y tiene destreza en el arte de embrollar ideas y hacer quites al pensamiento preciso.

Parece ser que a nuestro amigo Pablo de Rokha no le gusta que las antologías sean hechas por poetas. Cualquiera creería que teme que su poesía no guste a los hombres de su oficio. Esta es una opinión como cualquiera otra y no tiene gran importancia. Otra cosa tiene cierta importancia y sobre todo para él mismo.

Pienso que hace mal en tomar esas actitudes de asustar a los niños y vivir profiriendo alaridos irreales. Ya en Chile se empieza a estudiar la nueva psicología, ya se conoce a Freud y los grandes psicoanalistas y ya saben que todos esos alardes y bravuconadas solo revelan un terrible complejo de inferioridad. Lo único que gana es ponerse en evidencia, ofrecer un caso. Así un amigo me decía el otro día que después de leer los artículos de Pablo de Rokha sobre la antología compró el libro en cuestión y que de todos los poetas que en él figuran, De Rokha le pareció el más débil, el que tiene el trazo menos firme y la mano más insegura. Mucha palabra gorda, me decía, para enmarañar la forma y que no se vea la debilidad del fondo y la inseguridad del trazo. El autor no se da cuenta de esta exigencia de enmarañamiento que nace, que siente su debilidad. Según mi amigo, la poesía de Winétt de Rokha es mucho más fuerte que la de su marido.

Pablo de Rokha puede engañar a los ingenuos, puede engañar a Alone o a otros críticos de silabario, pero no puede engañar a nadie de mirada profunda. La fuerza no consiste en emplear grandes palabras, eso sería demasiado fácil y le bastaría a cualquier poeta hacerse un cuadernito de ellas y barajarlas en sus poemas. La fuerza no consiste en emplear las palabras más grandes, sino las más justas y las más creadoras, consiste en que lo que se dice tenga raíces profundas o sea suprema visión o desgarro del alma. Escribe con sangre de tu corazón, decía Nietzsche. Habría que agregar: o con sangre de tu cerebro. Cuando un cerebro sangra es más patético que el sangrar del corazón. Acaso por aquello de que hay más patetismo en el llanto del padre que en el llanto de la madre. Se acentúa lo excepcional.

Pablo de Rokha se cree revolucionario y su actitud es eminentemente antirrevolucionaria, personalista y ególatra.

No obstante yo no puedo dejar de aplaudir los esfuerzos que realiza nuestro crítico para salir del pantano pequeño burgués en que se debate. Estoy cierto que llegará un día a dominar todas las pasiones mezquinas de una larga vida burguesa y antisocial. Con energía y voluntad limpiará de su alma todas las taras del hombre viejo hoy moribundo. Bastante ha logrado ya si recordamos sus expresiones de hace solo dos años en las primeras reuniones de la Asociación de Escritores y Artistas Revolucionarios. Esperamos que no empañen su carrera polémicas como la actual en contradicción flagrante con las palabras que él escribió en mi contra en *Frente Único* por una obligada respuesta mía a bajas calumnias de Neruda y los suyos, respuesta que Pablo de Rokha quiso desfigurar para lograr ciertos efectos bastantes solapados y torcer mis intenciones.

Créeme, amigo De Rokha, tus últimos pasos son bien tristes y bien descompasados. Las intenciones, tan mal escondidas de tus artículos, son penosas. Se ve un sentimiento tan mezquino; debajo de cada palabra hay un pequeño saquito de veneno que podría revelar toda una biografía espiritual.

Hay un anhelo de puja, una ansia de marcar récord, y un olor a combinaciones laberínticas en las frases que entristecen el alma por tanto esfuerzo perdido.

La antología le molesta porque cree que en ella se me acuerda una supremacía. Porque encuentra que los jóvenes se interesan demasiado por mi poesía y quiere ver en ello un desplazamiento de la suya. Esta es la verdad y si no fuera por tales creencias no habría escrito sus artículos. Es una pura cuestión de vanidad.

Habla de que a mí se me dan 56 páginas y a él, 30. Y tal pequeñez le hiere gravemente. Vanidad, vanidad y vanidad. El que se siente fuerte, el que está seguro de su potencia, ¿puede revolverse furioso por cualquier cosa? El que es verdaderamente grande, ¿puede sentirse rebajado a cada instante? ¿Qué clase de gran llamarada es esa que teme ser apagada al menor soplo?

Comprendo que un hombre conteste cuando se le enfurece, pero por simples opiniones personales de otros sobre nuestra obra o por cuestiones de supremacías externas, no lo comprendo a menos de vivir en la inseguridad más absoluta.

Y luego, ¿por qué aferrarse al comunismo para atacar en nombre de algo más alto y esconder la fea realidad? ¿Por qué ensuciar al comunismo? ¿Por qué aferrarse a algo tan grande como la revolución social, para disfrazar nuestras pequeñeces? ¡Qué trampa tan ingenua y tan sacrílega!

Puede creerme De Rokha que no pertenezco a sus enemigos ni a los que afirman que su poesía es solo poesía cómica. No soy de los que dicen que Pablo de Rokha es un Vargas Vila que ha leído a los modernos y sobre todo al pobre Marinetti, pero declaro que sus poemas marxistas parecen tomaduras de pelo al marxismo. Aunque es el marxismo el que le ha tomado el pelo al poeta, y luego el poeta se lo quiere tomar al lector. Detrás de este juego al pillarse el marxismo se ríe a carcajadas.

No sé por qué De Rokha ha creído en cierta enemistad mía hacia él. Te equivocas, amigo mío. No tengo rivalidades.

Cada vez que hagas un bello poema, puedes estar seguro de que yo gozaré con él más que tú.

No soy de tus enemigos, Pablo de Rokha. Comprendo tus angustias y tus dolores. Comprendo tu desesperación y sé que ella viene del sentimiento de lo no logrado y de una ansia de altas realizaciones muy digna de alabanzas. Sientes que estás cerca de algo interesante y que ello se te escapa, se te esconde, porque un muro de burbujas y palabras te cubre la visión externa, te impide ver y sentir tu realidad espiritual. No logras nunca el equilibrio entre el pensamiento y lo pensado, ni entre la expresión y lo expresado, en una palabra, entre la gente y su proyección. Es una tragedia, pero es subsanable. La meditación es el remedio, pero es subsanable. La meditación es el remedio y hay que curarse. Ese desequilibrio es causa de todos los excesos y de todas las bajas pasiones.

Vas perdido en la noche de ti mismo, Pablo. Solo nos queda esperar que cuando salgas de tu noche, te sentirás feliz, saldrás hecho un hombre nuevo, un hombre limpio de neblinas arrastradas.

VICENTE HUIDOBRO

Carta al poeta Vicente Huidobro

Yo NO ACIERTO a comprender, cómo es posible que, "Marginal a la Antología", corolario transitorio a esa empresa más o menos infantil, te haya obsequiado, Vicente Huidobro, "NUESTRO VIEJO AMIGO", la oportunidad de ponerte en ridículo DEFINITIVAMENTE, y desenmascararte, si ello es posible, después de "Papá", en donde te proclamas monumento y de toda tu obra.

Porque, francamente, donde tú, Huidobro, bailas la danza estupenda del oso del Piamonte, y pisas el palito del pelele, es en aquellas líneas siniestras, escritas con toda la torpeza de tu "¡GENIO!", que empiezan con él: "¡Mentira, mentira mentira!…" del ebrio a quien arrastran los carabineros, y terminan con la negra, y fea prédica grandilocuente del sacerdote: "Vas perdido en la noche de ti mismo, Pablo…".

Si el infrascrito pudiera ser un canalla, cuánto le agradecería a *La Opinión* el haberte ofrecido un estrado para el payaso, y a mí, un modesto y discreto asiento en la galería!

Insistes en declararme que no eres mi enemigo, Panait Istrati chileno, en circunstancias de que yo no he pensado jamás que tú, a quien yo estudio, accidentalmente, como caso de pequeño-gran burgués megalómano, hubieses hecho fabricar la "Antología" por enemistad para quien esto escribe, solamente, sino por oportunismo rotunda y desenfadadamente por oportunismo de arribista literario, que aprovecha y especula con los adolescentes, a los cuales tú declaras que acoges CON LOS BRAZOS ABIERTOS.

Y agregas por ahí, queriendo herirme, ingenuo, que un amigote ha dicho que la poesía de Winétt de Rokha, mi mujer, es más fuerte que la mía. ¿Sería un amigo? ¿No sería algún inquilino de la Viña Santa Rita, que quiso vengarse en el gamonal primogénito de sus explotadores?

Pero, es posible eso, y no desconozco tu perfecto derecho, Vicente, a tener amigos imbéciles, de acuerdo con la ley de Goethe de "LAS AFINIDADES ELECTIVAS". Y, ahora yo recuerdo también, que uno de esos valores americanos que vegetan adentro de este fascismo democrático del Sr. Alessandri, afirma que la poesía de Vicente Huidobro es la poesía de una señora idiota. Ya ves, Vicente, como no todos aplauden tus gracias de patroncito literato.

Sin embargo, no deseo yo entretenerme en destacar la banalidad retórico-poética de la respuesta del autor de *Ecos del alma*.

Yo te he dicho, Vicente Huidobro, que tu arte parece un PASTICHE, es decir, un producto de farmacia, elaborado según las últimas fórmulas de los cenáculos de París del año diez al año treinta, un calco, un cliché, un tipo *standard* de artoide. Que aquel arte es el arte del pequeño-gran burgués ocioso, millonario y viñatero, que se divierte elaborando caligramas, CREACIONES y jeroglíficos, a costillas del inquilinaje de sus haciendas. Que, adentro de él y a pesar de él, se verifica la quebradura del régimen, la agonía capitalista, de la cual se desprende un dualismo interno, de carácter patológico, expresado en la pelea del bufón y el artista, del histrión y el poeta que coexisten en ti, Huidobro, con predominio de los complejos histriónicos de tu histeria. Que, en consecuencia, la arritmia, es decir, el tono falso, en falsete, es quien da el acento a tu obra. Y que ella, toda ella, es la bufonada típica, arquetípica de la burguesía viajada, pretenciosa, refleja, que simula la fuerza, la salud racional, el poderío, entre sus polillas y CREACIONISMOS.

Pero, yo me ocupé de ti, Vicente Huidobro, con una gran blandura, pues yo podía haber recordado y recalcado, por ejemplo, la tremenda bofetada con que te desenmascaró Pierre Reverdy en la revista *Création*, publicada, dirigida y financiada por ti, Huidobro. Y es que yo no te leo, Vicente Huidobro. Me interesan más tus maestros franceses, aquellos a quienes tú imitas (Apollinaire, Paul Éluard, Reverdy, Tristan Tzara y el Conde de Lautréamont), aquellos a quienes tú COPIAS Y PLAGIAS según tus críticos.

"El poeta es un pequeño Dios", dices en "Arte poética", y reiteras: "El poeta escucha a cada momento el eco de sus pasos en la eternidad", "la poesía es un desafío a la razón, pues ella es la super-razón", "El poeta es el hombre que se siente en el Ser. Aquel que se presenta al Universo, diciendo: te pertenezco porque me perteneces", "Es preciso creer en el arte como en un acto mágico, el más puro", "tótem", etc., etc., etc. (Estética, *Antología de la poesía chilena nueva*). Así te defines, "FREUDIANAMENTE", Huidobro, como el tipo exacto y concreto del intelectual contrarrevolucionario de Lenin, y el místico-teomegalómano de Binet-Sanglé. Colocas el arte por encima de las clases, ubicas, sitúas, planteas el arte más allá de la lucha de clases, proclamas a la calidad deífica y deística del poeta y afirmas su contenido religioso, lo endiosas, erigiéndolo al otro lado de la estructura económica y al otro lado de la superestructura artística, en el Dios del individualismo "PROPIETARIO", del Universo y de la sociedad humana, y en algunos de tus libritos firmas: VICENTE HUIDOBRO POETA POR LA GRACIA DE DIOS. A nosotros, marxistas-leninistas-stalinistas, no nos sorprende tu sistema de ideas burguesas, tu idealismo reaccionario, tu actitud mesiánica que cree "en el arte como en un acto mágico", porque los compañeros y yo te conocemos bastante como un fascista literario. Ahora, a manera de ejemplo grotesco, de cómo te revuelcas inicuamente, en la tragedia proletaria, burlándote y riéndote de "la revolución de los humillados y los explotados sociales", yo voy a citar tus palabras, fielmente tomadas de tu revista *Ombligo* (Septiembre-1934): "Ombligo proclama el culto al Sol, Ombligo no cree en lo ilógico, Ombligo no cree en lo lógico, Ombligo sólo cree en Ombligo. Y por lo tanto en la revolución mundial"…

Toda la revista tiene ese tono CONFUSIONISTA de crumiro. Pero todo eso responde a la ideología de quien se retrató, para el *Zig-Zag*, de frac, como un garzón del Crillón a la orilla de Waldo Palma, en la Embajada Española, de quien escribe o paga para que escriban: "Vicente Huidobro, he ahí lo nuevo debajo del Sol" y firma: THE TIMES, de quien dedica sus libros así: "a Pablo de Rokha en la ruta del Sol". Y ¿acaso no sonrió alegremente el proletariado CUANDO DESAFIASTE A DUELO, como un histrión cualquiera, ¡oh!, mistificador imprudente, a dos individuos con los que reñiste verbalmente?…

Yo no pretendo servir aún a la revolución proletaria con toda la grandeza y el heroísmo necesario. Pero hay personas que me saben sincero y honrado, aun entre tus amigos; por ejemplo, Volodia Teitelboim, que nos dedicó la "ANTOLOGÍA DE POESÍA CHILENA NUEVA", así: PARA PABLO Y WINÉTT, QUE VIVEN ADENTRO DE LA POESÍA Y LA REVOLUCIÓN, PARA LA PAREJA HUMANA, DOS VECES ADENTRO DE LO HEROICO; VOLODIA TEITELBOIM.

Tu actitud insidiosa de jesuita, discípulo de Cagliostro, por lo desmesurada y atrabiliaria, resulta inocente, inocente como tus poemas, inocente como tu persona, inocente como tus palabras y tu estrategia; créeme, casi me da lástima tu estilo incoherente, que ofende y retira la ofensa y ese tono francamente tonto de aristócrata que da consejos; de tal manera que tú mismo, viejo amigo, demasiado viejo amigo, tú, Vicente Huidobro, con tus cacareos de espadachín en falencia, y tu dudosa hombría, te retratas en aquellos versos tremendos que escribiste, precisamente, un poquito antes de irte a comprar prestigio a Europa.

"Ese viejecito, que apenas se mueve,
es un veterano del setenta y nueve…"

A los hombres forjados, como yo, Vicente Huidobro, en la tenaz batalla contra los explotadores y los simuladores de tu clase social —la oligarquía hereditaria y terrateniente—, a los que nos ganamos la comida, para nosotros y para nuestros hijos, a patadas con el ambiente, no nos preocupan las tonterías de los gandules que viven de la plusvalía, bisnietos de los encomenderos de la Colonia.

En fin, Vicente, voy a terminar esta carta, ya larga, con las palabras encendidas y justicieras que te dedica el escritor peruano César Moro:

"Vicente Huidobro, el veterano del arribismo en América, estafa desde un papelucho titulado 'Ombligo', la ignorancia y la buena fe de sus admiradores (?). No es que esto sea novedad en el viejo paladín del truco; su poesía (???) ha sido siempre el reflejo terriblemente empobrecido de sus frecuentaciones literarias y de sus viñedos de Chile. Ahora que este contemporáneo de Cécile Sorel, sabe escoger sus textos, es menos retardatario que Neruda plagiando a Tagore de grata recordación.

"Vuestro Vicente, con una frescura que hace honor a su rancia experiencia de ratón del movimiento literario moderno, la emprende esta vez nada menos que con el maravilloso texto: 'Una Jirafa', de Luis Buñuel, publicado en: *Le Surréalisme au service de la Révolution* (N° 6-5 de mayo de 1933). Texto altamente poético del que el imitador de Pierre Reverdy, hace una lamentable parodia umbilical: 'El árbol en Cuarentena' (Ver *Ombligo*, Septiembre de 1934, Santiago de Chile).

"Huidobro se cubre actualmente con el resplandor que demasiado piadosamente le prestan los jóvenes de Chile; no será esta treta de mala ley la que nos impida señalarlo ante sus escasos seguidores como un mediocre copista y nauseabundo fantoche literario, podrido mantenedor del confusionismo, única escuela de la que puede proclamarse mentor en cuarentena". César Moro.

Con la hoz y el martillo, te saluda

Pablo de Rokha

Respuesta a la carta de Pablo de Rokha

TU GRACIOSA carta es algo así como una confesión pública, por el modo de mostrar al mundo tus heridas y tus flaquezas. Ahí duele, podemos decir, ahí duele. Se diría que mis palabras te han tocado mortalmente. Te revuelves y te alejas echando espuma por la boca como el individuo que se ve de pronto desenmascarado para siempre. No era esa mi intención, sino sólo mostrarte tus equivocaciones y algo del origen de ellas. Es tan desenfrenada tu rabia que llegas hasta el punto de tratar de idiotas a los que admiran la poesía de tu compañera.

Después de tu contestación queda en pie todo lo que yo dije en mi artículo. No has respondido a nada y nunca te elevas hasta un concepto, sigues en el plano de los alaridos huecos.

Sólo apelando a la calumnia puedes contestarme. Esa es tu debilidad y esa es mi fuerza. Yo pruebo, tú mientes. Es muy fácil calumniar, lo importante es probar. Y así yo pruebo a César Moro en *Vital* Nº 3, que miente y luego le pruebo que él me ha plagiado a mí y que plagia a Dalí, a Breton y a Max Ernst publicando textos y contextos frente a frente. Desafío a que hagan lo mismo conmigo. Así se prueban las cosas, no con palabras huecas, ni con calumnias.

Mientes y sabes que mientes al decir que yo he imitado a poetas que, excepción hecha de Apollinaire y Lautréamont, son posteriores a mí en su aparecimiento en las letras y con las cuales mi poesía no tiene nada que ver. La verdad es que no entiendes a ninguno de esos poetas que citas al cohete. Y suponiendo que en mi primera juventud mi poesía tuviera influencias de Apollinaire y de Lautréamont y de Rimbaud y de Góngora y del Dante y de Homero, etc., ello no probaría nada, pues todos los escritores empiezan su vida bajo el signo de algunos maestros anteriores y tú la empezaste bajo Hübner y la continúas bajo Marinetti y todos los pomposos gritones futuristas. No tengo para qué hablar de tus versos de infancia escritos hasta el mes pasado, ni de otros poemas de carabinero que te caracterizan.

Para atacarme te ves obligado a apelar a mis enemigos y a la calumnia. Yo no apelo a los tuyos, ni sigo tu sistema ya demasiado conocido.

Sabemos que el papel lo aguanta todo. Es hasta un viejo refrán. Yo podría también servirme de él. Tú sabes por experiencia que no es muy difícil.

El diputado ibañista Pablo de Rokha ayer plagiaba a Segura Castro.

El municipal conservador Pablo de Rokha hoy plagia a Marinetti y a Reverdy que imita a Vicente Huidobro. Su poema "Sud América" es un mal plagio de los encantatorios creacionistas del año 1917 y de Joyce del año 1925. Por esta razón fue abofeteado y desenmascarado por Neruda en su propia revista *Dínamo*.

El banquero y explotador infatigable Pablo de Rokha es amigo íntimo de Waldo Palma y de Nick Carter.

Ya ves que el papel lo aguanta todo. Pero nadie hoy día es tan ingenuo como para creer todo lo que le dicen sobre el papel.

Tú sabes que mientes al decir que el poeta Reverdy me atacó en la revista *Creación*. No hay una sola palabra en ningún número de *Creación* de Reverdy en contra mía. Te desafío a que cites esas palabras. Y en cuanto a las influencias de Reverdy todo el mundo conoce el origen de esa mentira, nacida de uno que me plagiaba a mí, y muy de veras, como yo se lo demostré en el Suplemento de *Creación* Nº 3. Has oído campanas, Pablito, y no sabes dónde suenan. Entonces lanzas una calumnia más con el desenfado que te caracteriza, especialista y profesional de la calumnia. Pero yo te exijo pruebas, y el público también te las exige.

Es falso que yo haya salido retratado con Waldo Palma en ninguna parte. Por lo demás esto no probaría nada. Cualquiera podría esperar a Pablo de Rokha en una esquina y retratarlo al lado de un carabinero. Ello depende de la habilidad del fotógrafo. Lo grave es tener alma de cabo retirado, es querer implantar el matonismo literario, escribir como un carabinero rabioso. Lo grave es tener uno alma de sargentote y que cada vez que lo retraten, salga en la foto un carabinero.

Constatas por ahí que yo firmaba mis versos de niño: Vicente Huidobro, Poeta por la gracia de Dios, y quieres hacer el que ignoras que esa firma es una simple alusión a la conocida de: Yo el Rey, por la gracia de Dios. La mía significa solamente que yo prefería ser poeta a ser rey. No es muy grave, ¿verdad? Pero tú pareces olvidar que aún años más tarde, mucho más tarde, escribías sonetos a la Cruz y que tu poema Jesucristo, a pesar de todos los rellenos y salpicaduras seudo-revolucionarias que le has agregado sigue siendo un poema de beatito diablo como aseguran quienes lo han leído.

En otra parte de tu carta citas dedicatorias. La mía: "a Pablo de Rokha en la ruta del Sol", significa que te creía buscando, como debemos hacerlo todos los hombres: la verdad y la justicia. Lamento por ti que no la hayas comprendido. Aparte de lo ingenuo que me parece citar dedicatorias, te comunicaré la que escribió Max Jacob al dedicarme su libro *Le Cornet à dés*: "A Vicente Huidobro que ha inventado la poesía nueva". Supongo que ahora no acordarás mayor importancia a las dedicatorias.

Advierto que te dices marxista, leninista, stalinista. Olvidas agregar ibañista, grovista, etc. ¿Por qué insultas con tanto odio a Marx, a Lenin y a Stalin? ¿Es acaso, porque no puedes comprenderlos ni alcanzar sus grandes hechos ni sus teorías? Tú, modelo de confusionismo, hombre cómico, te dices marxista y en tu graciosa estética de la Antología citas a Kant y "Lo Santo" de Otto. Te faltó citar el catecismo de Astete. Eres de una inocencia deliciosa. Tu discurso estético parece un monólogo de zarzuela. Por exigencias de tu oportunismo y altas necesidades, citas al archirreaccionario Reverdy. ¡Oh!, gran Marxista. Todo esto me lo dijo al oído un inquilino de la viña Santa Rita que te pide que no le desprecies por ser inquilino como se te escapa hacerlo en tu carta. ¡Oh, admirable comunista!

En toda tu carta se nota que te ha dolido mortalmente lo que yo digo de tu complejo de inferioridad, de tu tremenda debilidad y de la vaciedad sonora de tu obra.

Veo que hablas por ahí de Afinidades Electivas. Es sensible que esa frase la haya colocado yo en el número de *Vital* hace poco más de una semana, refiriéndome a alguno de tus nuevos amigos. Pronto sabrás lo que decían ayer de ti tus aliados de hoy.

Luego afirmas varias veces que no me lees y a cada instante haces referencias a mis obras, a cada rato se constata que las has leído demasiado, lo que no significa que las comprendas.

Te contaré entre paréntesis que desde que llegué a Chile he oído frecuentemente hablar de la influencia de Neruda sobre ti y que muchos explican tus rabias en contra de tu rival, por esa razón. La cólera nunca produce nada bueno.

A través de tu carta, Pablo de Rokha, se advierte la obsesión de que yo pertenezca a una familia adinerada. No es culpa mía, y bien se me puede perdonar si recordamos que Krassine era millonario, él mismo, antes de la Revolución y que Engels vivía de su fábrica de tejidos de Manchester y que tú tienes la obsesión de ser rico. Muchos grandes revolucionarios tuvieron dinero, no sólo sus padres sino ellos, en persona. Pareces ignorar esto y también se te puede perdonar si pensamos que tus aficiones comunistas son sólo de ayer y que has llegado al comunismo a la siga de otros, no por evolución propia.

Pero lo que tú quieres dar a entender, aferrado a la calumnia de la cual no puedes soltarte, es que yo haya comprado artículos sobre mí, aquí y en Europa. Pobre de Rokha, ese sería tu sueño dorado. Lo malo es que todo el mundo sabe que yo vivía en Europa muy modestamente y con apenas lo justo. Y sucedía justamente al revés, que muy a menudo mis amigos me prestaban dinero. Muchas veces Juan Gris, varias veces Lipchitz y Juan Larrea, ambos están vivos y sería fácil constatarlo. Tendrás que resignarte, amigo, a que los artículos, los libros y las conferencias sobre mi humilde persona han sido siempre espontáneos.

Es efectivo que la revista *Création* era mía. Yo era el director, yo la pagué de mi bolsillo, con el producto de una bellísima máscara negra que vendí a un coleccionista. También yo dirigí y pagué algunas más, que todas murieron por falta de dinero. Reclamo para mí el honor de haberlas costeado y dirigido y ello tendrá que quedar estampado, ya lo está, al escribirse la historia definitiva del movimiento nuevo en nuestra época. Lo único que lamento es no haberlas pagado todas yo, de mi bolsillo. Por ejemplo *Le Coeur a Barbe* lo pagamos entre Éluard, Tzara, Satie y yo. Otras las pagó Picabia, otras Breton, etc., etc., todas esas revistas tienen una importancia básica, fueron las columnas de la revolución intelectual.

En cambio, tú publicaste y costeaste diez años más tarde una triste y mala imitación de revista futurista italiana, *Dínamo* se llamaba, como convenía a los primarios modernistas. Revista fofa que guardas en un frasco de alcohol en un ropero de tu casa.

Tal vez yo debo pagar muchos millones al año, porque en realidad se me elogia más de lo que merezco. Lo molesto es que el Banco Central pide tan caro por las divisas extranjeras que este año me sale por diez millones de pesos. En cambio tú, Pablito, compras los artículos sobre ti muy barato porque los compras en Chile y con moneda chilena. Eso es trampa y así no se juega.

Vives envuelto en un aire de mentiras y calumnias que te forjas tú mismo para consolarte de tus amarguras. Por eso tu obra es una gran falsificación que se desinfla sola.

Mi contribución al movimiento ideológico de mi tiempo es bien clara, bien precisa y nadie, aunque se muera de rabia, podría mancharla ni trastornar los hechos. Mi obra está juzgada por más altos que tú, buen Pablo, y que tus amigos del momento. Está juzgada por grandes espíritus que conocen a fondo el problema, que lo han vivido, que lo han visto nacer y desarrollarse. Los lectores estudiosos tienen muchos documentos serios que consultar para ir a dejarse engañar por interesados mistificadores o criticastros falsificadores. Ya muchos conocen el libro de Samuel Putnam, titulado *The European Caravan*, que lleva el subtítulo "Una crítica Antología del nuevo espíritu en la literatura europea" y en el cual, en el capítulo sobre mí se dejan bien claras las diferencias y oposiciones de mi obra con las de mis compañeros de Europa. También muchos conocen el libro sobre mí de Henry Holmes, profesor de literatura de City College de Nueva York, otros conocen la obra de Fontains y algunos la de Crain. Mi posición es demasiado conocida, mis obras pertenecen ya a la historia, no quiero decir que mi importancia sea inconmensurable, como lo harías tú en mi caso, sino que me tocó ser uno de los pioneros al abrir los nuevos horizontes de una gran época y que aunque mi sitio sea pequeño, es histórico y es mi sitio. Ningún ladrido podrá destruir este hecho.

Se ve en tu carta que tu sueño sería que yo calcara a París, porque tú calcas a la Italia futurista y haces calcos de calcos de ese París que aún no logras entender, de ese arte al cual yo he contribuido desde sus comienzos tan legítimamente como cualquier otro.

Dices que yo me permito el lujo de hacer libros, caligramas y poemas a costillas de los inquilinos de mis haciendas —que no existen. En cambio, tú das alaridos, escribes tus poemas, por decirlo así, y berreas tus prosas, a costillas de tus compañeros que explotas indignamente, como lo hacías ayer con Pachín Bustamante y hoy con Luksic y otros. Luego vas al cementerio y gritas ante el cadáver de tu amigo contra los acorralados de la vida cuando eras tú su primer acorralador —esto me lo contaron entonces algunos de tus nuevos amigos—, chillas contra el explotado sin avergonzarte... Acaso sinceramente, pues nadie sabe hasta dónde llega la sugestión de los comediantes. Muerto uno explotas al otro, y así Luksic ha contado, llorando, a un amigo, cosas bien graves y enredos de enredos en que tú le has metido. No te importa que sea tu compañero, tu camarada, ni que haya sufrido persecuciones por su vida de auténtico revolucionario. Lo explotas sin piedad como podría hacerlo cualquier capataz de una mina de carbón. Y esto no es mentira, esto todo el mundo lo sabe. Es tu sistema y ya te lo refregó Neruda de pasada en un artículo, y a mí me lo dijo al oído otro inquilino de la Viña Santa Rita que es un legítimo proletario, y por lo tanto, se ríe de los falsos comunistas, los huele desde lejos, así como a los revolucionarios de primera comunión que sólo buscan explotar al comunismo para salir del anonimato por cualquier puerta.

Termino diciéndote otra vez que has puesto en evidencia tu debilidad. Lo que prueba tu delgadez es que vives amenazando con alardes de matón de barrio para que nadie se atreva a atacarte. Lo que prueba tu debilidad es tu estado endémico de cólera, tus nerviosidades de burgués susceptible. Lo que prueba tu debilidad es que eres un politiquero como lo demuestra la proposición que hiciste a Volodia respecto a la Antología, cuando le aconsejaste ir a verse con los amigos de Neruda para hacer otra Antología en la cual se ocuparan principalmente de ti y Neruda, echándome a mí por la borda. Para tus instintos de politiquero yo era el gran enemigo, yo era el hombre peligroso… Buscabas alianzas con Neruda, porque por el momento te convenía más. Decías que habías atacado a Neruda y que tendrías que atacarme a mí, porque ambos habíamos venido a disputarte el hueso. Lo que te muestra de cuerpo entero y revela que para ti la poesía es una pelea de perros. Y así siempre dispuesto a todos los pactos, te atreves de hablar de arribismo.

No me interesa disputarte ningún hueso, tengo por otros sitios del mundo un gran trozo de carne. Quédate solo con tu hueso exquisito y no te aflijas ni te asustes, por lo menos por mí.

Yo para terminar no publico las terribles frases de Díaz Casanueva sobre ti porque no quiero apelar a compañeros para apoyarme, como tú lo haces al pedir auxilio a otros de tu mismo plano, para atacarme.

Y por favor no hables de tu pobreza para probar tus ideas, ni nos cuentes que te ganas la comida para tus hijos a patadas con el ambiente o a patadas con tus amigos. Nada de eso prueba nada. Hay obreros auténticamente pobres y que son reaccionarios y ha habido muchos hijos de padres ricos que han sido sinceros revolucionarios. Pero sobre todo no apeles para defender tus bajas pasiones a la hoz y al martillo. Son símbolos demasiado sagrados para mancharlos. Por eso te aferras a ellos. Pero no importa, no los ensuciarás. La hoz continúa tranquila cortando espigas y preparando el pan del futuro sin preocuparse de tus calumnias de burgués rabioso y el martillo sigue, sin oírte, esculpiendo las nuevas formas de la vida y resonando en el infinito.

Vicente Huidobro

---

* *Nota de la redacción*: Debido a la falta de espacio, esta carta ha sido publicada con algunos días de atraso.

La Opinión, 3 de julio de 1935

El término de una polémica literaria.
Punto y aparte a Huidobro

Tu CARTA, tu actitud, tu obra son "irrefutables", Vicentillo.

Efectivamente, ¿es posible polemizar con un orate, que aparece detrás de la esquina, vestido de polleras, bufanda, riéndose, llorando, chillando, gritando, con una gran bacía de barbero en la cabeza?

¡No!

Yo sospecho que te inducen, hombrecito deslenguado, a tanta bullanga de cocinería.

¡Alguien está echando carbón al fogón del loco!...

Pero yo lamento tener que darte una mala nueva: no voy a continuar golpeándote; me da flojera y asco, Vicentillo. Hasta el instante te has solazado y divertido, haciendo reír al público a costillas tuyas. Pero si la cosa avanza, vamos a terminar danzando tu fandango, tú, *La Opinión* y yo que apareceré arrastrándote del cogote como al pobre monito Tití de la mascarada.

Declamas y berreas tanto, que tus "AFIRMACIONES BUFONADAS" se deshacen y quedas, desnudo de dignidad, pataleando, gordo, rosado, tonto, "inefable" como guagua de rico.

Ya me aburrió la historia ésta, Vicentillo. Además, yo no soy un cobarde como para pegarle en el suelo a una gallina que cacarea, porque dice que ha puesto un huevo en Europa. ¿Refutar el charquicán de basuras de tus mentiras y tus calumnias? Pero SI TODA TU OBRA es mentira y es calumnia y "PLAGIO", literatura de compraventa, "¡oh!, mistificador imprudente"... ¡Si hasta tus familiares te sonríen!

Pero así como la verdad arroja fuego y resplandece en mi corazón, la miseria moral grita en tus alforjas de embaucador vencido y falsario, Vicentito.

Pablo de Rokha

Aquí estoy[*]

Barcelona, 1935

Aquí estoy
con mis labios de hierro
y un ojo en cada mano
y con mi corazón completamente,
y viene el alba, y viene el alba,
y viene el alba,
y aquí estoy
a pesar de perros, a pesar de lobos
a pesar de pesadillas,
a pesar de ladillas
a pesar de pesares.

Estoy lleno de lágrimas y amapolas cortadas
y pálidas palomas de energía,
y con todos los dientes y los dedos escribo,
y con todas las materias del mar,
con todas las materias del corazón escribo.

Cabrones
hijos de puta.
Hoy ni mañana
ni jamás acabaréis conmigo.
Tengo llenos de pétalos los testículos,
tengo lleno de pájaros el pelo,
tengo poesía y vapores
cementerios y casas
gente que se ahoga,
incendio en mis veinte poemas,
en mis semanas y en mis caballerías
y me cago en la puta que os mal parió
derrokhas, patíbulos,

vidobros,
y aunque escribáis en francés con el retrato de Picasso
en las verijas
y aunque muy a menudo robéis espejos y llevéis a la venta
el retrato de vuestras hermanas,
a mí no me alcanzáis ni con anónimos,
ni con saliva.
Existo entre metales y las harinas de las alas,
entre el mundo y el cielo, con un corazón lleno de sangre y
     rocío.

Venid a lastimarme con esputos
de la mañana a la noche,
no inauguréis nuevos adulterios con jóvenes vacas
     amaestradas,

no os hagáis secuestrar,
ni mañana os hagáis comunistas de culo dorado,
sino verted vinagre,
echad por la boca el semen recogido en las vulvas de las
     prostitutas
y rociad las paredes de los water-closets, con toda
vuestra mierda que os condeno a tragar otra vez
con el solo hecho de que yo de la mañana a la noche escribo
cosas llenas de agujas y cenizas,
aguas amargas
caídas para siempre en vuestra muerte.

Muerte, muerte, muerte,
muerte al ladrón de cuadros
muerte a la bacinica de Reverdy
muerte a las sucias vacas envidiosas
que ladran con los intestinos cocidos en envidia.

En cal y podredumbre,
muerte al bandido que cambia fecha en sus libros y con la
     otra mano

vive de puro perro y puro rico,
vive de oscuras administraciones.
Vive fabricando incestos con hijas de madres ultrajadas;
muerte al bandido,
al estafador de diez años,
cuadros, muebles, tíos, hermanos,
provincias saqueadas y después colgar a las babosas barbas
    del coronel
y del útero podrido de la podrida esposa del coronel.
Huid de mí, podridos,
haced clases de estética y callampas.
Haceos raptar por scouts finlandeses,
mercachifles hediondos a catres de prostituidas
pero a mí no me vengáis
porque soy puro,
y con la garganta y el alma os vomito catorce veces,
os vomito cuatrocientas veces a vosotros y a vuestras jeringas,
aunque colaboréis en la opinión y en la MATONERÍA
aunque cada día cultivéis con mayor atención vuestra bilis y
    vuestra mierda.

Permitidme una pálida cosa,
con treinta años ardientes,
y un alma de hueso y laberinto,
permitidme
cagarme en vuestras cosas y en vuestras abuelas,
y en las revistillas de jóvenes ombligos
en que derretís las últimas chispas que os salen del culo.

Mierda, mierda y mierda.
Tierra, tierra y tierra,
gusanos,
para vosotros
falsos caudillos interrumpidos de envidia,
poetas tartamudos.
Polvo, polvo, polvo
para vuestras cenizas.

De nada vale vuestro nombre de pila traducido al francés,
como conviche al juda cursi,
de nada venir de Talca dispuestos a ser genios,
os mato
os mato con espumas y sacrificios.
Os meo
envidiosos, ladrones
hijos del hijo de la suegra de la puta,
os meo eternamente en vuestros hígados y en vuestros hijos,
os meo en la fuente del corazón, que habéis cubierto de
    estiércol
y habéis alimentado de estiércol y habéis asesinado con
    estiércol.

Mientras el mundo se surte de llantos a cada lado,
y los trabajadores y los alcaldes crujen de sangre
mientras el mapa se sobrecoge entre las sábanas
y las angustias hacen crecer los cabildos,
hay literatos de siniestras caras,
ladrones verdes,
payasos de feria, miserables de Talca,
descubriendo odios, fabricando pequeños plagios,
enviando anónimos que la peor enferma de histeria rechazaría,
disfrazados de comunistas, náufragos y fecales,
y mientras a la mamá sacan dinero,
al coronel sacan dinero
viva el comunismo
dicen las letrinas, mientras el mundo nace y cae
sólo el odio y la envidia crecen en las uñas
y se preocupan de denunciar, de mancillar
los hediondos.
Mientras Alberti lucha
González Tuñón lucha
Aragon lucha,
los hediondos disfrazados
corren detrás de la literatura
echando sangre de parto maldito,

echando abecedarios y pescados vinagres;
diciendo: acusemos a aquél
y así llegaremos a creer que somos genios,
los hediondos,
incapaces del bien, incapaces del mal,
incapaces del suelo.

Porque morirán muertos entre eructos
de doctores borrachos y pedos traducidos,
porque el gusano está vivo entre ellos y ordena
porque han nacido entre muelas cariadas
y gatos escupidos,
porque su sangre de sobacos sucios
será fuente de víboras siniestras
porque hasta ellos llegarán a morderlos,
hasta las piedras agonizantes de desprecio,
hasta el de Talca convicente espanto
llegarán algunos días con cuchillos
diciendo: Antes que hables y publiques devuelve cabrón del
     aire
lo que robas
las aguafuertes, los óleos, los pesos,
ladrón de camaradas,
hipo de cerdo.
Y entonces en la sombra Apollinaire
y otros muchos contestan:
Aquí estuvo el inmundo
moviendo las aletas,
secuestrándose y dando pequeños gritos
de niña raptada.
Albión me teme, seré Presidente (y un pedo se le escapa).

Horror de sueños, carencia de venas
aquí pasó, su nombre transformó
y en talquinas uniones panfletos purulentos repartió
y lamiendo escritores y sobornando puertas
su destino de loro bisiesto continúa.

Este momento para ser libertario,
el siglo se hunde,
nos haremos héroes
con una pluma entre los pies
y odio en los párpados
cenizas en los cojones
venga Lenin, robando,
simulando
con palacio en la calle principal
o coronel vestido de camello.
No, villanos,
a mí no me engañáis
si el mundo se transforma
caed en la ciénaga, al luto y a la lepra,
al francés y a la megalomanía
vargasvilas con cabezas de zorra
danunzzios más baratos que un pollino podrido,
a mí no me asustáis
con pequeños insultos que podéis repetir llenos de gozo
a vuestras enfermeras.

Aquí estoy
echando hasta morirme poemas por los dientes,
hasta que me matéis
a veneno y a sombra.

Pero nunca, prefiero morir matando vuestros cadáveres de
       cincuenta años
y desde hoy tendréis hundida la espada en vuestros
       intestinos de envidia y fracaso
para que gritéis: "Neruda no existe"
y os caguéis de melancolía.
Muertos; muertos en castellano francés y pus,
muertos en horrorosa cascada de amargura
corred al nicho,
ahora mismo, corred al nicho enarbolando de nuevo
       identidad falsificada.

Pero aún es tiempo del catolicismo,
os quedan sotanas y nuevas posturas que ensuciar
tristes cobardes
os queda aún la teosofía
y las espuelas por correspondencia.
Ya habéis escrito la biografía de papá por su hija caliente,
y habéis empeñado las pezuñas del coronel en el Chile
    agricultor.
Ahora vended a vuestras madres
y dedicaos al ciclismo.

Yo he conocido rebeldes. Artesanos
poetas de frentes limpias y manos limpias,
seres humanos
pero no, peste pus y callos
como vosotros.
Conocedme.
Soy el que sabe y el que canta y no podréis matarme
aunque os partáis las venas
y volváis a NACER ENTRE MIERDAS.
ADIÓS A MUERTE,
ADIÓS A VIDA
FRACASADOS.
AQUÍ ESTOY CON HARINAS Y SIMIENTES
AQUÍ ESTOY HACIENDO PÁJAROS
VENID HORRIBLES SERES MUERTOS
A CLAVAR CADÁVERES EN MI ALMA
PARA QUE EN VUESTRA MUERTE
EN EL HORRIBLE OLOR DE MUERTE DE VUESTRAS MUERTES
OS AYUDE A SALIR DE LAS TUMBAS AMARGAS
EN QUE ESTÉIS LLENOS DE BABA PÚTRIDA
CON EL OLVIDO A CUATRO LABIOS
Y UNA VÍBORA NEGRA EN LA GARGANTA.

* Este poema de Pablo Neruda, titulado *Aquí estoy*, con viñetas dibujadas
por Ramón Gaya, fue impreso por amigos del poeta en París, durante 1938.

Tercetos dantescos a Casiano Basualto

Gallipavo senil y cogotero
de una poesía sucia, de macacos,
tienes la panza hinchada de dinero.

Defeca en el portal de los maracos,
tu egolatría de imbécil
famoso tal como en el chiquero los verracos.

Llegas a ser hediondo de baboso,
y los tontos te llaman: ¡"gran podeta"!
en las alcobas de lo tenebroso.

Si fueras un andrajo de opereta,
y únicamente un pajarón flautista,
¡sólo un par de patadas en la jeta!…

Pero tu índole sadomasoquista,
un tiburón de las cloacas suma
a la carroña del oportunista.

Y si eres infantil como la espuma,
eres absurdo Cacaseno oscuro,
si el escribir con menstruación te abruma.

Granburgués, te arrodillas junto al muro
del panteón de la Academia Sueca,
a mendigar…; ¡dual amoral impuro!

Y emerge el delincuente hacia la pleca
de la carátula facinerosa,
que exhibe al sol la criadilla seca.

Astuto, ruin, tarado, voz gangosa,
saqueas a la u.r.s.s., envilecido,
con la tremenda mano estropajosa.

Flojo arribista, tonto y bien comido,
dijiste de este enorme pueblo ardiente:
"Chile, país de cafres", ¡gran bandido!

Eres la negra cabeza de puente
de la horrorosa corrupción burguesa
en el filo-marxismo decadente.

Ávido como pájaro de presa,
refleja tu persona a un mar de idiotas,
y es su retrato, en ti, lo que interesa.

Por eso no caminas, y rebotas
contra la parte más noble y sufriente
de tu partido, y te ladran las botas.

¡Tú, el discriminador impenitente,
burócrata y plutócrata racista
que insulta a herida, a eterna, a heroica gente!…

Es que tienes costumbres de alquimista
de fiambrería, y es que estás vendido,
todo, al gran criminal imperialista.

La baba oscura del hampón, hundido
en la maldad oblicua del plagiario,
te chorrea del corazón podrido.

Y las pelotas del "estravagario",
juegan al campeonato del canalla
en el gran orinal "crepusculario".

Eres el "jefe" de una tal morralla,
tan desleal como todo cobarde,
y mereces escupos, no metralla.

Calumniador e infamador, tu alarde
de apropiarte de un muerto es de demente,
que se ahoga en los mares de la tarde.

Abominando del hombre valiente,
echas en cara la desgracia humana,
y, al insultar, muestras la bestia ingente.

¡Es tan abyecta tu actitud marrana
y es tan de amoral tu ejecutoria…
debiste ser hijo de puto y rana!…

Chillas por eso pidiendo la euforia
necio-anormal de "un puntapié en el culo",
y el ser pro-imperialista es tu victoria.

Tu condición de Judas y de Chulo,
corrompe con dinero mal habido,
y a quien explotas, lo declaras nulo.

Tu verso inmoral se ha "enriquecido"
de un mil de pederastas con prontuario:
cantas por paga, en tu rabel transido.

Estafándola, alzando su calvario,
a aquella fiel humilde "hormiguita",
formas la roña del prostibulario.

Por tu gran colección hermafrodita
sin que falte una loca Concha sola,
la Reacción mundial te felicita.

Lamiendo por debajo de la cola
al ladrón del Viet Nam, al asesino,
eres el héroe de la coca-cola.

Gran comensal del Wall Street ladino
miras a Cuba como los "gusanos",
y su martirio te importa un comino.

Tu comunismo es casi farsa de Casi Anos
emputecidos y escandalosos,
que vende, como reses, sus hermanos.

Ceñido de mugrientos y roñosos,
tinterillo de los latifundistas,
yo te comparo a los perros tiñosos.

Defiendes, pisoteando comunistas,
a los patrones contra los peones,
y los dueños de fundo son tus pistas.

Ladroneando, eres tú flor de bribones,
y como vives de seres dudosos,
auspicias guardaespaldas maricones.

Insultador de héroes grandiosos,
como Mao Tse-tung y su partido,
entregas sangre ajena a los golosos.

Tu "pedosida" es pacotilla, herido
de vanidad añeja de ramera,
"gozas" de "fama", pero estás vencido.

A la siniestra mafia aventurera
de la chacota en la literatura
tu camarilla le dio pedorrera.

¡Oh!, mixtificador, tu sinecura
de atorrante político, "escruchante"
poético, es un tarro de basura.

Engañas a "las musas", y el cantante
de prostíbulo que hay en tus muletas,
en las ideas es un comerciante.

Sodomitas, rufianes, proxenetas,
pacotilleros y filibusteros,
te corretean entre cuchufletas.

Bohemio y metafísico, en usleros
de material confuso estás sentado,
como en grandes divanes de braseros.

De "Derecha" y de "Izquierda" te has timbrado
y oscilas de entre alones a loyolas,
manoseando para lado y lado.

Como te arrastran las sesenta bolas
de las **antologías** criminales,
te balanceas en las carambolas.

Un rebuzno mundial de homosexuales,
monta la máquina cosmopolita
de tus negocios internacionales.

Y hasta el cura pronazi aranedita
llorando se arremanga las polleras
en honor de tu gran guata "bendita".

Yegua de arreo, riega las praderas
de la bohemia tu meada de piojo
funeral, corroído de goteras.

Los de Hernanes, el negro y el rojo,
son los sucios eunucos amarillos
de tu harem: Cardenal y Matapiojo

Ellos te chupan de los calzoncillos
la bazofia, con lengua de lacayos:
pían sin pico, aunque son pajarillos.

Tal como dos esclavos, dos cipayos
enmascarados en su podredumbre,
sirvientes del verdugo y papagayos.

Los "capos" de la antigua servidumbre
te abandonaron por ingrato e inmundo
como a un cuchillo mordido de herrumbre.

Hoy por hoy, solo, en el hoyo del mundo,
chillas y gritas, espantosamente,
lo mismo que un zapato moribundo.

Y aunque manchas tu patria, impunemente,
contrabandeando éxito por mérito,
te escupe un gran gargajo frente a frente.

Vendido a Norteamérica, el pretérito
de tus engaños al proletariado,
da vuelta la chaqueta al benemérito.

Traidor y desertor calificado,
te burlaste de los trabajadores
yendo de negociado en negociado.

Tu frenesí es corruptor de menores
intelectuales, "regolucionario"
a lo **Mansilla**, "Rey" de embaucadores.

"La araña negra" y "el patibulario"
te llamó Juan de Luigi, al cual echabas
en cara la ceguera… ¡oh!, mal corsario.

Telarañoso y mercantil, alabas
lo que negaste, como equilibrista,
y al Premio Nobel lo llenas de babas.

De país en país, gran arribista,
tu gorronea literaria has ido
vendiendo como egregio pendolista.

Tu "reconciliación" de forajido
con el imperialismo, es lo más lógico
se van de corrompido a corrompido.

Como un bruto o eunuco patológico
estás sobre las clases defecando
y a tu estiércol lo estimas antológico.

Un viejo perro muerto anda aullando
en tus quejidos de gran roña ahíta
y, al vomitar, te vas desintegrando…

Toda tu obra, mal robada, imita:
"Macchu-Picchu" es Ramponi, el argentino,
a quien plagiaste su "Piedra infinita".

Tagore, Baudelaire, Vallejo (vino
y mito), te encubren, y te aterra
haber transado tu alma de cochino.

El fusil colonial de Inglaterra
entre biblias y whiskies y serpientes
engendró "Residencia en la Tierra".

Si hablando a gentes proletarias, mientes,
mientes cantando o llorando y, mintiendo,
mientes a delincuentes y a inocentes.

Como lo heroico no lo estás viviendo,
tú frenas la potencia de las masas
con tu veneno "poético" horrendo.

Por **tus siete maletas** sobrepasas
el equipaje multimillonario,
cuando el botín repleta tus tres casas.

A alguna menopáusica de acuario,
"tu Farewell" ¡**de Blomberg**!, le produjo
alteraciones en su calendario.

Sabat Ercasty te dejó con pujo
sangriento, y **"El Hondero Entusiasta"**,
es la baraja y el moco del brujo.

Siendo un feto te das de iconoclasta,
y a mí me has estafado desde el nombre
a esta línea de fuego, que te aplasta.

No eres un hombre pobre un pobre hombre
condecorado como a un espía
del anticomunismo, cobre a cobre.

"Punta de lanza" de la porquería
capitalista, porque no batallas,
en la agonía de la burguesía.

Ni Trujillo agregó a tantas medallas
tanta asquerosa maldad engañosa,
y "Chapitas" fue ejemplo de canallas.

El gran oficialismo es tu ruidosa
pantalla, adulas a cualquier gobierno
y le cambias por plata, verso o prosa.

"Gran mal poeta" (engendro del infierno),
te llamó **Juan Ramón** en "Españoles
de Tres Mundos", Caín de más de un cuerno.

¡Y tú, coleccionando caracoles
o mascarones en que te defines!…
"Radio La Habana" baleó tus controles…

Entre los más rosados querubines,
te "canonizarán" de comunista
con la trompeta de los malandrines.

Un Belaúnde pronacifascista
y asesinador de guerrilleros,
coronó tu cinismo de pancista.

Como a chancha "matada", los culeros
te lastiman el lomo y las berijas
(dos instrumentos de los marulleros).

Es decir, las ambiguas sabandijas
de la retórica y de la poética,
ya sólo en los sobacos las prohijas.

Porque como eres "loco" de la estética
y el robot parroquial de un clan idiota,
hasta tus cómplices piden genética.

¿Tú, revolucionario? La pelota
del trotskismo te cuelga del hocico,
enmascarándote. Y Lenin te azota.

Con tu conducta de sapo y de mico
ofendes a la inmensa clase obrera,
y a costillas del pueblo eres tan rico.

Además el Pentágono reitera
en dólares sonantes y contantes,
su amor a la canalla aventurera.

Y la CIA procura resonantes
éxitos al carajo "bien portado"
y condecoraciones y diamantes.

Y un horrendo esplendor prefabricado
y queso y pan y vino, todo de oro,
y los disfraces del enmascarado.

La gritería universal, el toro
de cartón rojo, el Caballo de Troya,
la gran máquina-jaula para el loro.

Turbia gran bruja macabra de Goya
es tu aflicción de "Toribio Gallina,
el Náufrago", colgado de una bo... ya.

A tu "realismo" échale formalina
en el tronco esencial de la macana,
porque muestra su lengua femenina.

La épica social americana
la escribo yo, rugiendo pueblo adentro,
con mi pluma-fusil (gran hacha humana).

Y tu canción de amor es epicentro
de mistificadores, y bolina
de maricas, con punto y coma al centro.

Lo bautizaste como "Guillermina"
al "Mascarón", que oculta tus "apremios"
de bailarín de la Tía Carlina.

Y si aún deseas premios y más premios,
te ofrezco el premio a la sinvergüenzura
colosal y feroz de los bohemios,
que se cavan la propia sepultura:
no importas tú, ¡importa tu impostura!…

APÉNDICE FOTOGRÁFICO

El hijo de Vicente Huidobro, Vladimir Huidobro; Faride Zerán, autora del libro; Pablo Massis, nieto de Pablo de Rokha. Los micrófonos están callados. Presentación del libro en diciembre de 1992.
Archivo Faride Zerán.

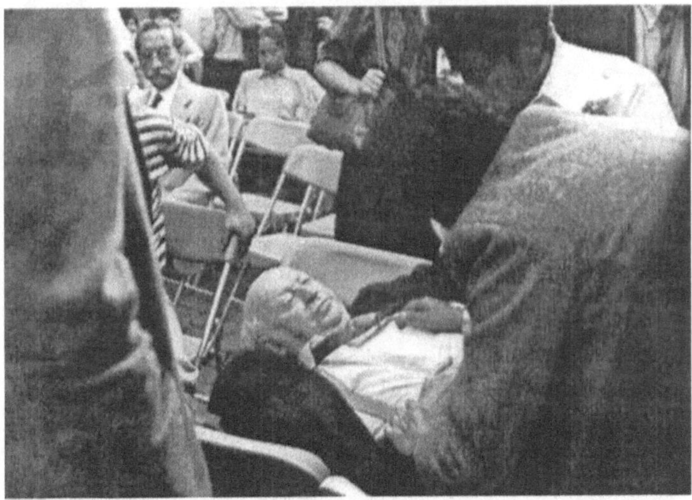

Volodia Teitelboim, representante de Neruda, es atendido después de su desmayo. Presentación del libro en diciembre de 1992.
Archivo Faride Zerán.

Vicente Huidobro, a los 19 años, 1912.
Colección Archivo del Escritor-Biblioteca Nacional de Chile.

Santiago de Chile, una de las últimas fotografías de Vicente Huidobro, cerca de 1947.
Colección Archivo del Escritor-Biblioteca Nacional de Chile.

Visita a Estados Unidos, invitados por el presidente Franklin Delano
Roosevelt, Pablo y Winétt de Rokha llegan a Washington, en 1944.
Archivo Fundación De Rokha.

Pablo de Rokha es declarado Hijo Ilustre de Licantén (1965).
Archivo Fundación De Rokha.

Pablo de Rokha y
Salvador Allende.
Archivo Fundación De Rokha.

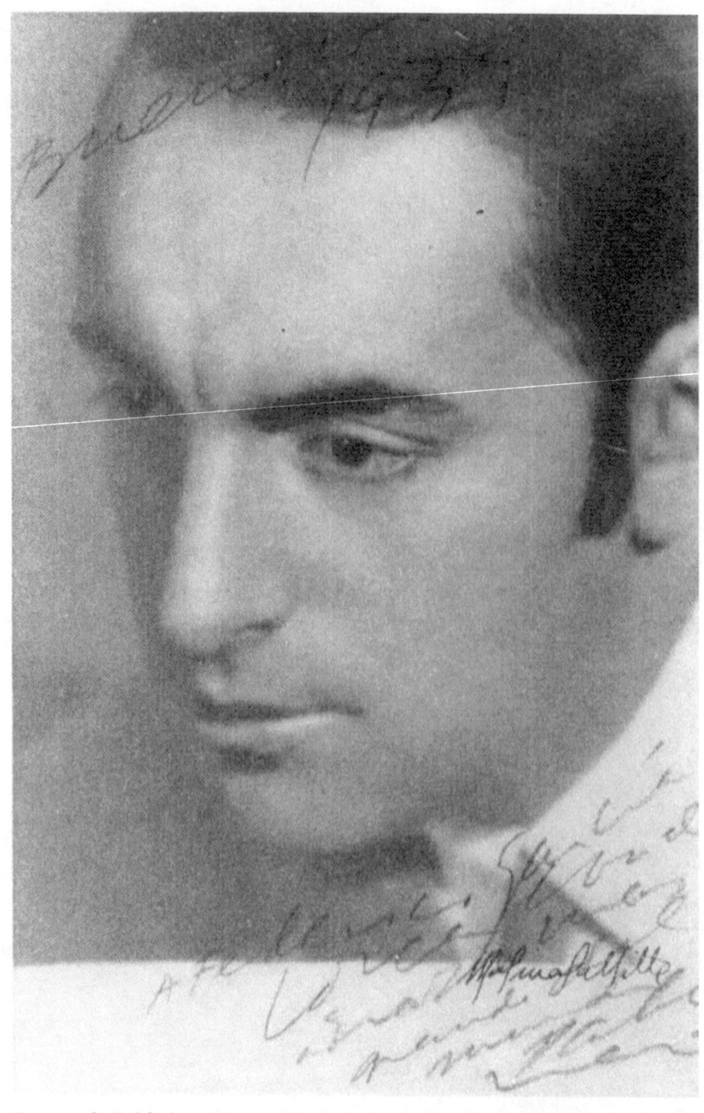

Retrato de Pablo Neruda con dedicatoria a Federico García Lorca, Buenos Aires, Argentina, 1934.
Colección Archivo del Escritor-Biblioteca Nacional de Chile.

Pablo Neruda, junto a Delia del Carril, "La Hormiguita", en Isla Negra, c. 1950.
Colección Archivo del Escritor-Biblioteca Nacional de Chile.

Pablo Neruda, junto a Rafael Alberti y José Bergamín, en el II Congreso
Internacional de Escritores para la Defensa de la Cultura, Valencia,
España, 1937.
Colección Archivo del Escritor-Biblioteca Nacional de Chile.

Pablo Neruda y su esposa Matilde Urrutia, en Berlín Oriental
en la ex República Democrática Alemana, 1967.
Colección Archivo del Escritor-Biblioteca Nacional de Chile.

Pablo Neruda, embajador de Chile en Francia, en su oficina
de París, 1972.
Colección Archivo del Escritor-Biblioteca Nacional de Chile.

Tumba de Vicente Huidobro en Cartagena. "Abrid la tumba /
Al fondo de esta tumba se ve el mar".
Colección Archivo del Escritor-Biblioteca Nacional de Chile.

Pablo Neruda, junto a Matilde Urrutia, en su casa de Isla Negra, 1970.
Colección Archivo del Escritor-Biblioteca Nacional de Chile.

Nicanor Parra, Roberto Bolaño e Ignacio Echevarría en El Tabo, Chile, 1999. *Fotografía de Alejandra Edwards.*